基于 SEM 的教育实证研究：
模型与案例

主　编　马　燕　兰晓红　杨　琴
副主编　郭惠芬　汪爱珠　陈　敏　廖家利
　　　　杨榆娟　洪　岚　杨喜梅　蔡雪梅
　　　　刘一孚　黄丽冰　吴　敏　金国竹

重庆大学出版社

图书在版编目(CIP)数据

基于 SEM 的教育实证研究:模型与案例／马燕,兰晓红,杨琴主编. -- 重庆 :重庆大学出版社,2023.1
ISBN 978-7-5689-3590-6

Ⅰ.①基… Ⅱ.①马… ②兰… ③杨… Ⅲ.①教育研究 Ⅳ.①G40-03

中国版本图书馆 CIP 数据核字(2022)第 223355 号

基于 SEM 的教育实证研究:模型与案例

主 编 马 燕 兰晓红 杨 琴
策划编辑:林佳木
责任编辑:李桂英 版式设计:林佳木
责任校对:刘志刚 责任印制:张 策
*
重庆大学出版社出版发行
出版人:饶帮华
社址:重庆市沙坪坝区大学城西路 21 号
邮编:401331
电话:(023) 88617190 88617185(中小学)
传真:(023) 88617186 88617166
网址:http://www.cqup.com.cn
邮箱:fxk@ cqup.com.cn(营销中心)
全国新华书店经销
重庆升光电力印务有限公司印刷
*
开本:787mm×1092mm 1/16 印张:23 字数:440 千
2022 年 12 月第 1 版 2023 年 1 月第 2 次印刷
ISBN 978-7-5689-3590-6 定价:79.00 元

编委会

前　言

中共中央、国务院在印发的《中国教育现代化2035》中提出了面向教育现代化战略任务，进一步明确了"科学设计""细化目标""分步推进"等教育现代化战略实施路径，对我国教育未来改革与发展做出了规划和具体部署。在这一过程中，如何以科学之观念、科学之方法推进我国教育的改革与发展，必将是教育现代化目标得以实现的关键因素和重要保障。

实证性研究作为一种研究范式，产生于培根的经验哲学和牛顿—伽利略的自然科学研究，其基本规范就是"用经验材料证明或证伪理论假说"，主要是基于计量经济学的分析方法，融合了统计推断、参数估计等现代统计学知识，对教育相关问题探究具有重要作用。从复杂科学的观点看，教育活动系统是一个复杂系统，涉及众多因素（变量），这些因素（变量）又构成错综复杂相互联系的结构，其关系难以区分谁主谁次、谁重谁轻，变量间的机制不是简单径直的因果路径，而是复杂的交互作用、双向甚至多向构建方式，所以教育现象的复杂性需要实证研究。教育问题虽然部分为理论问题，但归根结底是实践问题，具有明显的实践特征。认识教育问题，需要实证研究作为基础，通过实证研究深化对教育问题的认识，纠正其中的误解和偏差，从而为教育实际问题的解决打下坚实基础。

加强教育实证研究，提高教育科研水平，是教育研究工作者和广大教师的共同责任与使命。本书将实证研究范式和方法运用于教育领域，在对实证研究等理论进行系统性的梳理基础之上，重点介绍和分析教育实证研究的基本思路和原理,并基于结构方程模型 SEM(Structural Equation Modeling)对教育实证研究的建模方法进行介绍,最后以实证研究分析工具 AMOS(Analysis of Moment Structures)实现了一些典型案例的模型构建和实证分析。创新能力培养是研究生教育的根本。本研究团队长期不懈探索实践,认真分析研究生教育的内涵,通过调研并构建大数据模型,首次运用实证研究 SEM 定量分析研究生创新能力影响因素,并基于 AHP 分层优化方法,对研究生创新培养体系构建、教学模式改革、创新评价等方面进行有益探索与实践。希望本专著的出版能够对推动研究生创新和培养模式改革,丰富和完善研究生评价内涵有所借鉴。全书共有六章,第 1 章主要介绍科学研究方法及实证研究相关概念,以及教育研究方法和教育实证研究证据的收集与测量;第 2 章介绍了结构方程模型相关概念、特性和优点;第 3 章针对结构方程模型常用工具以及绘图步骤开展;第 4 章对各种模型进行了介绍;第 5 章主要介绍了模型检验及数据分析;第 6 章通过三个案例阐述结构方程模型的应用。本书可作为广大教育工作者在从事相关教育研究中的学习和参考的资料,亦可作为研究生的教材,还可作为教育专业的师生在教授或学习教育评价类课程时的参考用书。

本书的撰写,秉承以下特点,这些特点构成本书的特色:

特色之一是研究内容系统完整。本书遵循规范、科学的研究范式和流程,对教育实证研究理论体系进行系统梳理,内容涉及完整的研究过程,从实证研究的古往今来到教育实证研究案例,让读者了解教育实证研究的来源。本书呈现的次序由简而繁,即循序渐进说明教育实证研究的方法及过程。

特色之二是研究方法新颖独特。本书基于实证研究,引入实证研究方法——结构方程模型,将教育实证研究的学习、介绍及应用贯穿于一体,并提供详细的范例模型介绍与结果解析,从应用研究者的角度为教育领域的实证研究提供新方法选择和使用参考。

特色之三是实践数据丰富。本书中的数据均选自近两年来团队的真实研究课题与研究项目。这些丰富的调研数据,涉及教育实证研究的多个方面,极大地丰富了本书的内容,从而使本书具有较强的实用性和可读性。

作者从事教育研究工作 20 余载,在实证研究方面有较为丰富的经验,已出版了一本通过实证研究方法探究研究生创新能力培养与评价的专著《双一流视野下研究生创新能力培养与评价——基于 SEM 的研究》。此外,依托教育部人文社科规划基金项目、重庆市研究生教育教学改革研究重大项目和重庆市教育科学"十四五"规划重点项目等项目的支持,产生了一批有一定应用价值的研究成果。这些经验与研究成果,成为教育实证研究专著编写的基石。

本书的编写工作得到了重庆市学位办、重庆市学位与研究生教育学会等上级部门的大力支持。从 2018 年至今,课题组先后获得重庆市研究生教育教学改革研究重大项目《大数据背景下基于 SEM 的研究生科研绩效评价研究——以重庆市高校为例》(项目编号:yjg181008)、《基于 SNA 的教师教育学科群关系网络与评价研究》(项目编号:yjg201009)的支持,持续开展教育实证相关方面的研究。在此表示由衷的感谢! 大家共同探索实践,为培养创新人才共同努力!

编　者

2022 年 3 月

目　录

第1章 科学研究与教育实证研究

1.1 科学研究方法概述

界定科学研究方法要从什么是科学谈起。"科学"一词来源于拉丁文"scienta",意思是"知识"或"学习"。科学是基于观察、实验和运用理性获得的客观的和可验证的数据,以建立结论、理论或规律的知识分支。根据研究对象,每种方法都应用了各种推理策略,例如统计、演绎或定性。科学是人类进行的一项智力活动,旨在发现有关人类所生活的自然世界的信息,并发现如何将这些信息组织成有意义的模式。科学的主要目的是收集事实(数据),最终目的是辨别各种事实之间的顺序。马克思主义认为,科学需要根据严谨的探索和论证。马克思主义的科学观通过系统的理论知识、创造力、决策和有效的物质工具、产品和制度表现出来,是对科学的本质、结构功能和发展规律的理解。以此为基础,科学领域相关概念的理解逐渐被提出。

那么是谁发明了科学方法?科学方法不是由任何一个人发明的,而是几个世纪以来关于如何最好地发现自然界如何运作的争论的结果。古希腊哲学家亚里士多德是最早提倡观察和推理必须应用于了解大自然规律的人之一。阿拉伯数学家兼科学家哈桑·伊本·海瑟姆(Hasan Ibn Al-Haytham)(也译为阿尔哈森)通常被认为是第一个强调实验重要性的人。在此之后,大量科学家撰写了关于科学研究应该如何理想地进行的文章,并为我们对科学方法的现代理解奠定了基础。这些科学家包括罗杰·培根、托马斯·阿奎那、伽利略·加利雷、弗朗西斯·培根、艾萨克·牛顿和约翰·休谟等。今天,科学家们在探索新的技术和新的科学领域时,仍在不断发展和完善科学方法。

在科学认识中,科学方法具有不可替代的作用和地位,是科学研究中不可或缺的部分。首先,在科学理解中,科学方法成为其认知过程的主体和前提。哲学家们在缺乏独立的相关科学研究方法的情况下,并没有将科学与知识主题分开。直到科学方法的出现,科学才逐渐从哲学中分离出来。与此同时,科学家与哲学家的界定也更加明确。其次,作为主体认识主观能动性的表现形式,科学方法既体现了方法的灵活性、有效性,又展现了方法的创造性、理论性。科学方法为创造性思维的创造和升华提供了条件。

科学方法遵循六个必要步骤来检验猜想:

第一,观察某个现象并提出问题。这是科学方法的起点,通过对观察到的某个现象提出问题,再根据问题寻找突破口,展开研究。

第二,形成一个假设。回答你的问题或提出可能的解决方案,但不要从头开始,你可以先做背景研究,并且避免重复过去的错误。在研究之后,形成一个假设,有根据地猜测或尝试回答你的问题。

第三,通过实验验证假设。不能依靠直觉去验证我们的想法,因为直觉在科学界是不被认可的。而需经过假设、实验,这是为了判断你的预测是真是假。在调查期间,需要严格控制变量,即一次只更改一个变量,并保持所有其他条件不变。

第四,分析结果。如果你的假设正确,找到更多的证据和反证;如果你的前提是错误的,发展一个新的假设,然后重新开始。重复实验,以确保结果不是偶然的。

第五,得出结论并重复该过程。没有一种科学方法被认为是完美的,在进行重复实验时,可选择多种方法证明结论。

完成实验后,收集数据结果,得出结论,看看它是否支持你的假设。有时科学家发现他们的实验与预期结果相差甚远,在这种情况下,他们必须重新开展实验,根据所学的新知识提出新的推断和预测。科学方法是一个循环,它是迭代的,但不会沿直线移动。如果假设错误,则需进行多次重复实验。如果该理论正确,则其他学者仍然可以重复这个过程来验证研究结果。因此,该过程是永无止境的,并通过迭代加以完善。现代科学研究将心灵的探索与事实的结论分离开来。科学中的大多数方面曾经是主观的,无法直接衡量。科学家们只依靠自我报告和观察,而科学方法的出现使得分析不同类型的数据和标准化所使用的方法成为可能。这种方法允许不同的科学家在不同的情况下复制和验证数据。

通过重复这些发现,科学家可以拓宽理论,减少误差。理论可以进一步检验,以提供进一步的理解,而不仅仅是猜测。方法是人们为达到某种目的而采取的手段,是研究事物、解决问题的途径和策略。科学研究方法是科学研究者在从事科学研究时所采用的方法,主要探索方法的一般思想和技术问题。一般情况下,将科学研究方法用于阐述某一事物发展趋势、方向、相关关系等。科学研究方法对于学术研究者来说非常重要,是打开学术世界的金钥匙。好的研究是合乎道德的,因为它是学术界保存人性特征的一种方法。

自现代科学诞生以来,科学的成功问题一直是核心问题。从业者使用的方法已经发生了巨大的变化,并细化了传统科学所介入的背景限制。这种方法改变了我们的视角,使我们对科学界的活动有了新的描述。实际上,科研方法分为两部分,一是创造、创新、发现和发明知识,即对未知事实和规律的探索;二是梳理知识,即以规范、系统化的方式组织和分析现有知识。基于此,有学者认为,科学研究是对未知、不完全理解的现有知识、事实和规律进行分析和整理的实践。从事科学研究既需要百折不挠、坚持不懈的精神,也需要掌握正确的方法和良好的思维。

1.1.1　科学研究方法

研究方法是指进行研究的程序或行动计划。它定义了用于收集、处理和分析研究主题相关数据的技术和工具。作为科学研究的有效工具,科学研究方法提供思维和操作步骤以及一定的程序,使科学研究能够沿着一定的道路前进,从而有效地实现对研究对象的科学认识。一个好的科研成果,是对科学方法进行探索性、创造性和灵活应用的结果。科学研究方法可以定义为对特定主题的相关信息或事实进行科学和系统的搜索,是科学家用来探索数据、生成和检验假设、开发新理论以及确认或拒绝早期结果的系统。虽然不同科学中使用的确切方法各不相同(例如,物理学家和心理学家的工作方式非常不同),但它们有一些共同的基本属性,可以称之为科学方法的特征。科学研究方法论论述了数据获取和数据结果何以得出关键发现的系统方法,即方法论主要回答两个有关研究的问题,研究所用数据是如何获得的,以及如何对其进行分析以得出研究结果。这是一个重要的过程,有助于解决问题和做出业务决策,使管理层能够将工作组织在正确的方向上,以产生想法。研究方法的选择会影响整个研究的有效性和可靠性。

使用科学研究方法的目的:

①洞察主题

研究方法通过正确解释与研究主题相关的每个概念,使人们更好地熟悉研究主题,旨在对每个方面进行适当的分析,并准确地描述项目的所有结果。

②提供系统结构

研究方法简化了整个研究过程。它明确地定义了用于收集、分析和解释数据以找出解决方案的工具和技术。

③提高研究质量

研究方法决定了整个研究工作的信度和效度。研究方法论告诉我们从何处获取数据用于研究目的的准确来源,从而提高所做研究的质量。

④获得更好的解决方案

研究方法有助于得出解决业务问题的重要发现。它对各种项目进行深入研究,更好地理解和发现所有问题。

⑤辅助决策

决策是研究方法论发挥的另一个重要作用,它支持管理层组织他们产生新想法的努力。研究方法通过为项目的各种活动提供指导,帮助管理者进行有效的决策。

⑥培养逻辑和系统思维

研究方法培养了个人的逻辑思维能力。研究方法评估项目的每一个要素,并详细强调它们。它以简化的方式表示每个要素,从而改进逻辑思维。

1.1.2 科学研究的实践方法

科学研究的方法必须科学、可行,才能在较短时间内获得研究的较好效果,使科学成果最大化,以下是一些通常采用的常规科学研究方法。

1)观察

观察是一种有目的、有计划、有组织、深思熟虑并且持久地感知事物的过程。观察法是科学研究的基本方法之一,是人们根据研究课题,结合眼睛、耳朵等多种感觉器官,或者借助一定的仪器等科学手段,有目的、有计划、有系统地观察自然界客观事物的科学研究方法。科学观察不同于日常观察,前者是有目的、有计划、有系统和反复验证的。在科学研究中,观察方法被广泛使用。例如,生物学家查尔斯·达尔文(Charles Robert Darwin)经过系统的观察,创立了生物进化论;生理学家巴甫洛夫(Ivan Petrovich Pavlov)在实验室里贴上"观察、观察、再观察"的字幅告诫自己要用心去观察。

2）测量

测量是根据一定规则以数字形式表示被观察对象属性的过程,通过操作和活动来表示被测量对象的程度或数量。简单地说,测量是根据一定原理,合理利用数据来描述和确定活动效果的方法。测量广泛用于教育科学研究。在教育活动中,要衡量教育目标和教育方案的实际效果,需要了解课程、教育、教学方法是否适合学生身心发展现状和要求,以便对学生的成绩进行评价。

一般使用测量表或其他测量工具来进行测量,通常情况下包括书面测量、问卷、选择题、论文考试、智力测试、能力倾向测验和人格测量等,测量完成后即可进行评价。评价是根据测量结果对被测对象的属性、作用进行价值判断。

3）统计分析

统计,简单地说就是总括计算,指对某一现象的相关数据进行收集、整理、计算和分析的过程。统计分析是将观察、调查和实验收集到的数据进行整理、计算、分析解释和统计检验的过程,换句话说,就是将大量杂乱无章的数据资料加以处理,使之便于且易于分析和应用,并进行推论的过程。

统计分析是科学研究的重要工具,但是不能以工具代替研究,统计分析要以定性分析为基础,在学科理论思想指导下进行才具有意义。统计分析是为了揭示数据的特征和规律,但这种定量的分析方向、范围必须由定性来规定,而不是由观察者确定。脱离了定性分析的统计分析只能是"无源之水"。其次,在统计分析过程中,需要使用某些方法和公式,这就要求研究人员具备一定的专业知识,否则,统计分析只是数据的简单呈现,只是一个数学游戏,没有任何意义。同时,统计分析得出的规律和特征,也需要借助专业学科的理论知识进行科学解释。

4）经验总结

经验是人们在实践活动中获得的知识和技能。经验一般是个人或者团体在特定的条件与机遇下获得的,具有偶然性和特殊性,所以经验不一定是科学的。经验总结是根据实践活动提供的事实进行分析、总结,以便将经验理论化、系统化。总结经验,要以科学理论为指导,分辨是非、现象与本质、必然与偶然,分辨事件、时间、地点、数据、经验成果的真假。

1.2　实证研究

1.2.1　实证主义研究方法的历史演变

学界普遍认为,实证研究作为一种研究范式,历经经典实证主义、逻辑实证主义和后实证主义三个重要阶段。经典实证主义者认为,在社会学领域,如果一个理论是通过实验来研究的,那么它属于科学理论;否则,就是一个非科学的理论。社会学关注人与世界之间的关系,其方法借用自然科学的手段,来获得有利于社会科学运作的有效技术和理论。但是,那些研究方法借鉴了"意义分析即解释的方法"的"社会学说",在早期并未被实证主义者接受为科学社会学。逻辑实证主义者进一步指出,"凡是用经验无法证实或逻辑无法证明的陈述和理论都没有实际意义,它们要么属于诗歌之类的文学艺术作品,要么是企图与科学混淆的形而上学"。也就是说,科学研究是双向运动研究的两种结果——从基于实证环境的研究方法总结实证世界的实证研究,与从一般理论分析向具体实证研究的转变同样重要。以下是实证主义研究方法的三种历史演化形式的综述、分析和归纳。

1)经典实证主义

社会学自诞生之日起,便与"实证主义"密不可分。1839 年,实证主义哲学家孔德(Auguste Comte)在《实证哲学教程》第四卷中正式提出了"社会学"一词,这标志着西方社会学的开端。作为实证社会学的创始者,孔德主张用科学的方法来研究社会现象,并借此建立一门与自然科学相类似的关于社会的实证经验科学。

但从狭义上讲,实证主义只是孔德创立的实证主义哲学。在《实证主义概论》中,孔德将"实证"定义为:现实的而不是虚幻的,有用的而不是无用的,可靠的而不是可疑的,精确的而不是模糊的,积极的而不是消极的。一般来说,经典的实证主义研究方法具有以下特征:

第一,研究思路向自然科学靠拢。自然科学是一个真理体系,对于其他学科来说,要想成为科学,在理论和方法上都应该属于自然科学的范畴。在这种社会认知环境的影响下,早期社会学家深受自然科学研究方法的影响,认为社会学与自然科学是相容的,从科学的角度看,社会学在学科性质上与自然科学相一致,可以借鉴自然科学的研究方法,并将其纳入科学项目。因此,在古典实证主义时期,社会学家经常使用类似于自然科学的观察和实验方法来获得经验知识并检验假设。

第二,强调研究对象的客观性。实证主义认为认知主体和知识客体相互分离,即不存在自我或真实主体,而只关注研究对象,不关心调查者本身的态度,强调研究对象的客观性。既然"社会事实"是客观的,对它的研究不能采用形而上学的方法,而应将实证观察和有说服力的统计支持材料作为基础。

第三,主张整体主义的方法论。早期的社会学家将研究对象定义为社会现象或社会事实。他们认为,同自然科学一样,社会学研究的目的是发现并确立规律,但试图在社会调查中找出社会事实中存在的普遍社会规律的一般性,即寻找一个适用于整个社会的规律,对于处于社会中的人并不一定有效。与个人主义方法论不同,整体方法论强调对社会整体结构的研究,认为只有社会结构层面的事物才重要,个人行动只是社会结构的产物。

第四,主张价值中立原则。价值中立原则与哲学世界观和形而上学相反。古典实证主义认为,科学的任务是陈述客观事实,"实证"是科学的唯一原则,因此,社会学研究方法本质上是与价值判断无关的经验证据。价值中立的含义是,研究人员可以而且应该避免在研究工作中涉及个人想法或偏好。具体而言,研究的主题必须是可观察的,且研究过程必须是统计的、描述性的或可操作的。

2)逻辑实证主义

伴随着社会科学研究的"语言学转向",出现了实证主义的新形态,也就是逻辑实证主义。逻辑实证主义,也称为经验主义,它取决于经验,以逻辑作为工具进行推理,并使用概率论来审查结论。

逻辑实证主义认为,科学的方法是研究人类行为的唯一正确的方法,依赖于认知经验,否认了感性认识的积极作用,属于理性主义的范畴。许多研究者从经验角度出发,认为外部客观世界是可以被认识和量化的。亨普尔(Hempel)主张,自然现象和历史事件都具有相同逻辑结构,都要遵循一般规律。卡尔纳普(Carnap)倡导在物理语言的基础上实现科学统一,主张生物学、心理学和人文社会科学的词项最终都归于物理学词项。1930 年,费格尔(Feigl)首次提出"逻辑实证主义"。严格意义上说,逻辑实证主义是一个哲学流派,主要出现于 20 世纪 30—50 年代。以维也纳学派为代表的逻辑实证主义,在拓展其研究方法的同时也延续经验主义传统,认为知识的获取首先来自有形物体,科学知识的产生必须来源于可验证的经验。逻辑实证主义强调经验研究必须要具备程序和逻辑,而科学研究就是通过对经验材料的逻辑分析找出规律。

逻辑实证主义者在彰显实证主义精神的同时,还对概念意义的逻辑分析加以补充,而该补充就是区别于孔德实证主义的根本标识。逻辑实证主义最显著的特征在于"实证原则",主张任何不可验证的陈述都非真非假,没有实在意义。另外,逻辑实证主义要求得到观察的结果需要从逻辑上进行同义的重复或以自我的经验出发。一个命题的最终目的并不在于它得到证实,而在于它强调的问题具有可证实性。可证实性分为经验证实和逻辑证实,倘若一个命题不能被直接经验证实,但能通过已被证实命题的逻辑推理,进而被证实也是允许的。

3)后实证主义

将实证研究与经验研究混为一谈,是人们在研究中经常会出现的问题。在经典实证主义与逻辑实证主义时期,没有理论假设的实证研究被认为不符合实证精神。事实上,孔德曾经明确指出,如果任何实证理论都必须建立在观察上,那么必须拥有某种理论,才能进行观察。也就是说,作为一种方法论取向的实证研究,既有理论研究要求,也存在经验层次研究诉求。"假设—检验"是实证研究的核心环节,因为这种模式提供"分析—解释"框架,而科学的功能之一即对已经发生的事实做出合理解释。

20 世纪 70 年代后,新的研究道路巩固了实证主义的地位。亚历山大作为后实证主义的代表,延续了传统的实证主义思想,并从新的角度定义了实证主义。他认为,实证主义夸大了观察和确认的作用,极大地限制了实证分析的范围,导致实证研究越来越停留在简单相关性分析的层面。非实证主义忽视了经验观察在科学研究中的作用。这两种研究方法论都阻碍了科学本身的发展。

因此,亚历山大提出,科学应该来自不同的环境,即经验观察的世界和非经验的形而上学世界。在此基础上,他创造了一个科学连续体,在某种程度上超越了推理的形而上学性质和理论的实验和自然的片面性,形成了一种相对成熟的辩证方法。他专注于研究经验和理论研究的重要性,认为社会研究可以在不同的广义层面进行。与传统的实证主义不同,亚历山大总结了后经验方法的四个基本原则:①所有的科学数据本质上都是基于理论的;②经验的总结不能仅仅基于实验数据;③一般来说,一般理论是确定的,是横向的,而不是纵向;④理论辩论是科学变革的驱动力之一。

一般来说,后实证主义研究方法具有以下显著特征:

(1)强调自然科学和社会科学的区别,反对在管理科学中使用自然科学;

(2)强调个人在组织中的社会属性,强调管理学首先考虑个人的动机和组织行为准则,反对实证主义管理学和个人主义的机械看法;

(3)认为管理学的研究方法应该着重于分析社会组织的整体因素,找出它的

成分,说明组织整体与构成成分的关系,反对实证主义把管理学研究归结为只对各种组织及其管理现象作整体说明;

(4)反对实证主义的普遍主义原则,认为科学的主要方法是用描述性的历史方式描述组织及其管理现象;

(5)认为人类行为与组织的行为是多层面的,在方法论上主张多元化范式。

1.2.2　实证研究概述

1)起源

当古希腊的医生偏离长期遵循的教条主义原则,开始依赖观察到的现象时,他们创造了"经验主义"(empirikos,意为"经验")一词。后来,经验主义属于哲学中的一种知识理论,它遵循这样一种信念,即知识来自证据和经验,这些证据和经验是以感官得出的。

古代哲学家所认为的实证研究,是指依靠可观察的数据来设计和检验理论并得出结论。因此,实证研究用于产生基于经验的知识。目前,"经验性"一词是指通过经验或观察或使用经过校准的科学工具得出的证据收集数据。当今大多数优秀的实证研究成果都发表在高影响力期刊上。

2)定义

实证研究是指其结论完全来自具体、可验证的证据的任何研究。"经验性"一词基本上是指它以科学实验和/或证据为指导。同样,当一项研究使用真实世界的证据来调查其断言时,它也是经验性的。这种研究类型基于这样一种观点,即直接观察现象是衡量现实和产生世界真相的正确方法。顾名思义,这是一种遵循经验主义规则,使用定量和定性方法收集证据的研究方法。

何为实证研究?美国社会学家汉森(Hansen)在其研究中提出:"实证研究致力于寻找明确无误的知识,所提出的是关于'研究对象是什么,它曾经是什么,它可能是什么以及它期望是什么'的陈述。"其基本特征可以概括为:第一,客观性,以确凿的事实和证据为基础,实事求是,不受个人主观愿望或偏见的影响;第二,量化,力求掌握事物特征和变化的"程度",而不是笼统而模糊的描述;第三,是结论性的,有明确的发现或结论,而不是无休止的争论;第四,是可测试的,通过在专业化、通用规则的背景下建立的共同概念,使用通用的方法、通用的工具,可以获得相同的结果。例如,正在进行一项研究,以确定在家工作是否有助于减轻高要求工作的压力。一项实验由两组员工进行,一组在家工作,另一组在办公室工作。对各组进行观察。这项研究的结果将为在家工作是否有助于减轻压力提供经验证据。

3)实证研究采用定性或定量方法

定性研究方法用于收集非数值数据。它用于确定研究参与者或受试者的潜在原因、观点或含义。在定性研究设计下,实证研究已经演变为检验证据和真理的传统概念,同时仍遵循将研究对象视为实证的基本原则。此方法可以是半结构化或非结构化的。这种研究类型的结果更具描述性,而非预测性。它允许研究人员得出结论,以支持正在研究的假设或理论。由于时间和资源等现实情况,定性研究的样本量通常很小。它旨在提供有关问题的深入信息或更多见解。一些流行的方法有访谈、实验和焦点小组。

定量研究方法用于通过数字数据收集信息。此类型用于衡量行为、个人观点、首选项和其他变量。定量研究采用更结构化的形式,而使用的变量是预先确定的。对从定量研究中收集的数据进行分析,以解决实证问题。一些常用的定量方法是民意测验、调查和纵向或队列研究。有些情况下,使用单一的研究方法不足以充分回答所研究的问题。在这种情况下,有必要将定性方法和定量方法相结合。此外,论文还可以利用初级和中级研究方法。

(1)定性研究方法

一些研究问题需要根据研究的性质进行定性或定量的收集和分析。以下是定性研究方法的一般类型。

①观察法

观察法包括观察和收集研究对象数据两方面的工作。作为一种定性方法,观察是非常个人化和时间密集的。在民族志研究中,它经常被用来获取经验证据。

观察法是民族志研究设计的一部分。虽然观察法常用于定性研究,但在定量研究中也会用到该种方法。例如在观察体重、年龄等可测量变量时。

②访谈法

访谈法完全是定性的,是使用最广泛的方法之一。它的流行主要是因为它能够让研究人员在提出正确的问题时获得准确、相关的信息。

这种方法是对话方法的一种形式,可以获得深入的数据。访谈通常用于社会科学和人文学科。

③个案研究

个案研究通过对现有案例的深入分析来识别广泛的信息。它通常用于获取调查问题或商业研究的经验证据。在进行案例研究时,研究人员必须仔细进行分析,确保当前案例中的变量和参数与正在检查的案例相似。根据案例研究的结果,可以推断出有关所调查主题的结论。案例研究通常用于研究组织、群体、地理位置等的经验。

④文本分析

文本分析主要涉及描述、解释和理解文本内容的过程。它通常试图将文本与更广泛的艺术、文化、政治或社会背景联系起来。文本分析是一种相对较新的研究方法,目前常用于阐述媒体内容的趋势和模式,尤其是社交媒体。从这种方法获得的数据主要用于确定客户的购买习惯和产品开发偏好,以及设计营销活动。

⑤焦点小组

焦点小组是在主持人的指导下进行的有计划的讨论,旨在就指定的主题得出意见。这种方法本质上是一种小组访谈或集体对话,为思考特定问题或关注点提供了一种非常有意义的方法。当研究人员想知道"如何""什么"和"为什么"问题的答案时,就会使用这种研究方法。如今,焦点小组是消费品生产商最广泛使用的方法之一,用于设计和/或改进人们喜欢的产品。

⑥田野调查

田野调查又称实地调查、实地考察,是指经过专门训练的人类学家,通过长时间的观察和生活经验,亲自进入一个社区,获得第一手资料,获取文化知识,研究、解释文化,是文化学最重要、最基础的工作。与其他社会研究方法相比,田野调查强调调查者本人或调查在实地的"存在",因此不同于一般文献研究,也不同于社会调查中常见的问卷调查方法。实地考察的基本方法是观察和参与式观察、个人访谈、调查会议、问卷方法等。

⑦民族志

民族志是研究者深入特定人群生活中,一种不断询问或观察发生的事情并从内部角度解释其意义的研究方法。它植根于人类学和跨文化研究,从广义上讲,民族志包括对特定群体的社会和文化生活的所有研究,旨在为理解和解释在特定社会文化背景下出现的信仰、态度、价值观、角色和规范提供整体视角。一般而言,研究的具体过程为选择对象、提出问题、深度观察、收集和分析资料、书写报告等步骤。民族志与田野调查存在一定交叉,学者们普遍认为民族志来源于田野调查,其基本的逻辑关系为"田野调查+文本写作=民族志"。

⑧深度访谈

深度访谈是一种非结构化、直接、一对一的访谈形式。面试过程包括与具有高级面试技巧的受访者进行深入面试,以揭示某个问题的潜在动机、态度和情绪。所谓深度面试,学术界主要是指半结构化面试,半结构化深度面试的两大特点:一是其问题部分提前准备(半结构化),访谈者可以对问题做出许多改进,但只是部分改进,最终的结果是由访谈者和被访者共同交流的产物;第二是深入研究事实。

(2)定量研究方法

定量研究方法主要帮助研究人员更好地分析收集的数据。以下是最常见的定量研究技术类型:

①实验法

研究假设通常使用实验进行测试,该实验涉及创建一个变量被操纵的受控环境。除了确定因果关系之外,此方法还有助于了解测试结果,例如更改或删除变量时。传统上,基于实验室的实验研究被用来提升物理和生命科学(包括心理学)的知识。近几十年来,越来越多的社会科学家也采用实验室实验。

②问卷调查法

调查研究旨在生成有关目标受众的统计数据。调查可以涉及大、中、小规模人口,可以是一次性事件,也可以是一个持续的过程。世界各国政府都是持续调查的主要使用者,例如人口普查或劳动力调查。这是一种定量方法,使用预先确定的封闭式问题集,这些问题很容易回答,从而能够收集和分析大型数据集。过去,调查费用昂贵且耗时。但随着技术的进步,社交媒体和电子邮件等新的调查工具使这种研究方法变得更简单、更便宜。

③因果比较分析

这种方法利用了比较的优势。它主要用于确定变量之间的因果关系。例如,一项因果比较研究衡量了一个允许远程工作安排的组织中员工的生产率,并将其与另一个不提供家庭工作安排的组织的员工进行了比较。

④横断面分析

虽然观察方法考虑了给定时间点的研究对象,但横断面研究侧重于除所研究变量之外的所有变量的相似性。这种类型不允许确定因果关系,因为是在连续观察对象。横断面研究之后通常是纵向研究,以确定确切的原因。它主要由制药公司和零售商使用。

⑤纵向分析

纵向分析方法用于在一段时间内重复测试对象后了解被观察对象的特征或行为。使用这种方法收集的数据本质上可以是定性的,也可以是定量的。一种常用的纵向研究形式是队列研究。如 1951 年发起了一项名为"英国医生研究"的队列研究,该研究比较了英国的吸烟者和非吸烟者。这项研究一直持续到 2001 年。早在 1956 年,这项研究就提供了不可否认的证据,证明吸烟与肺癌发病率之间存在直接联系。

⑥相关分析

该方法用于确定变量之间的关系和流行度。它通常采用回归作为预测研究结果的统计处理,这只能是负相关、中性相关或正相关。这项研究的一个典型例子是研究高等教育是否有助于获得薪水更高的工作。如果结果表明高等教育确实允许个人从事高薪工作,那么受教育程度较低的人往往从事低薪工作。

⑦元分析

元分析(meta-analysis)最初是由美国教育心理学家格拉斯(Glass)发现的。在1976 年,格拉斯被任命为美国教育研究协会(AERA)主席。他将"元分析"定义为对大量分析结果进行统计分析,以这些分析结果整合出现有结论。随后,不少研究者强调元分析的定量特征及其统计技术,但元分析可以兼容定量和定性分析。本书将重点介绍定量元分析。定量元分析主要是收集并整合某个主题的研究数据,并以统计的方式从已有资料中归纳出新结论。

⑧结构方程模型

结构方程模型(Structural Equation Modeling,SEM)是一种结合了因子分析、回归分析和路径分析的统计方法。研究的目的与回归相似,但却更强而有力,因为SEM 同时考虑了模型的交互作用、非线性关系、自变数相关、测量误差、测量误差相关、多指标外生潜在变量及多指标内生潜在变量。SEM 可以为多元回归、路径分析、因素分析及时间序列分析提供另一种选择,而且说服力更强。

结构方程模型一词与 LISREL(Linear Structural Relationships)统计软件关系紧密,LISREL 是线性结构关系的缩写,用于处理协方差结构分析。后来的学者认为该程序与协方差结构模型非常相似,将其称为 LISREL 模型。协方差结构模型在经济学、心理学、社会学等诸多领域被广泛应用于探索问卷或实验数据,包括横向研究和纵向研究设计。

4)实证研究的优点和缺点

(1)优点

实证研究用于验证以前的研究结果和框架。自古希腊时代以来,实证研究一直为世界带来诸多益处。在增强内部有效性方面发挥着关键作用;控制程度高,使研究人员能够管理众多变量;使研究人员能够理解可能发生的渐进变化,从而使他能够在需要时修改方法;以事实和经验为基础使研究项目更真实、更有能力。

(2)缺点

尽管实证研究带来了许多好处,但还远远不够完善,尚有很多缺点。当研究涉及不同的来源和多种方法时,实证研究的数据收集就会存在一定的问题。这将会花费大量时间,尤其是对于纵向研究;申请执行某些方法的许可可能很困难,特别是当研究涉及人类受试者时;在多个地点进行研究可能成本较高;即使是有经验的研究人员也可能会误解统计显著性。例如,Amrhein 等人[①]对 5 种期刊的 791 篇文章进行了分析,发现其中近一半的研究都将本来有显著差异的效应解释成了零效应。

5)实证研究的实用性

对于实证研究范式的推广,可以从教育学的学科性质的角度进行分析。教育学根据研究人员和研究内容的不同,采用截然不同的研究方法,其根本原因在于教育学究竟属于人文科学还是社会科学。有学者认为,学科归因的模糊性会让研究方法的选择变得不确定,最终影响教育研究方法应用。撇开学科属性的争议,就实证研究在中国教育和研究领域不被重视这一现象,我们大致梳理了实证研究的适用性和局限性。

首先,多学科背景的缺失,制约了实证研究的全面开展。实证研究需要融合多个学科知识,以教育学为例,除了具备一定的教育学知识外,还需要掌握一定的心理学、统计学知识。但现实是,教育专业学生的统计学知识尚有待提升,心理学知识也大多停留在理论层面,即便学习过教育心理学等相关教学课程,但是偏重教授理论知识,对心理科学实验及研究方法的重视程度远远不够。因此,定量研究所涉及学科的知识欠缺,很大程度上制约了实证研究的落地。

其次,实证研究是一个系统工程,需要耗费大量的人力物力,开展实证研究会受到诸多限制。科学研究需要大量数据作为支撑,但数据的采集和整理历时长,又需大量人力支持。从当前科研环境看,无论是高等院校、科研机构,还是中小学校,对教育问题、现象的研究在很大程度上受到限制,这极大地阻碍了实证研究的发展。从本质上讲,实证研究方法在我国教育学领域无法大面积开展,与教育学的特殊性密切相关。

1.2.3 实证研究的步骤与周期

实证研究的主要目的是探讨变量间的因果关系,这些变量往往是现实世界中

---

① Amrhein V, Greenland S, McShane B. Scientists rise up against statistical significance[J]. Nature, 2019, 567 (7748): 305-307.

无法直接观察测量的抽象概念。例如探讨变量 X 与 Y 间是否存在因果关系,需要将变量 X、Y 转化为可测量变量,再对变量进行数据搜集,提出各种可能导致 X 和 Y 发生因果联系的替代解释,最后通过合适的统计方法验证 X 与 Y 间是否存在统计意义上的显著关系。由于实证研究基于观察和获取经验,因此计划进行实验的步骤以及如何分析它是很重要的。这将使研究人员能够解决实验期间可能发生的问题或障碍。

1)实证研究的步骤

(1)确立研究目标

在这个初始步骤中,研究人员必须清楚他或她在研究中究竟想做什么。他或她同样应该为研究制订问题陈述、行动计划,并确定可用资源、时间表等的任何潜在问题。最重要的是,研究人员必须能够确定研究是否会比其产生的成本更有利。

(2)回顾相关文献和支持理论

研究人员必须确定与其研究问题相关的理论或模型。如果有任何这样的理论或模型,他们必须了解它如何帮助支持研究结果。还必须查阅相关文献。研究人员必须能够识别以前检查过类似问题或主题的研究,并确定遇到的问题。

(3)构建假设和测量

研究人员必须构建一个初始假设或有根据的猜测,这可能是可能的结果。变量必须与研究背景一起建立。还应定义测量单位,包括允许的误差范围。研究人员必须确定所选措施是否会被其他学者接受。

(4)定义研究设计、方法和数据收集技术

在进行研究之前,研究人员必须为研究建立适当的方法。他或她必须组织实验来收集数据,使他或她能够构建假设。研究人员还应决定他或她是否将使用非实验性或实验性技术来进行研究。同样,研究设计的类型将取决于所进行的研究类型。最后,研究人员必须确定影响研究设计有效性的参数。必须通过根据研究问题选择合适的样本来进行数据收集,在收集了经验数据后,接下来进行分析。

(5)进行数据分析

数据分析是定量或定性进行的。根据研究的性质,研究人员必须确定哪种数据分析方法是合适的,或者两者的组合是否合适。这一步的结果决定了假设是被支持还是被拒绝。这就是为什么数据分析被认为是任何研究工作中最关键的步骤之一。

(6)得出结论

必须准备一份报告,其中介绍了调查结果和整个研究过程。如果研究人员打

算将他或她的发现传播给更广泛的受众,该报告将被转换为文章发表。除了包括引言和文献观点的典型部分,以及方法、分析和结论,研究人员还应就其主题的进一步研究提出建议。

2)实证研究周期

实证研究有五个阶段,每个阶段同等重要。这种严格而系统的方法,系统地捕捉对某些受试者的行为或功能做出假设的过程,然后将其与经验数据进行比较,被认为是科学演绎方法的典型代表。

以下是实证研究的五个阶段:

(1)观察

观察是实证研究的初始阶段,在这个阶段,研究者可提出其假设,并通过观察来收集经验数据。例如:消费者在购买商品时,会在手机上先行浏览,然后再在店内购买。

(2)归纳

通过对观察到的数据进行归纳推理,得出一般结论。如前所述,研究者通过观察后得到一个结论,即大多数消费者在店内购买商品时,倾向于先用手机进行查询。研究人员可能会提出这样一个问题:"使用智能手机的趋势是否表明,今天的消费者在做出购买决定之前需要了解情况?"研究人员可以假设情况就是这样。尽管如此,由于这仍然只是一个假设,必须进行实验来支持或拒绝这个假设。研究人员决定进行一项在线调查,以了解特定样本人群在实体店的购买习惯。这是为了确定人们在购买之前是否总是先看自己的智能手机。

(3)演绎

这一阶段使研究人员能够从实验中得出结论。这必须基于理性和逻辑,以达到特定的、公正的结果。例如在实验中,如果购物者在店内购买前先用手机上网查询,那么可以得出结论,购物者需要信息来帮助他或她做出明智的购买决定。

(4)检验

这一阶段需要研究人员回到实证研究步骤来检验假设。现在需要使用适当的统计方法分析和验证数据。如果研究人员证实,店内购物者在购买前确实会向智能手机咨询产品信息,那么研究人员已经找到了对该假设的支持。但应该指出的是,这只是对假设的支持,而不是对现实的证明。

(5)评估

这一阶段往往被许多人忽视,但实际上是帮助不断扩大知识的关键步骤。在这一阶段,研究人员阐述了收集的数据、支持论点和结论。此外,还介绍了这项研究的局限性以及对实验的反思,建议学者可以进一步地研究同一主题的扩展变量。

1.3　社会科学与实证研究

1.3.1　社会科学的渊源

从学术和概念渊源来说,"社会科学"是一个外来词,是近代西方学术思想向中国传播过程中的一个舶来品。社会科学的发展是整个科学研究领域中相对较新的发展。"社会科学"一词在 19 世纪之前没有正式存在,直到 20 世纪才成为公认的研究、科学或教育范畴。社会科学在很大程度上依赖于定量和定性研究方法。因此,在 20 世纪初,统计分析成为应用数学中公认的领域之前,很难对人类社会行为进行合理、结构化的科学研究。自然科学的重点是理解物理世界的性质,而社会科学的重点是理解关系以及人们相互交流的方式。社会科学的首要基础是哲学——对存在的本质、知识、推理和道德价值的一般性和理论性研究。另外,社会科学采用了哲学理论,试图通过收集和分析数据并进行实验,更清楚地、更实际地辨别人们如何以及为什么在社会群体中相互作用和发挥作用。例如,社会学、心理学、政治学和市场营销学等学科过去都进行过调查和实验,目的是确定人们投票给特定候选人或支持特定社会或政治事业的动机。

从本质上讲,社会科学是对人类社会的研究。作为研究和解释人类行为的学科,社会科学帮助我们超越个人经验,发展对世界的理解。最常见的社会科学科目包括人类学、考古学、经济学、地理学、历史学、法学、语言学、政治学、心理学和社会学。社会科学有助于以各种方式揭示对社会有用的见解,从了解大脑如何工作,到社会作为一个整体如何运作。社会科学对于理解重要的社会功能至关重要,例如经济增长和失业诱因,以及什么让人们快乐。这为政府、地方当局和组织提供了重要信息。社会科学研究影响了大量的政策和实践。

1.3.2　实证研究概述

实证研究是基于事实和证据的研究,具有独特的直接经验,从研究过程的角度来看,实证研究是指从现实中获取数据,通过对数据的调查和分析来探索变量之间的关系,并得出研究对象的进化规律、结论或理论。实证研究有一种独特的直接经验,即相信世界是客观的。由于客观规律和事实的存在,我们可以对研究对象进行科学测量,以解释和预测变量之间的因果关系。根据实证主义研究范式,大多数科学研究数据都是基于实验或问卷调查,然后根据统计数据得出实验结论。进行实证研究需要事先做出假设或建议,如果获得的数据与研究假设的期望一致,则该假设被认为是可以接受的,否则有理由拒绝原始假设。

定量研究无疑可以严格、精确地计算和显示相关性,但问题在于:

首先,定量研究的这种功能方法所揭示的相关性是基于平衡和静止的假设,并要求所有数据都可用。如果相关性是非平衡和非平稳的,则意味着变量之间没有固定的关系,因此不宜采取定量方法。然而,在现实生活中,变量基本都不是平衡和恒定的,导致许多定量研究函数模型只关注少数因素而排除其他重要因素,因此无法形成强有力的证据。

其次,研究人员对定量研究的相关性关系做出假设,该假设往往是基于观察相应的关系,然后收集相关数据进行分析,从研究人员给出的约束条件出发,验证相关性,计算相关性或解释为什么没有达到预期结果。一旦提出假设,就意味着要限定外部环境。定量研究寻求在特定环境中建立一种平衡关系,不关心研究主体的意义世界,但需假设需要研究的外部制度环境,简化复杂的现实,因此,其解释不一定正确有力,预测未来也不一定可靠。

最后,定量研究不能解释“因果关系”,只能揭示变量之间的相关性。定量研究不能“解释”为什么会出现因果关系,或者为什么一个变量的变化会导致另一个变量的变化。

定性研究可以弥补定量方法无法实现的目标和功能。解释是知识的理论和定性研究的方法论,是非本质的人类学,认为世界是由人类构建的,世界以外的其他事物是无法解释和理解的。在讨论社会学的基本概念时,韦伯认为社会学是一门理解社会行为的主观含义并解释其后果的科学。

对经典行为的因果解释意味着,它被宣布为经典行为的过程可以在意义上适当地表达,并通过因果关系得到适当的确认。社会科学研究对象是人,而不是自然科学。物质是客观的,遵循一定的自然规律,在大多数情况下,精确地控制实验之后便能得到预期结果;但社会科学面对的是人类社会,需要理解和解释行为者的主观意义,而社会科学与自然科学的本质区别就在于此。定量方法也面临着同样的困境,它试图将社会科学研究科学化,忽视了人类意义的世界。韦伯的定义还包含着另一个重要的含义,在“理解”世界对人类的意义之后,还需要“解释”它,即分析和揭示其因果关系。

需注意的是,包含教育学在内的社会科学研究中有一种重要的研究方法,即比较方法或比较案例研究。比较研究是比较同一环境的多个不同情况,并确定其中的关键问题,最终找到差异的主要原因。由于这种方法实际上将自然科学的实验方法应用于社会科学研究,因此具有强烈的实证主义色彩;同时,它非常重视案例叙述和深入绘制,并且因果解释的定性方法被广泛使用,因此它要么被定义为实证主义范式下的定性研究,要么被定义为定量研究与定性研究之间的中间道路。一般而言,实证研究方法的类型与层次如表 1.1 所示。

表 1.1　实证研究方法的类型与层次

层次	类型	
本体论	本质主义	非本质主义
认识论	实证主义认识论	阐释主义认识论
方法论	实证主义	阐释主义
研究方法	量化研究	定性研究
研究技术	问卷、实验、比较等	访谈、观察、民族志

1.3.3　社会科学与实证研究的关系

社会科学包括规范性研究和实证研究两大类,教育界常用的词是"思辨性研究",规范表达其目的和使命与实证研究有很大不同,属于规范性研究,是追求、解释和讨论教育价值,是对"对错"(合法和不当)等价值问题的哲学论证。

传统的政治哲学、道德哲学、伦理学和教育哲学是典型的规范性研究,它们具有以下特点:一是规范性研究面向最根本的"元问题"。二是规范性研究直接切入"价值问题"并为其辩护,而不需要价值中立。三是规范性研究中学术成果的承认是基于学术界的认可,这与实证研究不同,实证研究需要检查研究结论是否与客观事实相一致。讨论规范理论的正确性的方法包括研究问题是否重要,论证过程中是否存在问题,对方是否同意价值判断和辩论。

英语中有三个英语单词与"方法"相对应,从这三个单词出发,提出了三个层次的研究方法:Methodology 是方法论,属于宏观层面,它包含一定的本体论和相应的认识论和价值论等;Method 是研究方法,是微观和宏观传播的中观水平,它是结合具体理论和技术形成的一种具体研究工具,是研究范式的具体化,定量研究和定性研究都属于这个层次;Technology 是研究技术即材料的收集方式,处理和分析,如观察、访谈、问卷调查、实验等,都在微观层面上。这两类实证研究方法的背后,是两种截然不同的本体论、认识论、方法论和相应的研究技术,即实证主义的范式和解释学的范式。

实证研究是研究人员利用某些研究技术对研究对象进行大量社会调查,收集相关信息,开展研究,提出理论假设或检验理论假设的研究。因为实证主义社会学提出的模式更接近学科科学化的要求,也因为那个时代科学的推动和对自然科学近乎传奇的信仰,实证主义范式得以成为社会学的主导模式,它自身的科学本质和对科学的尊重也成为这个时代社会学的主导模式,这决定了实验研究坚定不移的学科地位。实证研究与规范研究等研究范式都是社会科学中重要的存在,各研究范式间没有高下之分,也不存在所谓的由思辨向实证的转向,应尊重所有的研究方法,在不同研究方法共同的作用下促进社会科学的长远发展。

1.4 教育研究方法

2019 年 10 月教育部发布的《加强新时代教育科学研究工作的意见》明确指出:"教育科学研究是教育事业的重要组成部分,对教育改革发展具有重要的支撑、驱动和引领作用。"而教育改革要取得显著的成果离不开一系列以科学研究为基础的知识作为指导。一门学科称之为科学的关键在于它是有系统的、区别于其他学科的研究方法体系。教育研究方法是决定教育研究质量的关键因素,它是人们在进行教育研究时所采取的步骤、手段和方法的总称,对于教育学的学科发展而言,研究方法决定着教育学的科学性质。

1.4.1 教育研究与教育研究方法

方法和方法论既是一个哲学问题,也是日常生活中人们必然遇到的问题。所谓方法,在我国《中文大辞典》中注解为行事的条理和判定方形的标准。《墨子·天志中》言:"中吾矩者,谓之方,不中吾矩者,谓之不方,是以方与不方,皆可得而知之,此其故何,则方法明也。"方法是对研究活动的反思与总结,其实质在于规律的运用形成的行为准则和方式。而方法论则是关于人们认识世界和改造世界的方法的理论,是方法的体系。那么什么是教育研究呢? 教育研究就是研究者在把握客观性的教育事实,廓清诸种教育现象之间的相互关系,同时揭示现实中教育的发展方向,以期为实际教育的发展提供借鉴。任何教育研究总是教育事实与教育价值的统一。

1.4.2　教育研究方法的发展历程

教育研究方法从萌芽到成熟,伴随着人类教育,我们探究教育研究方法可以让我们提升教育质量,丰富教育方法的理论,了解教育系统中的作用关系。从教育研究方法的发展历史看,主要经历了如下几个阶段。

1)思辨研究范式的延续与发展

18 世纪中叶之前,国内外在教育研究中主要采用思辨方法。国外的研究方法主要是观察、经验总结和文献研究。国内更习惯对前人的经验做总结,比如《学记》中记载的教学方法"教学相长,长善救失",总结孔子的教学经验,等等。教育研究者,在教育实践的基础上,将思辨研究抽象概括,初步运用辩证思维,运用观察等方法来研究教育现象,获得对事物的理解,形成丰富的中外古代教育理论。

2)量化研究范式的兴起与发展

18 世纪以后,教育研究开始向科学、客观、精确的方向发展,斯宾塞(Spencer)在教育研究中坚持实证主义的方法论原则,教育实证研究的范式开始兴起。1816年,福禄贝尔(Fröbel)创立了"德国多学科教育实验研究所",该研究所采用了一种强调学生自我活动和独立作业的直观教学法。统计方法的移植推动了教育科学的量化研究。高尔顿(Galton)和皮尔逊(Pearson)对统计方法进行了研究,高尔顿是第一个提出统计相关概念并使用该技术分析和理解个体差异的人。后来的许多心理学家都广泛使用高尔顿的研究统计方法。桑代克(Thorndike)对教育研究量化的影响也是巨大的,他用严格的实验验证和实验结果的精确测量来探索学习规律。在 20 世纪 30 年代和 50 年代间,实证研究成为国外的一种趋势,重点是对研究对象进行定量观察和分析,并使用数学工具处理获得的数据。

3)定性研究范式的兴起与发展

19 世纪末,量化研究在探求教育多元的理念和本质属性上遇到了巨大阻力。20 世纪初,教育因为定性研究而开始新的发展。我国教育研究领域开始使用定性研究是在 20 世纪末端。定性研究是将研究者作为研究的一部分,在自然语境下开展研究,通过访谈、观察、分析事物等方法,与研究对象接触,获取研究数据,是对研究对象的行为和意义的二次建构,需要深刻而具体的解读。

4)混合研究范式的兴起与应用

随着研究问题的复杂和多样性,仅仅用一种研究范式不能解释复杂和多样的教育现象,有教育研究者在 20 世纪末先后提出了一种观点,即量化研究和定性研究可在同一研究中共同使用。混合研究范式就是应用多元的研究方法,包含哲学假设和调查方法的研究设计,超越量化研究和定性研究,兼具两者的优势。比如在进行教育民族志的定性研究时,需要数据佐证说明,这时候就可以利用定量研究来收集数据,达成想要的结论。在使用混合研究范式时,研究者需要清楚比起单独使用两种方法,混合研究范式是否有利于更好地理解问题。

1.4.3 教育研究方法的分类

提高科研水平的一个重要方法就是将教育研究方法进行合理的分类。按照不同视角,教育研究方法可以分为不同类别。这里选取德国学者布列钦卡(Brezinka)的分类。按照他的思路,教育研究方法可以分为三类:一是哲学研究或思辨研究;二是实证研究或叙事研究;三是实践研究或实践的行动研究。

1)哲学研究

人类生活初期没有认识世界的工具,从而依靠自身思维来认识和理解外界事物。从教育研究方法的发展来看,哲学思辨是教育研究的开始,是教育研究中重要的方法和思维。哲学研究可以称为思辨研究或理论研究。从研究主题的角度来看,哲学研究常用的方法包括价值研究、本质研究和对策研究。

(1)价值研究

价值研究的特点是直接讨论某事或某物的价值,主题表达一般为"论……的价值"或者"论……的作用""论……的地位",等等。比如"论知识的作用""论惩戒的教育价值",等等。斯宾塞的"什么知识最有价值"就是价值研究的典型案例。此类价值研究的理论意义在于研究者提出的可支撑辩证分析是否具有说服力。

(2)本质研究

本质研究的主题表达一般为"论……的本质"或者"……是……""论……的本质特征"。我国早在 20 世纪 30 年代开始就对教育本质进行研究,杨贤江提出"教育为'观念形态的劳动领域之一',即社会的上层建筑之一"。有人探讨"教育是什么""论人的本质"等,都是本质研究的案例。近年来,学者们对教育本质的研究,丰富了人们对教育本质属性的认识。开展本质研究要求研究者具有本质研究的论证技巧。

（3）批判研究

批判研究主要是对已有研究的研究，主要聚焦于方法论的反思和批判。从定义看，批判研究是对研究活动的研究，是对教育活动的背后问题的发现和探讨。在我国，教育批评研究发展 70 多年，对教育学发展的一些问题，从理论和历史结合的角度，对教育学科体系、历史发展和学科走向做出了批判反思和价值性探索。研究者在进行批判研究时，是对某一现状提出看法和对策，并为这一对策提供具有说服力的论证、辩护。从事批判研究的学者从批判的角度看待乐观的教育制度、教育理念，提出改进教育理论和教育实践的建议。

2）实证研究

教育实证研究是在实践中，通过观察、实验或调查研究对象，分析和解释证据资料，验证教育假设、认识教育发展规律、探究教育真相。教育实证研究者是通过自己亲身经历和亲眼所见得到有逻辑、有科学性的教育研究结论，用这些结论指导未来的教育实践。从其定义来看，实证研究不同于哲学思辨的方式，它是建立在观察和实验的经验事实上，通过实验收集的数据，并依靠科学手段得出结论，具有鲜明的经验特征。按照研究工具的不同，实证研究可以分为定量研究、定性研究和混合研究。

（1）定量研究

定量研究又称为量化研究，是对事物可观测的部分及相互关系进行测量、统计与分析以检验研究假设，得到相对客观的研究结论的方法。在进行定量研究时，需要提前进行目标或行为假设，确定影响研究目标的变量，构建模型来分析变量之间的关系，判断分析结果是否与假设相符，最后得出结论。从定量研究的过程来看，定量研究需要一些工具比如量表、统计软件来达到研究目的。定量研究是探索事物内部与事物之间的内在因果关系，不以人的主观意志为转移，在进行研究时，研究者与研究对象可以分离开，独立存在。定量研究包括了问卷法与测量法、内容分析法、元分析方法。定量研究一般作为证实普遍规律、判断预测、寻求共识的研究方法，科学性与逻辑性要求较强，研究者主要依靠数据来分析等从而得出结论，剖析问题的现象、影响、原因等。

（2）定性研究

定性研究（Qualitative Research）是在自然情境下，以研究者本人作为研究工具，采用访谈、观察、实物分析等收集资料的方法，对研究现象进行深入的整体性探究,从原始资料中形成结论和理论,通过与研究对象互动,对其行为和意义建构获得解释性理解的一种活动。这要求研究者具有扎实的理论基础和独立的思维方式。

定性研究的主要方法有现象学研究法、扎根理论研究法、民族志研究法、案例研究法、行动研究等。定性研究主要关注社会群体对事件的观点,关注不同的人对生活意义的理解,探寻问题发生的原因。由于研究对象的数量不多,定性研究应该选取有典型性和代表性的研究对象。定性研究的结论是在研究过程中逐步形成的,经过不断的反思研究汇聚成最后的"大海"。

（3）混合研究

随着教育研究的发展,研究者通常是用定量研究和定性研究方法进行探索。但随着问题的多样性和复杂性,单一的研究范式不能完全解决问题,这时候出现了第三种范式——混合研究。混合研究就是指采用了一种以上的研究方法或整合了不同研究策略的研究。在理解一个问题时,定性研究能够提供细节,定量研究能够提供更整体的信息,两种研究方式各自有不同的观点和局限。所以在遇到数据资源不足,研究结果需要解释、推广探索性发现等情况时可以使用混合研究方法。此外,混合研究方法并不是对所有的研究都适用,这需要研究者遇到情况具体分析,给出需要利用混合研究方法的理由。

3）实践研究

实践研究就是以实践为基础开展的研究,在实践中总结理论和检验理论。实践研究是教育科学研究领域中重要的研究方法,研究者在已有的经验和理论指导下,观察教学变量、总结教与学机制、提高教学质量、改进教学实践。实践研究大多以实践材料为基础,多具体少抽象,多描述少概括。

（1）教育改革

从宏观层面看,教育改革是国家为改变教育现状进行的有意义的转变,从微观层面看是教育专家或教育工作者在教育理论、教学模式、教育制度、教学观念等内容的变革推动。在这里,教育改革指的是教学研究者以某个教学对象开展的实验研究,类似于教育实验。这里的对象可以是教学案例,也可以是实践工作者。

（2）经验总结

经验总结是研究者或者实践者根据一定的价值取向对某种"经验"进行研究,为了把感性认识上升为理性认识,从某局部的"经验"中找出普遍意义的活动。在日常课堂中,教师的教学反思就是经验总结。从时间跨度看,任课教师的课堂总结、班主任的管理日志可以视为短期的经验总结,如年度经验总结就是时间较长的经验总结。在实践中的自我经验总结经过自传或合作自传重写后,也可以转化为正式的实证研究。

(3)对策研究

对策研究是对某些教育问题或现象进行的对策分析和应对策略的研究,它的主题一般表达为"论……的对策"或者"论……的对策探究""论……的问题与对策""论……的对策与思考"等。比如"小学音乐教育存在的问题与对策""教师队伍建设现状对策研究""中小学创客教育现状调查及对策"等。实践研究中的对策研究是研究者分析教育现状或问题,提出研究者对教育问题的解决措施和方案。与哲学研究中的批判研究相比较,对策研究更多的是提供了文件形式的方案策略,缺少可支撑的论证分析。对策研究想要转变为正式的实证研究,需要将教育对策转化为调查研究,并在调查或实验后经过验证得出结论。

1.4.4　教育研究方法的意义

1)丰富教育实践模式

随着信息化时代的来临,教学环境、教学设备、教学内容等因素开始发展,因此办学模式、教育模式、师生关系等也要相应地发生变革。为了学生发展,就应该找到更为科学的教育教学的新观念、新模式、新方式,就应通过教育研究范式找到科学的实践指导。以教学模式为例,我国更高层次的学校开展教育实践,找到了许多有效的教学模式,如翻转课堂、混合学习和合作学习等等,收获了实践研究的结晶。

2)推动教育理论建设

随着时代的发展,人民物质生活水平极大地提高,科研领域也更加先进,教育研究在时代的浪潮中蓬勃发展,教育研究方法体系也愈加丰富。开展教育研究,可以从教育活动中总结教育规律,得出教育理论以指导下一轮教育实践,丰富我国教育科学研究理论宝库。

3)提升教育工作者素质

为适应 21 世纪教育的发展和国家对教育工作者的要求,教育工作者需要提升自己的教育科学研究意识和能力,开展学科教学研究,提升专业能力。教育的本质是培养人,为人的发展而服务。教育工作者的责任不仅是传道解惑,还要启发智慧,实现教育创新。这一点要求教育工作者在开展教育活动时要学会观察和总结,帮助学生深化认识这一价值,根据不同的教育内容和教育对象因材施教,形成自身的教育风格,提升教学质量。

1.4.5　如何理解教育实证研究

在自然科学和社会科学领域(包括教育科学),虽然这些领域内部以及各个领域之间的研究问题与方法极为不同,但是科学研究的本质特点却基本相同。几乎没有一项研究能得出一个毫无争议且恒久不变的结果。经过长期的应用并与实证相结合的多种研究方法对于建立科学知识的基础是必不可少的。近年来,纵观国际教育研究范式,发现量化数据收集方式增幅明显,实证研究得到越来越多的从事教育的工作者的青睐。教育实证研究是发现教育实践中出现的问题,从这些问题中找出普遍的规律,然后通过严谨科学的方法得出结论与规律,最后将这些结论或规律应用于教育中,进行验证。

1)实证研究是否同样适用于教育学

(1)科学研究的本质相同

《教育的科学研究》一书的作者认为科学研究都是一个连续而严密的推理过程。这一推理过程的基础是研究方法、理论及研究结果的有机结合,这样的推理使我们的理解建立在可检验的模型及理论的基础之上。自然科学、生命科学和社会科学的知识都是通过不断的科学探索才得以累积。由于教育研究是研究人的科学,教育是多层次且不断变化的,教与学、研究与实践密切而又复杂的关系,就此形成了教育研究的特殊过程。但需要强调的是,即使教育研究所得出的结论往往很难就任何问题得出一致性的结论,教育领域的科学研究依然同其他科学研究一样积累了客观、可靠的知识,教育科学研究产生的知识也和自然科学、生命科学和社会科学的知识一样,是逐步累积形成的。必须承认的是,自然科学与生命科学领域知识的累积超过了社会科学领域,并都远远胜过教育领域。

(2)科学研究的指导原则相同

从科学研究的本质与发展来看,早在 2002 年,美国研究理事会出版的《教育的科学研究》已给出适用于所有科学研究,包括教育的科学研究的指导原则:提出重要的、可进行实证研究的问题;将研究与相关理论相结合;使用能对问题进行直接研究的方法;进行有条理、明确的推理;实施重复验证和研究推广;公布研究结果,鼓励专业人士的检验和评价。理论发展与实证研究、方法学的进步之间有着相互依存和循环促进的本质关系。理论和方法互为依赖,这既有助于实证观察和知识确立,又得益于实证观察和由此而来的知识。由日益精密的测量所获得的知识能增加理论的准确性,而日渐准确的理论又预示着新的测量技术的可行性。那么后人才得以基于这些成功的研究开拓新的研究。

2)教育实证研究的必要性

实证研究对于教育研究或教育实际都非常有用。第一,由于教育过程是非常复杂的,教育的整个过程是一个复杂的系统,在这个过程中涉及了许多因素,这些因素直接又相互影响和相互作用,对于这些因素的层级,我们无法确认,它们之间的机制也是错综复杂的。第二,教育问题需要在实践中验证,我们要分析解决教育问题,就必须以实证研究为基础。第三,对于教育研究最终都是要应用到学科的,所以研究之后都必须得到客观性的结论,这些结论将会丰富和完善学科理论。第四,每个人的教育观念不同,观念的好坏需要实证研究来验证,如果不验证就可能会出现偏差,也就不科学严谨。此外,随着科学技术的进步,我们的学习环境、学习设备、学习方式、学习资源等都发生了翻天覆地的变化。这些变化也是由于教育实证研究的发展而带来的,技术的提升使教育实证研究的方式方法发生转变,对数据的采集要求更高,也会加深对教育问题的认识,提高研究的有效性。

3)我国目前教育实证研究存在的问题与成因

(1)存在的问题

目前,我国教育实证研究存在的问题主要有:

第一,我们开展的实证研究的规模都比较小。当规模比较小时得到的结论的代表性就比较差,信效度也会存在一定的问题。第二,我们开展的实证研究的时间大多比较短,几年以上的研究都比较少,几十年的更少。但对于学生来讲,要研究他们的发展就需要长时间的追踪记录,只有实证研究可以做到,这也能体现实证研究的独特性。第三,我们开展的实证研究的类型比较单一。我们所开展的研究大多数是经验性的研究,少实验研究,经验性的实地观察在研究中占较大的比例。第四,我们所开展的研究更多是案例实证,数理实证比较少。围绕某一个案例比如学生、学校、区域教育形成实证性研究成果较多,以数理统计、大数据作为基本工具的实证研究成果很少。第五,开展实证研究之后得到的结构影响弱。虽然有一些成果得到了应用,但是成果不多,影响也不大。第六,开展的实证研究中很少有元研究、元评价等。我们可以对已经得到研究结果的实证研究进行分析再评价,用发展的眼光去看待这些结论,将会得到更好的成果。

(2)问题成因

教育学科被引入中国时,我们主要引用了赫尔巴特(Herbart)和杜威(Dewey)的理论。赫尔巴特的理论建立在哲学和心理学之上,但我国引用的时候,我们主要引用了哲学部分。在引用杜威的理论时,主要是把杜威的民主主义和教育的理论主张引进来,因此我国教育学科从一开始就有较强的哲学取向。

1.5 教育实证研究的证据收集与测量统计

1.5.1 如何进行合理的证据收集

第一,教育实证研究需要设计合理的研究方案,就需要把研究问题进行分解,细化研究问题,我们可以根据自身的学术背景和专长选择符合自己研究方向的视角,找到解决问题的途径。第二,我们需要明确教育数据的采集形式,规范数据来源。只有高质量的数据才能获得科学的结论。对研究中的数据来源、数据的清洗、数据的收集方式、数据分析方法要做翔实的基础工作。第三,随着智慧教育时代的到来,技术的复杂性、多样性使传统的单一数据验证正在向多角度、多维度的综合变量验证转化。充分性指的是要在不同的途径、不同的渠道、不同的方面去收集更多的数据,使数据可以更完整、多样和全面。数据在纳入数据库前,必须严格检查,并经过两次审查,消除一些错误,保证数据的真实性,以防止和消除虚假数据对教育现象的解读和教育决策带来的风险。第四,在研究过程中需要被调查者的密切配合才能获得有效的数据,规范被调查者的权益与研究部门的数据综合素养也十分重要。在数据收集的过程中,首先要确保公平性原则,即研究者与被研究者之间地位是平等的,不能不尊重被调研者。其次要体现自愿原则,不能强制被调研者参与研究。一旦被调研者愿意参与此次研究活动,需要认真如实地提供数据,不能作假,不能为了达到某一目的而故意提供无效数据。

1.5.2 证据收集的多种技术手段

技术给实证研究者带来了极大的便利,测量方式也变得多种多样。数据的收集和分析呈现出教育研究方法的选择与沉淀。教育实证证据中的数据既包括定量数据,也包括定性数据。定量数据是指可以用自然数表示意义的数据,定性数据是指通过观察、访谈等手段获得的文章、图片、影视等数据。两类数据在教育实证研究中虽各有侧重,但相互补充、相辅相成。相关量化取向、质性取向和混合取向中数据收集的分析,形成七种基本数据收集方式,如表1.2所示。一项研究通常使用多种数据收集方法对统计数据进行编码,其中访谈和文本是最常见的数据收集方法,次要数据(包括大型调查和统计)也用作数据源。此外,观察和调查工具也是样本期刊中最常用的数据收集工具。

表 1.2　数据收集的主要方式

序号	方式
1	调查工具:问卷、心理测量等调查工具。
2	访谈:面对面、电话等访谈。
3	实验组/对照组/治疗组:使用测量工具对单一主体或多个主体进行前测或后测。
4	文本:公开或非公开的文本。
5	二次数据:已经由其他人收集和分析的数据。
6	录音、拍照或录像
7	观察:通过田野笔记记录观察对象的行为和活动。

量化数据分析主要有描述性分析、相关分析、回归分析、方差分析、聚类分析、因子分析等,能通过相应的量化分析软件来实现。量化研究包括共现分析法、社会网络分析法、问卷调查法、推断性统计方法(Z检验、T检验、秩和检验和卡方检验等)和多元统计分析方法(回归分析、因子分析、灰色关联度分析、聚类分析、相关性分析、主成分分析、判别分析和对应分析等)等方法,以上几种方法经常互相搭配使用,在同一研究的不同研究阶段发挥着不同的作用。

需要强调的是用什么方法,取什么材料挖掘,如何仔细寻求验证,以及验证结果是否因为方法的偏向而受到限制,这更多地取决于研究人员对现实的洞察力、问题意识和理论准备。研究过程是定量的还是定性的,使用什么工具,使用什么材料作为证据,无论是各种数据、图像、实地观察记录、口述记录还是历史档案等,都取决于研究者对研究问题和情况的理解,以及不同方法的灵活运用。

第 2 章　结构方程模型概述

2.1　结构方程模型基础知识

结构方程模型很早就被提出,但是它的概念直到 1970 年才被界定出来,1980 年代末才得到发展。它最初与高等统计技术密切相关,后来一些学者组合了因子分析和路径分析等概念,提出了结构方程模型的初步概念。而后 Jöreskog 与 Sörbom 进一步发展矩阵模式来帮助更好地解决共变结构的分析问题,提出测量模型与结构模型,并将其纳入 LISREL 之中,使结构方程模型得到了进一步发展。

2.1.1　结构方程模型发展历程

从统计学和方法学的发展历史来看,结构方程模型通常是通过可视化和模型验证来同时解释多种统计关系,是传统线性建模技术的延伸。它的历史根源来自两个重要的计量学科:心理计量学与经济计量学,20 世纪斯皮尔曼对"智力"的各个维度的确定奠定了结构方程模型的基础。

在心理计量学中,心智能力测验的得分是受影响测验分数背后所共有的一个潜在共同因素(Common factor)影响,被称为核心心智能力(Primary mental abilities)。核心心智能力的存在,使得智力测验成绩之间产生了复杂的因果关系。因此研究者们必须积极探索这些原因背后的成因,才能够通过这些原因对智力测验成绩间的共变(协方差)因果关系做出最理想的诠释。

在经济计量学中,1943 年 Haavelmo 首先使用了一系列的联立方程式(Simultaneous equation)来探讨经济学变量的相互关系。尽管这些方法能够研究复杂变量间的关联,可以合理分析总体经济现状,但是它不能精确合理地对特定的经济现象进行时间序列性预测。

2.1.2　结构方程模型的基本思想与样本规模

1)基本思想

在一般的应用统计分析中,研究者通常是基于样本的观测值计算其与实际值之间的残差,使之达到最小值的方法来求解模型。而结构方程模型与它们最大的区别就在于它是基于理论与研究的模型规范,是一种可以测量不可测变量与可测变量之间相关关系的方法,它的拟合依靠协方差矩阵,其组成模型主要有因素模型与结构模型两个。如果结构方程模型的假设正确,那么通过被观察变量的协方差矩阵就可以重复出研究总体的协方差矩阵,即有公式如下:

$$\sum = \sum (\theta)$$

式中, $\sum$ 是被观察的总体的协方差矩阵; θ 是个矢量,包含模型的待估计参数; $\sum (\theta)$ 是方差 - 协方差矩阵。

从上式可以知道,左右矩阵相等,通过不断迭代,使得 $\sum (\theta)$ 接近于 $\sum$ 的情况下,就可以求出 θ。

2)样本规模大小

在利用结构方程模型时,尽量选择一个适合研究的样本量尤为重要,一般来说研究资料的基本情况会影响样本规模的大小。对于正态分布且数据无遗漏值和例外的资料,样本规模的下限为估计参数的 5 倍,最好是 10 倍。当资料不符合正态分布时,样本规模为估计参数的 15 倍。使用最大似然法(Maximum Likelihood,ML)评估时,样本数至少为 100 ~ 200 更加合适。当样本数为 400 ~ 500 时,该方法会变得过于敏感,反而导致模式不匹配。

2.1.3　选择结构方程模型的原因

社会和科学在飞速发展,人们对问题的探讨也更加深入:微观主体的行为与意愿是否会对教育的宏观层面产生影响?会产生哪些影响?特别是对决策的影响以及它们之间的相关关系能够通过数字来度量。结构方程模型通过从微观个体探讨宏观规律,被广大研究者所喜爱的主要原因有四个:

第一,在对行为问题影响因素之间关系的研究中通常涉及多个因素,需要定量描述这些因素之间的关系。行为研究领域涉及一些复杂的问题,如不可以直接测量出来的指标,研究起来往往较为困难,需要通过其他指标来间接反映它们的关系。研究生通常采用的方法是问卷调查法,调查结果具有较强的主观性,调查的显性变量存在没有控制的变量等。在分析数据时,研究者采用的传统多元统计分析方法。多元回归分析的优点是可以同时设定多个自变量去预测一个因变量,但是缺点有很多,如单独的回归模型不能反映自变量对因变量的间接关系;只能有一个因变量或输出变量等,结构方程模型却不存在这些限制。因子分析从众多变量中提取共性因子,并估计变量间的影响程度,但是它不可以反映潜在变量之间的因果关系。综上所述,传统的多元统计分析不能反映"原因"与"结果"之间的间接关系,对行为研究存在的各种潜在变量的复杂问题无能为力,而结构方程模型则可以有效解决这些不足。

第二,结构方程模型是一种可以检验行为及社会科学领域中构念(construct)的测量指标有效性的方法。结构方程模型采用的验证性因素分析(Confirmatory Factor Analysis, CFA 法),比探索性因素分析(Exploratory Factor Analysis, EFA 法)更详细、更有价值。EFA 法多数由直觉及非正式法则所引导,结构方程模型中的因素分析则会考虑因素分析模型的整体质量,以及构成模型的特别参数(如因素负荷量)。

第三,除了测量问题之外,行为及社会科学领域学者主要关注的是"预测"的问题。在这个领域要想通过模型来预测变得越来越复杂,传统的复回归统计在解释世界时有些乏力,而结构方程模型利用其精确的路径分析,可以同时探讨多个变量之间的关系,预测变量间模型的路径分析。

第四,结构方程模型可兼顾测量与预测两方面,特别是潜在变量模型(latent variable models),可以同时评估可测变量与潜在变量(Latent Variable, LV)间的预测关系。潜在变量不是纯粹主观判断的,我们是通过可以测量的变量来间接反映它,这些可以测量的指标就是显变量(Manifest Variable, MV),如以论文数量等作为学生科研水平(潜变量)的显变量。结构方程模型可同时处理验证性因素分析及路径分析的问题,因而可以说它是一种统计方法的改革(statistical revolution)。

结构方程模型一般统计分析程序或最初模型检验程序决定假设模型(hypothe-sized model)与样本数据(sample data)间的适配度情形,评估研究者所提的假设模型结构能否适用于样本数据,此即为检验观察数据适配于严格结构的分析。因为在观察数据与假设模型中很少会有完美适配(perfect fit)的状况存在,因而二者之间总是存在某种程度的差异,此差异项称为残差项(residual terms),模型适配程序可以简要表示为"数据=模型+残差",数据项是依据样本在观察变量中的分数测量值作为代表,假设结构则将观察变量与潜在变量联系起来,残差项代表的是假设模型与观察数据间的差异值(discrepancy)。

2.1.4　结构方程模型的内涵

结构方程模型(Structural Equation Modeling,SEM)是一种基于统计分析技术的研究方法学,是一种用于表示、估计和测试变量之间(主要是)线性关系的理论网络的方法,是测试一组观察(测量)和不可测(潜在)变量之间的直接和间接影响关系的假设模式方法。因为其通常用到协方差矩阵,所以也称为协方差结构分析。

它广泛应用于心理学、社会学等人文科学领域。目前可用于结构方程模型的分析软件有 LISREL、EQS、AMOS、Mplus、Smart PLS 等,其中 AMOS 较为常用。

2.1.5　结构方程模型的特点

结构方程模型最为显著的特点:一是评价多维的和相互关联的关系;二是能够发现不易观测的概念关系,而且能在评价中解释测量误差;三是能够反映模型中潜变量与可测变量之间的相互影响;四是对于不便观测的概念可以体现其中的要素和影响关系。

相较于传统的方法,结构方程模型有以下优点:一是结构方程模型是一种高度灵活和全面的方法论,可以用来调查学生成就、经济问题、健康问题、自我效能感、心理治疗等问题。二是结构方程模型需要一个正式规范的模型来评估和测试,它没有指定默认模型,很少限制可以指定什么类型的关系,并且要求研究人员用理论或者研究来支撑所做的假设。三是结构方程模型是一个多变量的方法,结合了可测变量与潜在变量。四是传统方法采用直接的显著性检验以确定变量之间的关系,而结构方程模型的评估模型拟合度采用了多种检验方式,如卡方检验、比较拟合指数(CFI)、非范数拟合指数(NNFI)等。五是结构方程模型解决了多重共线性问题,需要多个度量来描述一个潜在变量,多重共线性不可能发生,因为未观测到的变量代表不同的潜在构念。

一个典型的结构方程模型由结构模型(Structural equation)和测量模型(Measurement equation)两部分组成。测量模型通常反应潜变量和可测变量之间的关系,通常写成如下测量方程:

$$x = \Lambda_x \xi + \delta \quad y = \Lambda_y \eta + \varepsilon$$

式中,x、y 是外源及内生指标;δ、ε 是 x、y 测量上的误差;Λ_x 是 x 指标与 ξ 潜变量关系;Λ_y 是 y 指标与 η 潜变量的关系。

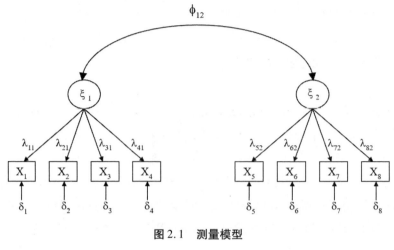

图 2.1　测量模型

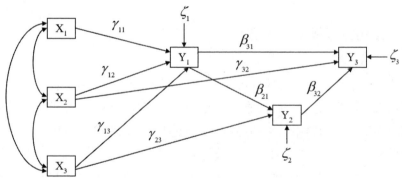

图 2.2　结构模型

结构模型反映的是潜变量之间的因果关系,自变量被称为外源变量(Exogenous variable)或外生变量、外衍变量,是由模型之"外"的变量所决定的,因变量被称为内源变量(Endogenous variable)或内生变量、内衍变量,它受到模型"内"部其他特质的影响。比如个体的自我效能感会影响学习的内在动机,自我效能感越高的学生,即越觉得自己有学习潜能,学习的内部动力越强。这里自我效能感和内部动力都是用问卷测量的,包含多个题目。这里的自我效能感就是外源变量,而内部动力就是内源变量。

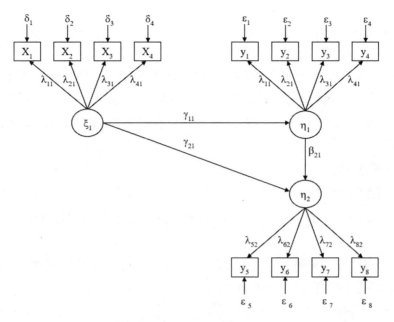

图 2.3 全模型

2.1.6 结构方程模型构建和分析的基本步骤

1)结构方程模型建模流程

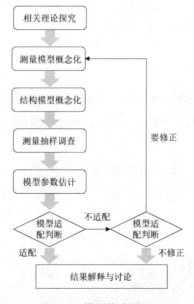

图 2.4 模型构建流程

2)结构方程模型分析基本步骤

结构方程模型分析的基本步骤可以分为(概念)模型发展与模型估计修正两个阶段。前一个阶段研究者需要考虑结构模型分析的技术原理,后一个阶段是评估模型好坏,并适当修正,本阶段注重分析软件的使用,如 LISREL、EQS、AMOS、Mplus 等。

(1)模型发展

理论性发展:回顾相关的理论和研究文献,通过整理、分析,最终建立模型。

模型设定:发展可供结构方程模型检验与估计的变量关系与假设模型,并建立一个路径图。

模型识别:模型能够被软件正确识别才能够进行下一步分析,如参数估计能找到唯一的值,模型检验的自由度 df 为正。

(2)模型估计与修正

①模型估计

参数的合理性检验:

参数估计值是否有合理的实际意义;

参数的符号是否符合理论假设;

参数的取值范围是否合理。

参数的显著性检验:

利用 Z 统计量 C. R. (Critical Ratio)检验参数,如果它的相伴概率 P 值小于 0.05,则表明路径系数或载荷系数在该水平下显著。

②模型修正

修正原则:

两个模型拟合度相近的时候考虑简洁性问题,选择较为简单的模型;

两个模型的拟合度差别很大,应采取拟合效果较好的模型。

模型修正方向:

模型扩展方面(放松一些路径系数,提高拟合度);

模型简约方面(删除或限制一些路径系数,使模型变简洁)。

模型修正内容:

测量模型修正;

添加或删除因子载荷;

添加或删除因子之间的协方差;

添加或删除测量误差的协方差。

结构模型修正：

增加或减少潜在变量数目；

添加或删减路径系数；

添加或删除残差项的协方差。

2.2　结构方程模型图中的符号与定义

结构方程模型中常用的符号与定义如表 2.1 所示。

表 2.1　结构方程模型中的符号与定义

	符号	名称（读法）	维度	意义说明
结构部分	η	eta	$m \times 1$	内因潜在变量（果变量）
	ξ	Xi/kse	$n \times 1$	外因潜在变量（因变量）
	ζ	Zeta	$m \times 1$	内因潜在变量的误差
	β	beta	$m \times m$	内因潜变量（η）之间关联的系数矩阵
	γ	gamma	$m \times n$	外因潜变量（ξ）与内因潜变量（η）之间关联的系数矩阵
	Φ	Phi	$n \times n$	外因潜在变量（ξ）的变异协方差矩阵
	Ψ	Psi	$m \times m$	内因潜变量（η）残差项的变异协方差矩阵
测量部分	Y		$p \times 1$	η 的观察变量或测量指标
	X		$q \times 1$	ξ 的观察变量或测量指标
	ε	epsilon	$p \times 1$	Y 的测量误差
	δ	delta	$q \times 1$	X 的测量误差
	λ_x	lambda x	$q \times n$	X 与外因潜变量（ξ）之间关联的系数矩阵
	λ_y	lambday	$p \times m$	Y 与内因潜变量（η）之间关联的系数矩阵
	Θ_δ	theta-delta	$q \times q$	δ 的协方差矩阵
	Θ_ε	theta-epsilon	$p \times p$	ε 的协方差矩阵
p 为 Y 变量的个数；q 为 X 变量的个数；m 为 η 变量的个数；n 为 ξ 变量的个数				

一个完整的 SEM 模型的参数矩阵如下表所示。

表 2.2　结构方程模型的参数矩阵

矩阵	矩阵名称	缩写	符号	矩阵维度	矩阵描述
结构模型矩阵（回归矩阵）	BETA	BE	B	$m \times m$	η 变量的回归系数。内生潜在变量被内生潜在变量解释。
	GAMMA	GA	Γ	$m \times n$	ξ 变量对 η 变量影响的回归系数。内生潜在变量被外生潜在变量解释。
测量模型矩阵	LAMBDA-X	LX	Λ_X	$q \times m$	联结 X 变量与 ξ 变量的系数。外生观察变量被外生潜在变量解释。
	LAMBDA-Y	LY	Λ_Y	$p \times m$	联结 Y 变量与 η 变量的系数。内生观察变量被内生潜在变量解释。
	PHI	PI	Φ	$n \times n$	ξ 变量间的协方差。外生潜在变量协方差矩阵。
残差矩阵（误差项协方差矩阵）	PSI	PS	Ψ	$m \times m$	η 变量残差项(ζ)间的协方差。内生观察变量被外生潜在变量解释
	THETA—EPSILON	TE	Θ_ε	$p \times p$	Y 变量测量误差(δ)间的协方差。内生观察变量被内生潜在变量解释
	THETA—DELTA	TD	Θ_δ	$q \times q$	X 变量测量误差(ε)间的协方差。外生观察变量被外生潜在变量解释

p 为 Y 变量的个数;q 为 X 变量的个数;m 为 η 变量的个数;n 为 ξ 变量的个数

2.3　结构方程模型的术语

2.3.1　变量

1)潜在变量与观察变量

（1）潜在变量

潜在变量(Latent Variable)是指不能直接观测或者不能准确测量的指标,在模型图中用圆形或者椭圆形来表示,如图 2.5 所示。一个潜变量可以指向多个显变量,是其对应显变量的概括与解释。

潜在变量可分为内生潜在变量和外生潜在变量,前者会受到其他变量影响,后者会影响其他变量,但是不受其他变量的影响。

在 AMOS 操作中,结构方程模型的潜在变量不能与原始数据文件的变量名称相同,在结构方程模型中,内因潜在变量的残差项也是潜在变量,即所有测量模型的测量误差项(Error Of Measurement)均为潜在变量,其对象也是以椭圆形式表示,因此,所有测量误差项以及残差项的变量名称与原始文件的变量名称也不能相同。

(2)观察变量

观察变量(Observed Variable)又称为外显变量、测量指标、观测变量或指标变量,指可以直接观察的变量,通常使用问卷调查表或者量表来进行测量。外因潜变量的测量变量以符号"X"表示,内因潜变量的测量变量以符号"Y"表示,通常用矩形来表示观察变量,如图 2.6 所示。若使用量表问卷作为数据来源,观察变量是量表在个别题项上的得分,或者是个别题项的总分;若是以观察法作为数据来源,观察内容是观察变量,数据为观察过程中所得内容转化而成的量化分数。

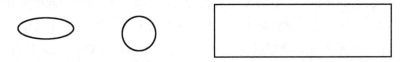

图 2.5　潜在变量图形　　　　　图 2.6　观察变量图形

在 AMOS 的操作中,方框形对象中的变量名称一定是原始数据中的变量之一,如果其变量名称不是原始数据文件中的变量,则执行计算估计值时会出现错误提示。如图 2.7 所示,在观察变量中,界定一个原始数据文件中没有的变量 Y,执行计算估计值就会出现下列错误提示:The variable, Y, is represented by a rectangle in the path diagram, but itis not an observed variable. 告知研究者变量 Y 没有出现在路径图中的长方形内但是它并不是一个观察变量,表示在原始 SPSS 数据文件中没有观察变量"Y"的变量名称。

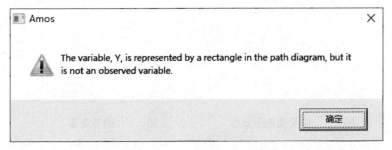

图 2.7　错误提示

2)自变量与因变量(外生变量与内生变量)

（1）自变量（外生变量）

自变量（Independent / predictor / exogenous（external）variables），也称外生变量,在模型中没有任何箭头指向。自变量是指在模型或系统中只起解释变量作用的变量,而不受系统的影响。

（2）因变量（内生变量）

因变量（Dependent/criterion/endogenous（internal）/variable/effects of other variables），也叫作内生变量,在模型中被箭头指向即为内生变量。因变量在模型中受到其他变量的影响,包括外生变量和内生变量。在模型图中既会有箭头指向它,它也会指向其他变量。

3)中介变量

中介变量（mediator）是在自变量对因变量产生影响的过程中起中介作用的变量,是二者产生影响的实质性成因。中介变量的原理如图2.8所示其中 c 是 X 对 Y 的总效应,ab 是经过中介变量 M 的中介效应（Mediating Effect）,c′是直接效应。当只有一个中介变量时,效应之间的关系可以表示为 c=c′+ab。

4)调节变量

调节变量（Moderator,Interaction variables）又称干扰变量,本质为外生变量,调节变量是一个会影响两个变量之间关系强度的变量,会产生交互作用。调节变量影响的不是变量,调节变量影响的是斜率。

调节变量是可以影响自变量(X)对因变量(Y)作用强度和方向的变量,其关系如图2.9所示。调节变量的意义在于能够识别自变量对因变量的边界条件。

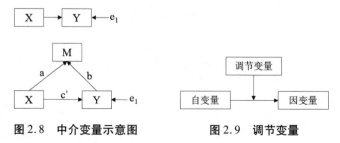

图2.8　中介变量示意图　　　　图2.9　调节变量

5）变量之间的关系

单向箭头表示二者之间存在单方向的路径关系和因果关系，箭头从外生变量出发，指向内生变量，又叫作不可逆模型，如图 2.10 所示。箭头起始方是原因，指向的是结果。在用系数标注表示时，先呈现"果"的变量编号，再呈现"因"的变量编号。在 SEM 分析模型中，外因潜在变量之间没有单箭头的关系存在，但可能有共变关系存在。

双向箭头代表两个变量之间有相关或共变的关系，即两个变量之间互为因果，如图 2.11 所示。在结构方程模型中，外因潜变量之间不具有单向因果关系，但可能具有相关或共变关系。内因潜变量的残差间也可能具有相关或共变关系。

图 2.10　有因果关系　　　　　　　　　图 2.11　互为因果关系

两个单箭头连接两个变量，表示相互影响效果，称为可逆模型或互惠关系效果模型，代表两个变量之间具有双向对应关系的影响路径，如图 2.12 所示。在 SEM 分析中，遇到模型无法进行估计时，一种解决方法便是将两个变量改为可逆模型。

弧形箭头表示相关或协方差，所连接的两个变量之间没有结构关系，但有相关关系，如图 2.13 所示。

图 2.12　相互影响效果　　　　　　　　图 2.13　相关或协方差

2.3.2　统计量

1）误差

结构模型中的误差有测量误差（Error/Residual）和结构误差（Disturbance），用圆形表示。在研究中，潜在变量不能够完全解释可测变量，体现在结构方程模型中就是误差变量。每个潜在变量都会有误差变量，因此测量误差是指测量变量被潜变量估计后无法被解释的方差，内因潜在变量的测量误差以字母 ε 表示，外因潜在变量的测量误差以字母 δ 表示，如图 2.14 所示。

但是在 AMOS 中并未对两者进行区分，在描绘潜在变量的观察变量时，会自动加上测量误差,并不需要研究者特别界定。结构误差是经其他变量估计之后无法解释的方差,结构误差既是干扰,也是残差、独特因素以及不可解释方差,如图2.15 所示。

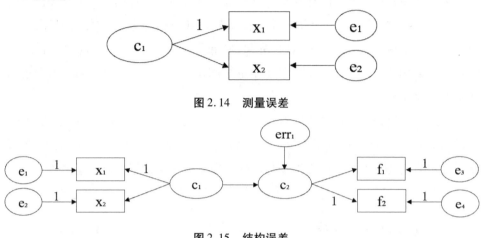

图 2.14　测量误差

图 2.15　结构误差

2)拟合度

拟合度是假设的理论模型与实际数据的一致性程度,拟合度高的模型反映数据的情况更真实准确。在 AMOS 中一般以卡方值 P>0.05 作为标准。然而卡方值易受样本大小影响,还需要参考其他拟合度指标,拟合度参考标准详见第 4 章。

3)路径系数

路径系数描述的是变量之间的关系是否显著,分为标准路径系数和非标准路径系数。当系数的 P 值大于 0.05 时,表明该路径上的两个变量间没有显著影响。为了提高模型的拟合度,可将不显著的路径删除。

4)效应分解

直接效应:原因变量(外生变量或内生变量)直接对结果变量(内生变量)产生影响,其大小可以通过两个变量间的路径系数来表示。

间接效应:原因变量通过一个或多个中介变量起作用,其大小为所有从原因变量出发,通过所有中介变量结束于结果变量的路径系数的乘积。

总效应:原因变量对结果变量的效应总和,即总效应=直接效应+间接效应。

5) 测量模型(CFA)

结构方程模型由测量模型和结构模型构成。测量模型在结构方程模型中即验证性因素分析(Confirmatory Factor Analysis,CFA),用于检验多个可测变量可以构成潜在变量的程度。

在 SEM 模型中,观察变量通常以长方形或方形符号表示,而潜在变量通常以椭圆形或圆形符号表示。若潜变量被视作因子,则测量模型反映指标与因子之间的关系,所以也被称为因子模型。由于通常用模型验证某种假设,因此亦被称为验证性因素分析,主要评估测量指标变量与潜在变量的信效度,以及估计参数的显著水平等。

基本的测量模型示意图如图 2.16 所示。

图 2.16　测量模型

多个观察变量与潜在变量的测量模型图如图 2.17 所示。

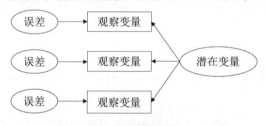

图 2.17　测量模型

有四个外显变量的测量模型如图 2.18 所示。

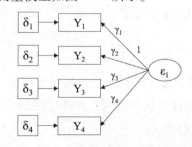

图 2.18　有四个外显变量的测量模型

上述测量模型的回归方程式如下:

$$Y_1 = \gamma_1 \varepsilon_1 + \delta_1 \quad Y_1 = \gamma_1 \varepsilon_1 + \delta_1$$

$$Y_2 = \gamma_2 \varepsilon_1 + \delta_2$$

$$Y_3 = \gamma_3 \varepsilon_1 + \delta_3$$

将回归方程式用矩阵方程式表示如下:

$$X = \Lambda_X + \delta$$

式中,Λ_X 为指标变量(X)的负荷量,δ 为外显变量的测量误差,ε 为外衍潜在变量。

在 SEM 模型分析中的变量又可以区分为外因变量与内因变量,二者的区分如图 2.19 所示。

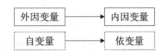

图 2.19 内因变量与外因变量的区别

以观察变量作为潜在变量的指标变量,根据指标变量的性质的不同,可以区分放映性指标(relative indicators)与形成性指标(formative indicators)两种。前者称为"果"指标(effect indicators),是指两个以上的潜在变量构念是引起(cause)观察变量的因。相对地,形成性指标又称为因指标/成因指标。潜在变量被定义为指标变量的线性组合(加上误差项),因此潜在变量变成内衍变量,而其指标变量变为没有误差项(error terms)的外衍变量。在 AMOS 模型假定的测量模型估计中,显性变量通常是潜在变量的反映性指标,如果将其设定为形成性指标,则模型程序与估计会较为复杂。

2.3.3 结构模型(EFA)

结构模型是用来描述潜在变量间的因果关系,也称为因果模型/潜变量模型,相当于传统的路径分析,因此称为探索性因子分析(Exploratory Factor Analysis,EFA)。结构模型研究的是潜在变量间的因果关系,至少包含两个潜变量,结构方程式如下式:

$$Y_i = B_0 + B_1 X_{i1} + B_2 X_{i2} + \cdots + B_p X_{ip} + \varepsilon_i$$

式中,ε_i 是残差值,表示因变量无法被自变量解释的部分,测量模型中则为测量误差,结构模型中即为残差项或干扰变因,表示内衍潜在变量无法被外衍潜在变量以及其他内衍潜在变量解释的部分。

在结构方程模型中,变量间的关系不仅只有测量模型关系,还可以利用潜在变量来观察值的残差估计,因此残差的概念比回归分析更加复杂。并且在 SEM 模型中,残差项是允许与变量有关联的。一个外衍潜在变量预测一个内衍潜在变量的结构模型图如图 2.20 所示。

图 2.20 外衍潜在变量预测内衍潜在变量的结构模型图

潜在变量间的回归方程式为：

$$\eta_1 = \gamma_1 \varepsilon_1 \zeta_1$$

结构模型的示意图如图 2.21 所示。

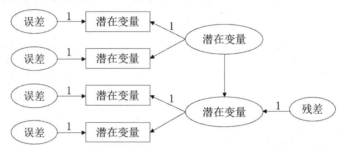

图 2.21 结构模型

结构模型与测量模型的关系如图 2.22 所示,弧形箭头表示相关关系,单箭头表示因果关系。

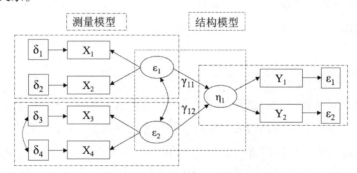

图 2.22 结构模型与测量模型的关系

在结构模型中,外因潜在变量对内因潜在变量之间的关系必须是单方向的箭头,前者为"因"变量,后者为"果"变量($\xi \to m$)。而两个内因潜在变量间,可以是单向预测化,可以形成一种相互预测关系,其关系如 $\eta_1 \to \eta_2$ 或 $\eta_2 \to \eta_1$。内因潜在变量(n)无法被外因潜在变量(ξ)解释或预测的部分,称为残差(residuals))或干扰变因(disturbance)。

一个广义的结构方程模型,包括数个测量模型及一个结构模型,以图 2.22 而言包含了三个测量模型及一个结构模型。由于涉及了数个测量模型及一个结构模型,模型界定时必须依循精简原则(principle of parsimony)。在 SEM 分析中,同样一组变量的组合有多种可能,若采用一个简单模型来解释实际情况,那么在反映变量间的真实关系时可以避免犯第一类型的错误。

2.3.4 参数

在结构方程模型中,可能包含回归分析的 β 系数、方差分析的主要效应与交互效应、因素分析的因素载荷。研究者所拥有的只是样本观察数据的相关矩阵和协方差结构,再利用一些结构模型分析软件,可以估计出这些参数数值并进行显著性假设检验。

在结构方程模型中,将变量与变量关系联结的关键即是参数,参数的大小必须通过统计程序加以估计,因此均被称为自由参数。当 SEM 模型中需要估计的自由参数越少时,模型越简效。

1)自由参数

自由参数是指需要估计的参数,它的个数决定模型是否能被识别。实际应用中,为了保证模型能够被有效识别,通常尽量减少自由参数,只保留必要的待估计参数,在模型可识别并能进行参数有效估计之后再考虑引入其他参数或替换某些参数,通过比较这些替换模型做出最后的选择。

2)固定参数

固定参数是不被估计并固定于某个值的参数,其参数值通常设定为 0,有时设为 1。例如在测量模型中,将每个潜变量的可测变量之一的标准化参数(因子载荷)设定为 1,或将潜变量的方差设定为 1;在结构方程模型中,路径系数设定为 0,表示无影响作用。因此,可以通过设定固定参数减少自由参数的个数。

3)限定参数

限定参数是未知的,但可以规定为其他一些参数的值,它的数量与多样本间的比较有关,如某一个参数在两个样本间被设定为等值,此时 SEM 对此参数仅进行一次估计,是为限定参数。限定参数介于自由参数和固定参数之间,可以视为半自由参数,但限定参数和自由参数被视为模型中必须进行估计的参数。

4)参数的估计方法

在模型顺利识别之后,对自由参数进行估计涉及的方法学原理比较复杂。参数估计就是通过比较实际的协方差矩阵与估计的协方差矩阵,使两个矩阵之间的

"差距"最小,一般用协方差结构拟合函数来表示这个"差距"。在 SEM 中有以下七种模型估计法,不同的估计方法选择的拟合函数不同,得到的结果也有不同。模型估计方法包括最大似然估计法(Maximum Likelihood Estimation,MLE)、未加权最小二乘法(Unweighted Least Squares,ULS)、广义最小二乘法(Generalized Least Squares,GLS)、工具性变量法(Instrumental Variables,IV)、两阶段最小平方法(Two-stage Least Squares,TSLS)、广义加权最小平方法(Generally Weighted Least Squares,GWLS 或 WLS)对角线加权平方法(Diagonally Weighted Least Squares,DWLS)。除此之外,还有渐进自由分布法(Asymptotic Distribution Free,ADF),也称为加权最小二乘法法。采用这些方法在研究样本量足够大时,假设理论模型无误,则估计值会接近真实的参数值。目前广泛使用的方法为最大似然估计法,除此之外还有广义最小二乘估计法、未加权最小二乘法。

MLE 法是 SEM 分析中使用频率最高的方法,要求数据必须符合多变量正态性,但很多研究结果表明,即使不满足正态性,MLE 估计仍是合适的,有一定的参考价值。且 MLE 估计是渐进无偏估计(参数均值依概率收敛于总体均值),是一致估计(在大样本情况下,与 θ 有显著偏差的可能性极小),并且不受量纲影响,即当一个或多个指标的测量单位发生变化时,参数的 ML 值不受影响。如果数据为大样本,但观察数据不符合多变量正态性假定,最好采用 GLS 估计法。RML 法是在 ML 法基础上做的改进,采用非正态数据的校正技术 S-B 调整(Satorra-Bentler scaled chi-square)来应对数据本身的问题;ULS 法具有计算快速、简单的优点,但是对拟合函数极小化的处理能力较差,不适宜大样本的参数估计,并且要求数据满足正态性假设;ADF 法无须正态假设,可以处理数据资料不满足正态性的情形,但ADF 法不能使用相关矩阵输入,并且计算过程比较耗时,耗费计算机内存资源,同时对样本量要求很高。GLS 法的基本原理是使用差异平方和的概念,只是在计算每一个差值时,以特定权数来加权个别的比较值。CLS 法产生的估计结果与 MLE 法类似,二者具有相同的统计特质。当数据无法符合多变量正态性的假设时,最好使用不受正态分布假设限制的估计方法,如加权最小平方法(generally weighted least squares,WLS)。使用 WIS 法与 DWS 法时,必须为大样本(通常样本数在 1000以上,若要能在任何分布下估计顺利,则样本数更要提高至 5000 以上),如果是小样本,属于 ADF 的 WIS 法就没有实务应用的价值,并且也比较耗费计算机运算的时间。在实务操作上,使用这两种方法必须提供数据的渐近协方差矩阵。

在 AMOS 分析中,模型估计方法有五种:极大似然法、一般化最小平方法(Generalized least squares,GIS)、未加权最小平方法、尺度自由最小平方法(Scale-free least squares,AFLS)、渐近分布自由法。其中 MLE 法为 AMOS 内定的模型估计法。在分析属性对话窗口的【Estimation】(估计)标签页中可以勾选其他的估计法,此窗口中也内定【Fit the saturated and independent models】(适配饱和与独立模型),因而在各模型适配度统计量中同时会呈现分析模型的饱和模型与独立模型的统计量,如图 2.23 所示。

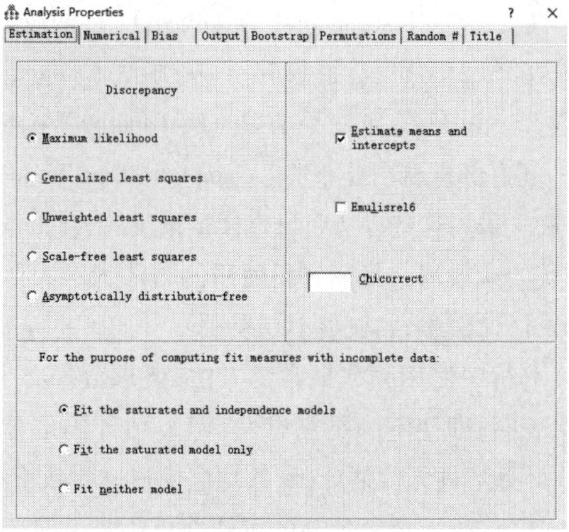

图 2.23　选择界面

AMOS 内设的参数估计法为 MLE 法,但 MLE 法较不适用于小样本的估计,对于小样本的 SEM 分析,AMOS 另外提供了贝氏估计法(Bayesian estimation),采用贝氏估计法估计模型前,会同时对平均数与截距项进行估计,因而研究者要在【分析属性】(Analysis properties)对话窗口中先选取【估计平均数与截距项】选项(Estimate means andintercepts),再执行功能列【Analyze】(分析)/【Bayesian Estimation】(贝氏估计法)程序,可开启【Bayesian SEM】对话窗口,进行小样本的 SEM 模型估计检验,如图 2.24 所示。

图 2.24　窗口界面

2.3.5　效应系数

1)直接效应系数

一个潜变量对另一个潜变量的直接影响称为直接效应。即在路径分析中,两个模型变量之间,由一个变量直接作用于另一个变量而形成的相关,对应的系数为直接效应系数。用因变量到结果变量的路径系数来衡量直接效应,其大小等于原因变量到结果变量的路径系数,在结构方程模型中用单向箭头表示。

2)间接效应系数

一个潜变量通过其他变量对另一个潜变量的影响称为间接效应。即在路径分析中的两个模型变量之间,由其中一个变量通过第三个变量对另一个变量的作用而形成的相关为间接效应,其对应的值为间接效应系数。一般,如果直接效果大于间接效果,则代表中介变量不发挥作用,可忽略不计;但若直接效果小于间接效果,表示中介变量具有一定的影响力,不可忽略中介变量的存在,要重视中介变量,在结构方程模型中用带有双箭头的线段或曲线表示。

3)总效应系数

总效应是原因变量对结果变量的效应总和,在路径分析中,总效应=直接效应+间接效应。在对因素之间的效应进行分析时,应同时考虑三者,这样得出的结论更具有解释力。

第3章 教育实证研究分析工具
——AMOS Graphics

3.1 结构方程模型常用工具

3.1.1 AMOS Graphics

AMOS 是 Analysis of Moment Structures 的缩写,即矩结构分析,应用于结构方程模型(SEM)的分析,此种分析又称为协方差结构分析(Analysis of Covariance Structures)或因果模型分析(Analysis of csusal modeling),结合了传统的一般线性模型与共同因素分析的技术。AMOS 是一种容易使用的可视化模块软件,由 James Arbuckle 设计开发,使用其提供的描绘工具便可以快速绘制 SEM 图形,浏览估计模型图与进行模型图的修改,评估模型的适配与参考修正指标,输出最佳模型。AMOS 的完全信息最大似然估计技术使分析缺失数据变为可能,它可以读取多种格式的原始和统计汇总数据以及实现在无严格假设时的模型估计。

AMOS 的特点:

(1)视觉化、绘图导向

AMOS 以路径图的视觉化、拖动鼠标的方式来建立模型,并检视变量之间关系(关联性或者因果性)的系数与显著性。利用 AMOS 所建立的 SEM 会比标准的多变量统计分析更准确。以绘图的方式来建立模型,操作简单方便。

（2）缺失值处理

AMOS 是以贝叶斯估计（Bayesian estimation）产生更为精准的参数事后估计值与分布,同时可让我们了解有无缺失值。如果有缺失值,可以用缺失值数据替代（Data imputation）来处理。

（3）提供模型检验方法

AMOS 可以检验数据是否符合所建立的模型,以及进行模型探索（逐步建立最适当的模型）。数据是否拟合所建立的模型（路径图）可利用相关的拟合度或契合度指标来判断,并以 modification index 作为调整模型的依据。然后对某些变量加以连接以改善模型。也可以设定模型探索（specification search）,用 AMOS 判断哪个模型最适合。模型探索分为两种:验证性模型探索（confirmatory specification search）和探索性模型验证（exploratory specification search）,前者只探索模型中若干变量之间的关系,目的在于验证;后者是探索模型中许多变量之间的关系,目的在于探索。

（4）多群组分析

利用 AMOS,可针对两个以上的群组的各变量进行数据的比较与分析。多群组可能是经过集群分析之类产生的组别,也可能是变量（如性别）的两类（男女）。在 SPSS 中处理这类问题（群组之间在依变量上有无显著性差异）是利用方差分析,但是自变量必须是类别尺度的数据;在 AMOS 中,自变量不必是类别尺度。

（5）结合因子分析（验证性因子分析）与路径分析

以 SPSS 进行的因子分析是一种探索性的因子分析（exploratory factor analysis）,换言之,我们是对一个变量探索其所具有的因子。而 AMOS 的构成原理是属于验证性因子分析（confirmatory factor analysis）,也就是先以因子（观察变量,或称预测变量）为建构基础,来验证是否能代表一个变量（潜在变量）。

3.1.2　Mplus

Mplus 是一款功能强大的多元统计分析软件,其综合了数个潜变量分析方法于一个统一的一般潜变量分析框架内。Mplus 主要处理如下模型:探索性因素分析（Exploratory Factor Analysis）、验证性因素分析与结构方程模型（Structurale Quation Modeling）、项目反应理论（Item Response Theory Analysis）、潜类别分析（Latent Class Analysis）、潜在转换分析（Latent Transition Analysis）、生存分析（Survival Analysis）、增长模型（Growth Modeling）、多水平模型（Multilevel Analysis）、复杂数据（Complex Survey Data Analysis）和蒙特卡洛模拟（Monte Carlo Simulation）等。

Mplus 软件的前身是 Bengt O. Muthén 教授开发的结构方程建模软件 LISCOMP。Mplus 的第一版发布于 1998 年底,经过近 20 年的完善,最近一次升级为 2017 年发布的第 8 版,提供了多个操作系统版(Windows、Mac OS X 和 Linux)。

3.1.3 LISREL

LISREL 是结构方程模型最早的分析软件,由 Jreskog 与其合作研究者 Srbom 在 20 世纪 70 年代提出。该分析工具的推出,曾被称为统计的革命(Cliff,1983)。LISREL 方法通过拟合模型估计协方差与样本协方差来估计模型参数,也称为协方差建模方法。具体来说,就是使用极大似然、非加权最小二乘、广义最小二乘或其他方法构造一个模型估计协方差与样本协方差的拟合函数,然后通过迭代方法,得到使拟合函数值最优的参数估计。协方差结构模型使用非常广泛,包括经济、营销、心理及社会学,该模型被应用于探讨问卷调查或实验性的数据,包括横向式的研究及纵贯式的研究设计。协方差结构分析是一种多变量统计技巧,在许多变量统计的书籍中,均纳入结构方程模型的理论与实务的内容。此种协方差结构分析结合了验证性因素分析与经济计量模型的技巧,用于分析潜在变量(latent variables),即无法直接观察的变量或理论变量间的假设关系,上述潜在变量可被显性指标(manifest indicators),即观察指标或实证指标所测量。一个完整的协方差结构模型包含两个次模型:测量模型(measurement model)与结构模型(structural model),测量模型描述的是潜在变量如何被相对应的显性指标所测量或概念化(operationalized);而结构模型指的是潜在变量之间的关系,以及模型中其他变量无法解释的变异量部分。协方差结构分析本质上是一种验证式的模型分析,它试图利用研究者所搜集的实证资料来确认假设的潜在变量间的关系,以及潜在变量与显性指标的一致性程度。此种验证或检验就是比较研究者所提的假设模型隐含的协方差矩阵与实际搜集数据导出的协方差矩阵之间的差异,这种分析方法是利用协方差矩阵来进行模型的统合分析,而非输入个别的观察值进行独立式的分析。LISREL 能够同时处理显性指标(观察变量)与潜在变量的问题,进行个别参数的估计、显著性检验与整体假设模型契合度的检验,加上其视窗版人性化的操作界面,使其应用普及率越来越高。

经过多年的修正,软件的最新版本 LISREL8.8 于 2006 年 7 月 25 日正式发布,新版本提供了更强大的分析统计功能,包括分层线性和非线性建模、广义线性建模、类别响应变量的 formative inference-based 递归建模、连续响应变量的 formative inference-based 递归建模以及多层数据的广义线性建模。LISREL 在建立一个模型时,可以通过两种方式:以路径图的形式或者程序语言。利用程序语言进行模型设定时,包括设定测量方程和结构方程。将一个完整的结构方程模型的测量和结构方程描述出来需要八个不同的矩阵,每一个矩阵当中的参数可以被设定为固定、自由估计或加以特殊的限定。LISREL 分析就是利用这些矩阵,来整理不同的参数并进行估计。

就一般的 LISREL 模型而言,建立命令文件步骤如下:第一步,规定数据特征,包括变量个数、变量名、数据形式(如行数据、方差和协方差的汇总统计量)。第二步,读取数据。第三步,规定一般模型特征:多少个潜在的和显在的外生变量和内生变量;模型中的矩阵类型(如若是方阵,是对称的还是对角阵);模型中自由的或固定的参数矩阵。第四步,规定个别矩阵元素为自由参数、固定参数和约束参数。第五步,规定非零固定参数值,规定迭代初始值。第六步,规定输出要求,设置缺失的或重新规定估计性能及输出特征。

3.1.4 EQS

EQS 是广泛使用的结构方程模型软件之一,具有实用和强有力的特性。可以通过 EQS 绘画工具画路径图来建立模型,用先进的统计方法正确处理非标准化(non-normal)数据,具有便利的数据处理和统计预先处理的优点。

1995 年,Peter Bentler 教授和 Inc 在洛杉矶公开发行 EQS 软件,受到许多学者欢迎并选用他们作为研究和教学的工具,全球有近三十个国家的科研人员在使用这个软件。EQS 是结构方程模型里最容易使用的,它具备最新的统计方法,尤其是在处理非正态分布和有缺失值的资料时最具盛名的软件。Eric 负责从 SEM 有关的学术论文里挑选有用的理论,把这些功能加入 EQS,并指导软件的设计和开发。它包含计算结构方程模型,包含了多重回归、多变量回归、确定因子分析(confirmatory factor analysis)、结构平均数分析(structured means analysis)、路径分析(path analysis)以及多总数比较(multiple population comparisons),使用 EQS 不需要学习矩阵及代数知识。用 Diagrammer(EQS 模型绘图工具)绘制路径图,只需进行简单的鼠标点击操作,便可以轻松地在屏幕上绘制出模型,只要绘制出模型,使用者可以不再学习 EQS 命令语言的语法。

3.2 AMOS Graphics 界面简介

3.2.1 AMOS Graphics 界面功能介绍

AMOS 是矩阵结构分析(Analysis of Moment Structure)的简称,AMOS 的数据分析主要用于处理结构方程式模型(Structural Equation Modeling,SEM)、协方差结构分析(Analysis of Covariance Structures)或因果模型分析(Causal Modeling)等。AMOS 具有容易使用的语法界面,可说是窗口化的 SEM,使用者只要熟悉工具列图像功能即可快速而有效地绘制模型图,进而求出模型图结果统计量。

启动【AMOS Graphics】应用软件窗口的方法,最常使用以下三种:

(1)直接在 Windows 窗口桌面上双击【AMOS Graphics】图标。

(2)执行【开始】→【程序】→【AMOS X】→【AMOS Graphics】的程序。

(3)如果安装 SPSS 软件,可以开启 SPSS 统计软件,执行【分析】(Analysis)/【统计】(Statistics)→【AMOS】程序。

开启【AMOS Graphics】应用软件后,其主窗口包含以下四大窗口界面分别是文件功能显示区,工具箱图像操作区,多功能窗口和路径图绘制区,如图 3.1 所示。

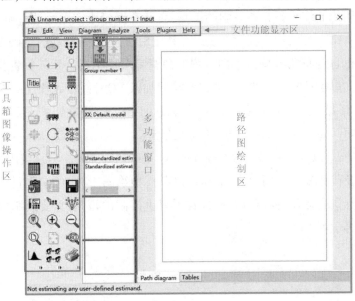

图 3.1 AMOS Graphics 界面

1）文件功能显示区

工具列窗口为 AMOS 应用软件的核心，如果能熟知各种工具图标的功能与操作，就能快速完成各式模型图的绘制与统计量的估计。执行 AMOS 软件上方【功能列】选单内的程序，多数功能均与点选工具列图像后执行的程序相同，如下：

（1）【文件】（File）功能列

AMOS 文件的扩展名为 ＊.amw。文件功能列常用的有【建立新文件】（New）、【开启旧文件】（Open）、【储存文件】（Save）、【另存新文件】（Save As）、【数据文件的联结设定】（Data Files）、【打印】（Print）、【文件管理】（File Manager）与【退出】（Exit）等，如图 3.2 所示。

（2）【编辑】（Edit）功能列

【编辑】（Edit）功能列的功能在于对象的处理，包括【还原】（Undo）、【重做】（Redo）、【拷贝到剪贴簿】（Copy to clipboard）、【选择单一对象】（Select）、【选取全部对象】（Select All）、【解除选取全部对象】（Deselect all）、【移动对象】（Move）、【复制对象】（Duplicate）、【删除对象】（Erase）、【移动参数位置】（Move Parameter）、【映射指标变量】（Reflect）、【旋转指标变量】（Rotate）、【改变对象形状】（Shape of Object）、【调整选取对象的水平距离】（Space Horizontally）、【调整选取对象的垂直距离】（Space Vertically）、【拖动对象属性】（Drag Properties）、【适合页面】（Fit to Page）、【模型图最适接触】（Touch Up）等，如图 3.3 所示。

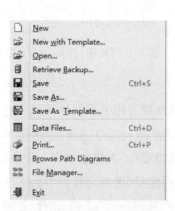

图 3.2　【文件】（File）功能列　　　　图 3.3　【编辑】（Edit）功能列

(3)【浏览】(View)功能列

【浏览/设定】功能列包括【界面属性】(Interface Properties)、【分析属性】(A-nalysis Properties)、【对象属性】(Object Properties)、【模型中的变量】(Variables in Model)、【数据文件中的变量】(Variables in Dataset)、【参数】(Parameters)、【文字输出】(Text Output)、【全屏幕】(Full Screen)等,大部分执行程序在工具列图像中均有,具体如图3.4所示。

(4)【绘图】(Diagram)功能列

【绘图】(Diagram)功能列的主要功能是模型图的绘制,包含的选项如【描绘观察变量】(Draw Observed)、【描绘潜在变量】(Draw Unobserved)、【描绘单向路径图】(Draw Path)、【描绘双向协方差图】(Draw Covariancc)、【图示标题】(Figurc Caption)、【描绘指标变量】(Draw Indicator Variable)、【描绘误差变量】(Draw Unique Variable)、【放大图示】(Zoom In)、【缩小图示】(Zoom Out)、【放大成整页】(Zoom Page)、【滚动条移动】(Scroll)、【放大镜检视】(Loupe)、【重新绘制图形】(Redraw diagram)等,这些功能在工具列图像中均有相对应的按钮图像,如图3.5所示。

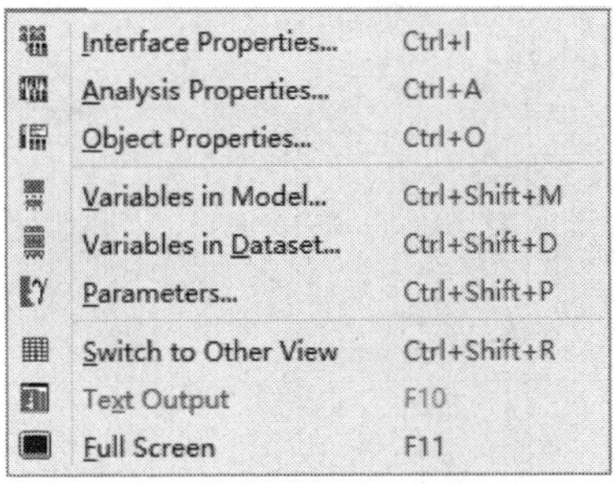

图3.4 【浏览】(View)功能列

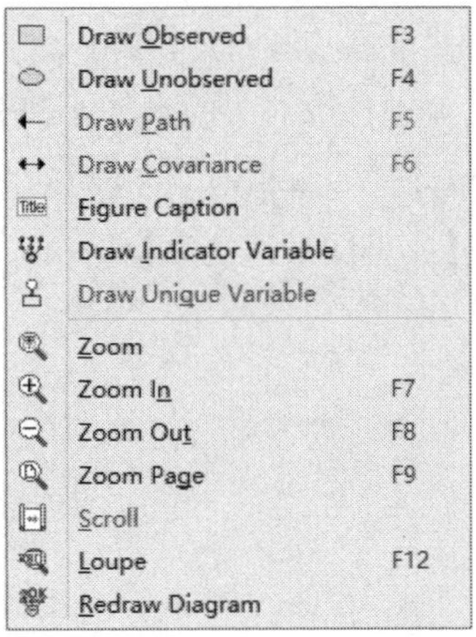

图3.5 【绘图】(Diagram)功能列

(5)【分析】(Analyze)功能列

分析功能列的功能,主要是估计的计算以及模型相关数据的管理,如【计算估计值】(Calculate Estimates)、【中断计算估计值程序】(Stop Calculate Estimates)、【管理群组/多群组设定】(Manage Groups)、【管理模型/多重模型设定】(Manage Models)、【模型实验室】(Modeling Lab)、【改变观察变量/潜在变量】(Toggle Observed/Unobserved)、【自由度的信息】(Degree of Freedom)、【模型界定的搜寻】(Specification Search)、【多群组分析】(Multiple-Group Analysis)、【适用于小样本的

贝氏估计法】（Bayesian estimation）、【缺失值数据替代法】（Data imputation）等，如图 3.6 所示。

（6）【工具】（Tools）功能列

工具功能列可以进行【数据记录】（Data Recode）、设定呈现的【字型】（List Font）、【对称性】（Smart）、呈现路径图的【线条】（Outline）、【以方型比例绘图】（Square）、【以黄金分割比例绘图】（Golden）、【种子管理】（Seed Manager）、【编写程序】（Write a Program）等，如图 3.7 所示。

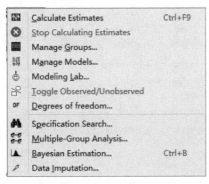

图 3.6　【分析】（Analyze）功能列　　　图 3.7　【工具】（Tools）功能列

（7）【增列】（Plugins）功能列

增列功能列可以进行各项参数标签名称与模型的设定，如【描绘协方差双箭号图】（Draw Covariances）、【增长曲线模型】（Growth Curve Model）、【增列参数名称】（Name Parameters）、【增列潜在变量名称】（Name Unobserved Variables）、【重新设定观察变量大小】（Resize Observed Variables）、【增列标准化 RMR 值】（Standardized RMR）等，如图 3.8 所示。

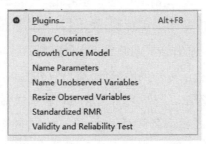

图 3.8　【增列】（Plugins）功能列

2）多功能窗口区

多功能窗口区包含【模型显示窗口】、路径图的模型切换、【组别】（Groups）、【模型】（Models）、【参数格式】（Parameter Formats）、【计算摘要】（Computation Summary)、【目前目录中的文件】(Files in current directory)。参数格式又包含【未标准化的估计值】(Unstandardized estimates) 与【标准化的估计值】(Standardized estimates)。路径图的模型显示切换有两种:一是【显示输入的路径图】(View the input path diagram-Model specification),【显示输入的路径图】即为开始描绘的路径图,没有路径系数;二是【显示输出结果的路径图】(View the output path diagram)。【显示输出结果的路径图】会包含要估计的统计量的估计值,具体解释如图3.9所示。

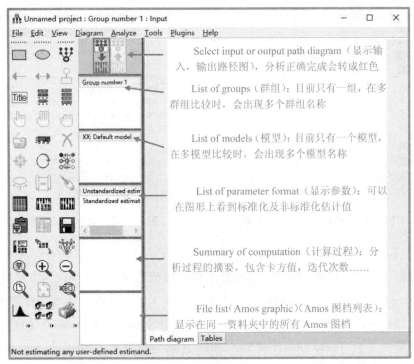

图 3.9　多功能窗口区

　　如果路径图的结构模型图设定正确,按下【计算估计值】(Calculate estimates) 的图标 ▦,会呈现【显示输出结果的路径图】和模型的各项参数或统计量的估计值。【Models】(模型)方盒的提示语由【预设模型】(Default model)转变为【OK:Default model】,如图3.10所示。若是模型无法顺利识别或估计,则会在计算摘要表"方盒"中呈现以下信息:【模型名称 Minimization Iteration 1 Writing output】,此时无法估计模型的卡方值,模型的自由度也不会呈现,如图3.11所示。

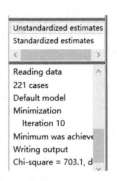 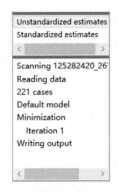

图 3 10　模型可识别估计信息　　　图 3.11　模型无法识别估计信息

　　如果模型中有变量未设定,点击【计算估计值】(Calculate estimates)的图标后,会出现警告提示信息窗口,如【2 variables are unnamed】,如图 3.12 所示,表示模型中有一个变量没有命名,操作者须将此变量名称键入或由数据文件中将观察变量拖动至模型,当变量有名称后,模型才能执行【计算估计值】的程序,如果假设模型与样本数据差距太大,造成导出的两个协方差矩阵相差很大或是模型为低度辨识模型,则模型可能无法顺利被识别,此时模型方盒中的信息【XX:Default model】不会转变为【OK:Default model】,如图 3.13 所示。另外,当一个协方差矩阵为非正式矩阵时,模型也无法顺利估计,或是估计所得的参数会出现不合理的现象,如相关系数绝对值大于 1,结构模型路径系数的正负号与理论假定或经验法则相反,或出现负的误差方差等。

 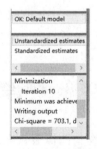

图 3.12　错误信息的提示窗口　　　图 3.13　执行计算的模型显示窗口

3)模型图的绘制区域

　　模型图的绘制区域为一长方形,内定为【肖像照片格式】(Portrait)(纵向式的长方形——高比宽的长度长),模型图超出编辑区域部分,统计量也会被计算,但无法打印。如果要改变模型图的绘制区域为【风景照格式】(Landscape)(横向式长方形——宽比高的长度长),可以执行以下程序:

　　执行功能列【View/Set】(浏览/设定)→【Interface Properties】(界面性质),出现【Interface Properties】的对话窗口,切换到【Page Layout】(页面配置)标签页,在【Paper Size】(纸张尺寸)中勾选风景照选项,如图 3.14 所示。

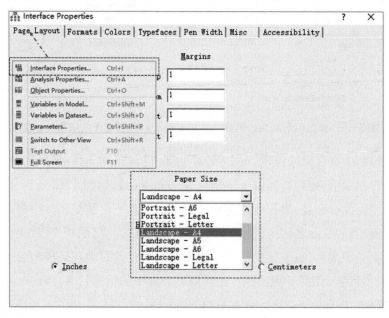

图 3.14　Interface Properties 对话窗口

　　纵向配置的区域,宽比较短,高比较长。横向配置区域的宽比高长。在路径图的绘制中,研究者要选用哪种面板(配置区域),视模型的结构与排列而定。编辑区域内位置的模型图均可被复制到剪贴簿中,而超过编辑区域位置的模型也可计算其估计值,但无法打印及复制到剪贴簿上。

3.2.2　AMOS Graphics 绘图工具说明

　　【工具箱窗口图像钮】(工具箱图像操作区)是 AMOS 编辑窗口的主要操作核心,多数 AMOS 功能列的操作程序,均在工具箱窗口中。工具列窗口操作时,只要点选工具图像,即可执行它的功能。被点选的工具图像,会呈反白而图像周围会出现一个方框,如图 3.15 所示,当图像反白并出现方框时再点选一次,则图像即恢复成原来的状态,此时即解除其操作状态。鼠标移至工具图像上时,会出现工具图像功能的简要说明及其快速键的操作,如【Draw observed variables】(F3)。以下就工具列窗口中的图像操作说明作简要介绍。

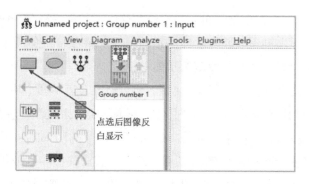

图 3.15　AMOS Graphics 功能列

1)▢【描绘观察变量】(Draw observed variables)

SPSS 数据文件或电子表格中的量表均为观察变量,观察变量即是以量表、问卷、测验等工具获得的数据,也称为显性变量(manifest variables)。点选此图像后,可在模型编辑窗口中绘制长方形的观察变量,操作时在模型编辑区域中按住鼠标左键不放并拖动即可描画出一个长方形。拖动时往右下、右上、左下、左上方向移动均可。

每个工具列图像均有一个快速键,将鼠标移至工具列图像上时,会出现工具列图像的操作说明及其快速键,如【描绘被观察的变量】工具列图像的快速键为功能键【F3】,当按下功能键【F3】时,即可直接在模型编辑窗口中绘制长方形的观察变量,其功能即是点选【描绘被观察的变量】的工具图像。

2)◯【描述未被观测的变量】(潜在变量)(Draw unobserved variables)

未被观察的变量又称潜在变量(latent variables),以线性结构模型而言,潜在变量有两种:被假定为"因"者称为潜在自变量(latent independent)或外因变量(exogenous variables);被假定为"果"者称为潜在依变量(latent dependent variables)或内因变量(endogenous variables)。潜在变量无法直接被观察测量,因而以外在可观察的态度、行为、知觉、感受等来间接推论,这些可观察的变量即为观察变量,外在可测量的行为即为潜在变量的指标变量,也就是潜在构念的指标(indicators)。

以大学生碎片化学习中注意力失焦影响因素为例:元认知能力是个无法被观察测量的变量,是个抽象的概念(构念),无法直接测量,但研究者可以以学习者在学习过程中的知觉感受作为其元认知能力的指标变量,元认知能力包括个体对自己认知进行监视、控制和调节,则从这几个层面所测得的数据即可作为元认知能力潜在变量的指标变量。

点选此图像后,可在模型编辑窗口中绘制椭圆形的潜在变量,操作时在模型编辑区域中按住鼠标左键不放并拖动即可描画出一个椭圆形。拖动时往右下、右上、左下,左上方向移动均可,其快速键为功能键【F4】。

在绘制观察变量或潜在变量时,使用者也可以配合以下两个功能◯(画正圆形或正方形)、◯(使用黄金分割比来画长方形或椭圆形)来绘制。在绘制观察变量或潜在变量前,先执行功能列【Tools】→【Square】程序或【Tools】→【Golden】程序,再选取绘制观察变量或潜在变量的工具列即可。假设模型绘制的因果模型图中,潜在变量的名称不能与原数据文件中的变量名称相同,否则 AMOS 会将潜在变量视为观察变量,出现警告信息窗口,此时模型当然无法顺利估计。

3) 🐛【描绘潜在变量或增画潜在变量的指标变量】(Draw a latent variable or add an indicator to a latent variable)

点选此图像也可描绘潜在变量,其操作与上述【描绘未被观测的变量】工具列图像相同。此外,其图像也可以在潜在变量上增列指标变量(观察变量)及误差变量,操作时将此图像指标移往潜在变量(椭圆形对象)上,按一下鼠标左键即增列一组指标变量及误差变量,再按一下可再增列一组。指标变量(观察变量及误差变量)的形状大小会随潜在变量大小而自行调整,如图 3.16 所示。

在潜在变量上所绘制的指标变量位置均位于潜在变量的上方,如要调整指标变量的位置,要点选◯【旋转潜在变量的指标变量】(Rotate the indicators of a latent variable)工具图像,点选此工具图像后,在潜在变量上按一下,指标变量会顺时针方向旋转,每次旋转的角度为 90 度。

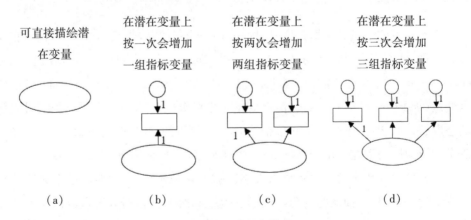

图 3.16　绘制步骤

在 AMOS 结构方程模型中,所有测量误差变量数值的起始值均设为 1,而潜在变量中须有一个观察变量的指标变量的参数值也设为 1。图 3.16(d)中下方的椭圆形为潜在变量,长方形为潜在变量的指标变量(观察变量),最上面的小圆形为误差变量。潜在变量的每个指标变量均有测量误差,此测量误差即为误差变量,其参数路径系数设定起始值为 1,每个测量指标的误差变量(error variable)的参数也可改为将其方差设定为 1。

4) ⬅【描绘单向箭头的路径】(Draw paths-single headed arrows)

点选此图像可描绘表示因果关系的单箭号,从变量性质为"因"的变量(自变量)图标开始拖动至"果"的变量(依变量)。单箭号的起始点为自变量(外因变量)(exogenous),方向所指向的变量为依变量(内因变量)(endogenous),在模型表示中,外因变量通常以英文字母 X 表示,内因变量则以英文字母 Y 称之。【描绘单向箭头路径】的快速键,为功能键【F5】。在 SEM 中,潜在变量有两种:一为外因潜在变量(exogenous latent variables),一为内因潜在变量(endogenous latent variables),外因潜在变量即为因变量(预测变量),内因潜在变量为果变量(效标变量)。结构模型中的内因变量值间接受到外因变量的影响,因而二者之间须以单箭头符号标示,而受到模型中其他变量影响的中介变量,也要以单箭头符号标示,如图 3.17 所示。单箭头通常用于表示结构模型中外因潜在变量与内因潜在变量的关系,如图 3.18 所示。

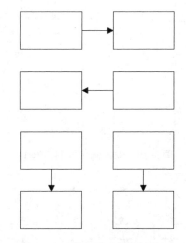

图 3.17　单向箭头绘制实例 1

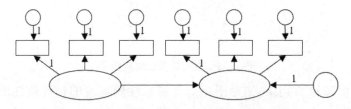

图 3.18　单向箭头绘制实例 2

5) ↔【描绘协方差(双向箭头)的路径】(Draw covariances-double headed arrows)

点选此图像后,从第一个变量拖动至第二个变量;或从第二个变量拖动至第一个变量,完成后可在两个变量间描画双向曲线箭号。从第一个变量拖动至第二个变量所描绘的双箭号曲线位置与从第二个变量拖动至第一个变量的形成水平或垂直镜射关系(上→下、左→右)。两个变量以双箭号连接,表示两个变量有共变(Covariance)的关系,在标准化模型中呈现的数据即为两个变量的相关系数,表示两个变量间不是因果关系,如图 3.19 所示。【描绘协方差(双向箭头)路径】的快速键为功能键【F6】。在测量模型中,所有潜在变量(共同因素)间均要绘制双向箭头符号,否则模型界定是不完整的;在结构模型中,所有外因潜在变量也要增列双向箭头符号,否则模型无法估计。两个变量间增列双向箭头符号,表示两个变量间有相关,其相关系数或参数若界定为 0,则表示变量间没有相关,如图 3.20 所示。

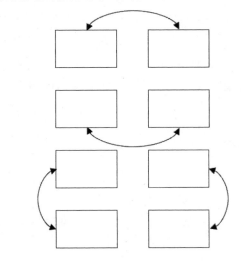

图 3.19　双向箭头绘制实例 1

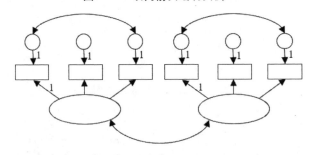

图 3.20　双向箭头绘制实例 2

AMOS 模型输出结果,箭号图标与变量属性所呈现的估计值性质存在以下关系:

表 3.1　箭号图标与变量属性关系

图标/变量	未标准化估计值 （Unstandardized Estimates）	标准化估计值 （Standardized Estimates）
单箭号	回归加权值 （Regression weights）	标准化的回归加权值（Beta 值）
双箭号	协方差（Covariances）	相关（Correlations）
内因变量 （Endogenous Variables）	截距 （Intercepts）	复相关的平方 （Squared multiple correlations）
外因变量（Exogenous Variables）	平均数与方差	—

6) 💺【增列误差变量到已有的变量中】（Add a unique variable to an existing variable）

此工具图像可在观察变量或潜在变量上增列误差变量。操作时,在作为内因变量的观察变量或潜在变量上按一下鼠标左键,可在观察变量或潜在变量的上方增列一个误差变量,如重复按鼠标左键,则误差变量会依顺时针方向旋转,旋转的角度为 45°,如图 3.21 所示。在 AMOS 结构方程模型中,作为内因变量的变量(依变量)均要设定误差变量,测量误差变量数值的起始值设为 1,如图 3.22 所示。在模型计算估计时,如果有内因变量没有增列误差变量,则会出现警告提示窗口,告知操作者哪些内因变量没有设定误差变量。在验证性因素分析中,所有潜在变量均为外因变量,因而没有因果关系,不用界定误差变量,但在路径分析与结构模型中,作为效标变量(依变量)者受到其他自变量的影响,因而会有残差项,此误差变量又称为残差变量(residual variables),残差项通常以符号"err"或"e"表示。

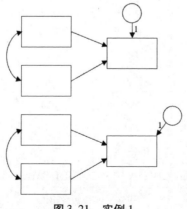

图 3.21　实例 1

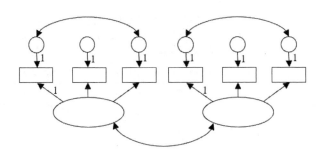

图 3.22　实例 2

7) <kbd>Title</kbd>【设定路径图标题内容】(Figure Captions)

此图像可让模型名称或适配度指标呈现于路径图中。点选此标题工具图像后,在模型编辑窗口中按一下会出现【Figure Captions】(图形标题)的对话窗口,于【Caption】(标题)下的空格中输入路径图标题或相关适配度统计量。如要呈现卡方值(CMIN)与 P 值,须于空格内输入:

CHI_SQUARE = \CMIN

P_VALUE = \P

"\CMIN"为呈现 X^2 值、" = "前面为要呈现的文字," = "后面为要呈现的统计量数,其语法为【统计量关键词】,如要呈现 GFI 与 AGFI 值,则键入如下语法:

GFI = \GFI

AGFI = \AGFI

等号" = \"后面为统计量关键词,这些关键词在 AMOS 使用者操作手册的附录中可以查阅到。以下列出相关的统计量关键词,其中统计量关键词中的英文字母大小写均可。

表 3.2　统计量关键词

适配度 测量量数	统计量 关键词	适配度 测量量数	统计量 关键词	适配度 测量量数	统计量 关键词
NPAR	= \NPAR	DF	= \DF	PARTIO	= \PARTIO
CMIN	= \CMIN	P 值	= \P	CMIN/DF	= \CMINDF
FMIN	= \FMIN	NCP	= \NCP	NCP LO90	= \NCPLO
NCPHI90	= \NCPHI	FO	= \FO	FO LO90	= \FOLO
FO HI90	= \FOHI	RMSEA	= \RMSEA	PCLOSE	= \PCLOSE
RMSEA LO 90	= \RMSEALO	RMSEA HI 90	= \RMSEAHI	AIC	= \AIC
BCC	= \BCC	BIC	= \BIC	CAIC	= \CAIC

续表

适配度 测量量数	统计量 关键词	适配度 测量量数	统计量 关键词	适配度 测量量数	统计量 关键词
ECVI	= \ECVI	ECVI LO 90	= \ECVILO	ECVI HI 90	= \ECVIHI
MECVI	= \MECVI	NFI	= \NFI	RFI	= \RFI
IFI	= \IFI	TLI	= \TLI	CFI	= \CFI
PNFI	= \PNFI	PCFI	= \PCFI	GFI	= \GFI
AGFI	= \AGFI	PCFI	= \PGFI	RMR	= \RMR
HOELTER （A = 0.05）	= \HFIVE	= \HONE （A = 0.01）			

若是要呈现模型估计值结果的参数格式（标准化估计值或非标准化估计值），其关键词为"\FORMAT"，呈现群组名称的关键词为"\GROUP"，呈现模型名称的关键词为"IMODEL"。在【Caption】（标题）下的空格中输入下列说明与关键词。

表 3.3 说明与关键词

模型关键词与说明	出现在模型中画面
\FORMAT 群组 = \GROUP 模型 = \MODEL 卡方值 = \CMIN(p = \p)；自由度 = \DF RMSEA = \ RMSEA；AGFI = \AGFI	Model Specification 群组=Group number 1 模型=Most General Model 卡方值=\CMIN(p=\p)；自由度=\DF RMSEA=\ RMSEA;AGFI=\AGFI
未标准化估计值的注解	标准化估计值的注解
Unstandardized estimates 群组=Group number 1 模型=Default model 卡方值=703.087(p=.000)；自由度=341 RMSEA=.069; AGFI=.774	Standardized estimates 群组=Group number 1 模型=Default model 卡方值=703.087(p=.000)；自由度=341 RMSEA=.069; AGFI=.774

执行计算估计值后，若是模型可以收敛识别，则会出现相关适配度统计量，原先群组名称为内定的名称项"Group number 1"，模型名称为内定预设模型项"Default model"。

8)▨【列出模型内的变量】(List variables in model)图像按钮

点选此工具图像后,会出现【Variables in Model】(模型中的变量)对话窗口,可查看模型图使用到的所有变量的名称,包含数据文件内的观察变量、模型中的误差变量及潜在变量。其中误差变量与潜在变量由研究者自行界定命名,而观察变量或显性变量需由数据文件中直接读入。

9)▨【列出数据集内的变量名称】(List variables in data set)

点选此工具图像后,会出现【Variables in Data set】(数据集中的变量)对话窗口,可查看数据文件中所有的变量名称。数据文件中所呈现的变量,均为观察变量或潜在变量的指标变量,这些观察变量不一定都会在模型图中被使用到。数据文件中的变量全部为观察变量,而【模型中的变量】(Variables in Model),除包括数据文件中部分的观察变量外,也可能有增列误差变量及潜在变量。操作时,在开启【Variables in Data set】(数据集中的变量)对话窗口状态下,按住数据文件的观察变量直接拖动至模型中的观察变量长方形对象内即可。

10)✋【选择所有对象】(Select all objects)

点选此工具图像,模型编辑区域中所有的对象均会变成蓝色,表示所有的变量与路径均被选取,选取对象后可进行对象的移动与复制。

11)✋【一次只选择一个对象】(Select one object at a time)

被选取的变量或路径(箭头)颜色会改变,内定值(default)为蓝色,如果对象的颜色改变表示已被选取,选取后再按一下所选择的变量或路径,颜色会还原成原内定的黑色,表示解除对象选取的状态。按下此图像按钮将鼠标移到对象上,对象(方框、椭圆形、线条、双箭头)会变成红色,按一下左键表示选取对象,选取对象后再按一下左键表示取消选取,【一次只选择一个对象】(Select one object at a time)可以选取多个连续或不连续对象。

12)✋【删除所有选取的对象】(Delete all objects)

点选此图像后,所有被选取的变量、路径或对象均会还原,所有图示会变成内定的黑色。

13）🖼【复制对象】（Duplicate objects）

　　点选此图像,将鼠标移到对象上,按住鼠标左键不放,拖动至新位置再放开鼠标,即可于新位置上复制一个与原先相同的对象。

14）🖐【移动对象】（Move objects）

　　点选此图像,将鼠标移至对象上,按住鼠标左键不放,拖动至新位置再放开鼠标,即可将对象拖移至新位置。

15）✗【移除对象】（Erase objects）

　　点选此图像,将鼠标移至对象上按一下左键,即可将变量或路径对象移除。【移除对象】工具图像即是一般绘图软件中的"橡皮擦"或【删除】（Delete）键。

16）✥【变更对象的形状大小】（Change the shape of objects）

　　点选此图像,将鼠标移至变量对象上按住左键不放,即可重新调整观察变量（长方形）、潜在变量（椭圆形）或误差变量（圆形）对象的形状大小。如果同时选取全部对象,则相同几何图形的对象——方形对象（观察变量）/圆形对象（潜在变量及误差变量）会一起改变大小,因而操作者如要改变误差变量的大小,可点击【一次只选择一个对象】（Select one object at a time）工具图像,分开选取要改变形状的误差变量对象;如要同时改变潜在变量形状大小,则只要分开选取潜在变量对象即可。选取时分开选取的对象,可同时更改其形状大小。

17）◎【旋转潜在变量的指标变量】（Rotate the indicators of a latent variable）

　　点选此图像,将鼠标移至潜在变量上,每按一下鼠标左键,潜在变量的指标变量（观察变量及误差变量）会按顺时针方向旋转 90 度（潜在变量的指标变量开始位置均位于潜在变量的上方）。

18）▦【映射潜在变量的指标变量】（Reflect the indicators of a latent variable）

　　此图像可设定潜在变量的指标变量的位置及潜在变量的指标参数为 1。点住【映射潜在变量的指标变量】工具图像,指标变量参数设定为 1 的观察变量,左右对调,进行水平映射;选中右边的模型图再点击一次鼠标左键,指标变量的位置会移向潜在变量的下方,进行垂直映射。选取此图像钮后,鼠标移往潜在变量名称的上面,会出现【reflect】(映射)的提示语,如图 3.23—图 3.26 所示。

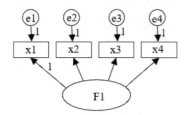

图 3.23　初始测量模型

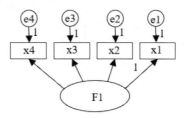

图 3.24　第一次映射指标变量

（指标变量名称左右对调）

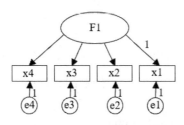

图 3.25　第二次映射指标变量

（指标变量名称上下对调）

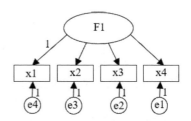

图 3.26　第三次映射指标变量

（指标变量名称左右对调）

19)【移动路径图的参数值的位置】(Move parameter values)

　　点选此工具图像可移动路径图或模型图中估计参数的位置,点选路径或变量时,移动正方形或长方形方框(表示参数的符号)的位置即可。若是路径模型图执行计算估计后,模型可顺利识别,则模型图会出现各种参数数值,直接移动参数数值也可以。移动参数时会出现一个绿色的方框,此方框为对象参数的位置,在AMOS 中对象的参数包括协方差(Covariances)、截距项(Intercepts)、回归系数(路径系数)(Regression weights)、平均数(Means)、方差(Variances)等,如测量指标误差项的参数包括平均数、方差,潜在变量对其指标变量影响的路径系数即为各指标变量的因素负荷量。

20)【在屏幕上移动路径图的位置】(Reposition the path diagram on the screen)

　　点选此图像后,鼠标会出现【scroll】(滚动条)的提示词,在路径图的窗口内按一下左键直接拖动即可。

21)✎【变量路径最适接触】(Touch up a variable)

当绘制的路径图接触位置不对称时,可利用最适接触工具图像让电脑自行调整。操作时先点选此工具图像,在路径图交会的变量上点击一下即可,如图 3.27、图 3.28 所示。

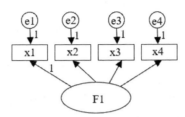

图 3.27　变量路径最适接触前的模型图

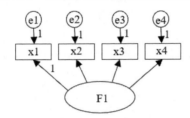

图 3.28　变量路径最适接触后的模型图

22)▦【分析属性】(Analysis properties)

点选此工具图标钮会出现【Analysis Properties】的对话窗口,可以勾选要呈现的统计量或计算的参数,如图 3.29 所示。在【输出】(Output)标签页中,可以勾选报表需要呈现的统计量,其内容包括:【极小化过程的统计量】(Minimization history)、【标准化估计值】(Standardized estimates)、【多元相关平方/复相关系数平方】(Squared multiple correlations)、【间接效果、直接效果与总效果】(Indirect,direct & Total effects)、【样本协方差矩阵】或称样本动差(Sample moments)、【隐含协方差矩阵】(Implied moments)或称隐含动差、【残差矩阵】(Residual moments)或称残差动差、【修正指标】(Modification indices)、【因素分数加权值】(Factor score weights)、【协方差估计值】(Covariance estimates)、【差异值的临界比值/差异值的 Z 检验】(Critical ratios for difference)、【正态性与极端值的检验】(Test for normality and outliers)、【观察的信息矩阵】(Observed information matrix)、【修正指标临界值的界定】(Threshold for modification indices)等。其中修正指标值的内定值为 4,表示修正指标值大于 4 的路径或共变关系会呈现出来,此部分使用者可自行修改,通常模型(model)无法与数据(data)适配时,可参考修正指标值进行假设模型的修正。

如要估计变量的【平均数与截距】(Means and intercepts),于【Analysis Properties】(分析属性)对话窗口按【估计】(Estimation)标签页,勾选【Estimate means and intercepts】(估计平均数与截距)选项即可。

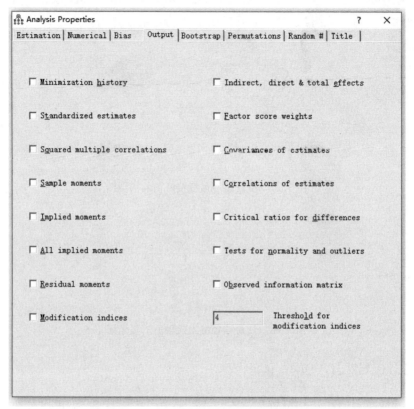

图 3.29   Analysis Properties 窗口界面

适配度指标是评价假设的路径分析模型与搜集的数据是否相互适配,而不是说明路径分析模型的好坏,一个适配度完全符合评价标准的模型不一定是个有用的模型,只能说研究者假设的模型比较符合实际数据的状况。

对于模型估计(Model estimation)的程序,AMOS 提供五种不同的选项估计法:【Maximum likelihood】(极大似然法,简称 ML 法)、【Generalized least squares】(一般化最小平方法,简称 GLS 法)、【Unweighted least squares】(未加权最小平方法,简称 UIS 法)、【Scale-free least squares】(尺度自由最小平方法,简称 SFLS 法)、【Asymptotically distribution free】(渐近分布自由法,简称 ADF 法),如图 3.30 所示。上述五种主要参数估计法中,以极大似然法及一般化最小平方法两种最常为研究者使用。AMOS 预设的方法为极大似然法,如果要更改模型估计的方法可按【分析属性】(Analysis Properties)工具图像,开启其对话窗口,切换到【Estimation】(估计)标签页中更改。

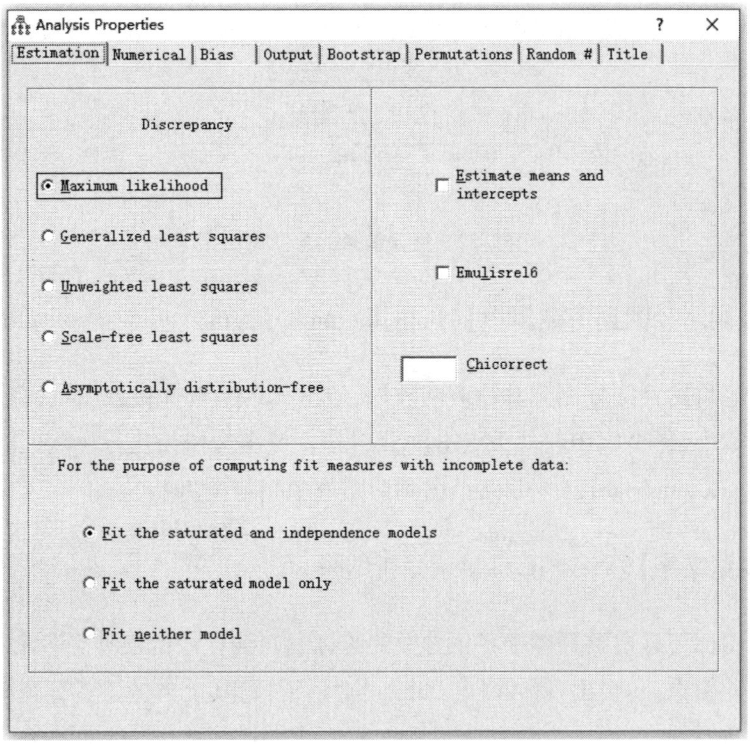

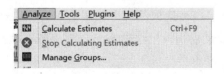

图 3.30　Analysis Properties 窗口界面

23）▦【计算估计值】（Calculate estimates）

点选此图像可执行模型路径图统计量的计算。如果模型变量及参数设定没有问题，则模型窗口中的模型方盒的提示语由【XX：Default model】变成【OK：Default model】或【XX：模型名称】变为【OK：模型名称】。【计算估计值】工具图像的功能列操作程序：【Model-Fit】（模型适配度）→【Calculate Estimates】（计算估计值）或【Analyze】（分析）→【Calculate Estimates】（计算估计值），快速功能键为【Ctrl + F9】，如图 3.31 所示。按下【计算估计值】后，若是路径图模型界定有问题，则会出现错误信息的告知窗口，如图 3.32 所示。如果假设模型过于复杂，数据文件样本数很大，模型迭代过程一直执行估计过程，可中止模型估计操作：执行功能列【Analyze】（分析）→【Stop Calculate Estimates】（停止计算估计值）。

图 3.31　Analyze 菜单栏

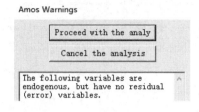

图 3.32　错误信息的告知窗口

24)▦【复制路径图到剪贴簿中】（Copy the path diagram to the clipboard）

如果想将路径图复制到其他应用软件,如 Word 中,要先按此图示,将路径图复制到剪贴簿中,再至应用软件中点击【粘贴】钮。此图像钮与执行功能列【Edit】（编辑）/【Copy to clipboard】（复制路径图到剪贴簿中）程序相同。

25)▦【浏览文字】（View Text）显示分析结果

按此图标可开启路径图中各项参数的统计量与线性结构模型中各项评价指标值。点选此图像后,会出现【AMOS Output】对话窗口,其上方的工具列说明如 3.33 所示。

图 3.33　AMOS Output 工具列

(1)▦ 预览打印文件（Print Preview）。

(2)▦ 打印文件数据（Print）。

(3)▦ 设定打印格式（Page Setpage）。

(4)▦ 开启 AMOS 的输出结果文件,其文件扩展名为 AMOS Output（∗.AMOS Output）

(5)▦ 将文件复制到剪贴簿（Copy to Clipboard）,再开启相关应用软件如 Word 文字处理软件,按【粘贴】钮,可将 AMOS Output 的输出文字统计量结果转贴到 Word 软件中。

(6)▦ 浏览呈现结果的选项（Options）,点选此工具列,会出现【选项】（Options）对话窗口,按【浏览】（View）标签页,可勾选【浏览全部输出结果】（View entire output file）或【只呈现被选取的部分结果】（View selected output only）,如图 3.34 所示,选取前者选项,右边输出结果画面会呈现所有估计的统计量数;如勾选后者只呈现选取的部分结果。

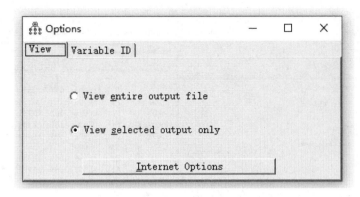

图 3.34　Options 对话窗口

（7）<u>3</u> 第一个下拉式选单数字代表小数点的位数（Decimails），"2"表示输出的结果值会保留到小数点后第二位。

（8）<u>7</u> 第二个下拉式选单数字表示表格栏的宽度（Column spacing），数字愈大表示栏的宽度愈大。

（9）<u>0</u> 第三个下拉式选单数字表示表格字段的最大值（Maximum number of table columns），范例中的 9 表示表格最多可呈现九个字段。

（10）表格范例（Table Rules），点选此工具列图像可于表格标题与内容中增列一组直线与横线。

（11）表格边框线（Table Border）。点选此工具列图像可呈现表格的边框线，出现表格边框线后，再按一次此工具列图像，则表格边框线消失。

（12）表格颜色（Table Color），点选此工具列图像后会出现【色彩】对话窗口，可选择表格要呈现的颜色。

（13）表格标题颜色（Table Heading Color），点选此工具列图像后会出现【色彩】对话窗口，可选择表格标题要呈现的颜色。

【AMOS Output】对话窗口的左边目录包括：数据文件的名称、分析摘要表（Analysis Summary）、组别注解（Notes for Group）、变量摘要表（Variable Summary）、参数摘要，如图 3.35 所示。

26）【储存目前的路径图】（Save the current path diagram）

按此图标与执行功能列【File】（文件）→【Save】（储存）程序的功能相同，存盘类型为 Input file（ * . amw），扩展名为 * . amw。在计算估计值之前，要先将模型图存盘，如果模型图没有存盘，点选【计算估计值】后，会出现【另存新文件】对话窗口，操作者要先完成模型图【储存文件】的步骤。AMOS 绘制的因果模型图存盘时会同时存三个文件，原始路径图文件的扩展名为 * . Amw，两个备份文件（back-up

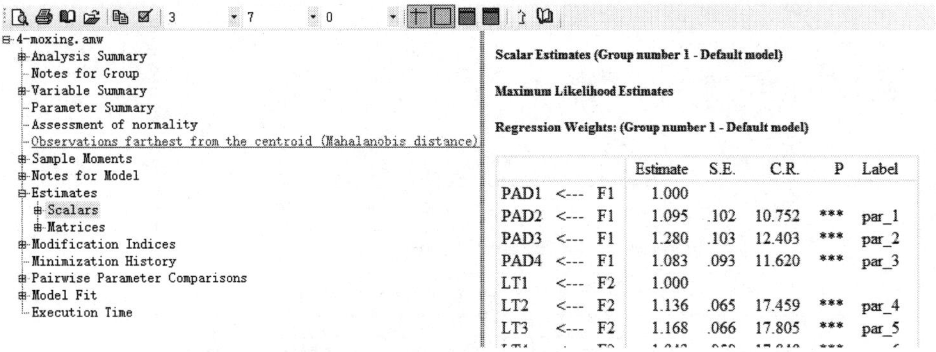

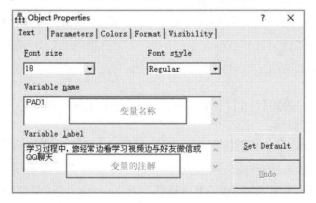

图 3.35 【AMOS Output】对话窗口

files)的扩展名分别为 ∗.bk1、∗.bk2。开启备份文件的操作:执行功能列【File】/
【Retrieve Backup】(开启备份文件)程序,在【开启】对话窗口中,文件类型为
Backup file(∗.bk?),表示只能开启扩展名为 ∗.bk1、∗.bk2 的文件。

27) 【对象属性】(Objects properties)

点选此图标会出现【Objects Properties】对话窗口(要在观察变量、潜在变量或
误差变量对象上连按两下),可设定对象、参数及变量的颜色,变量文字的大小与变
量名称,对象边框的粗细,参数值的内容与格式设定等。其对话盒包括五个标签
页:【文字】(Text),【参数】(Parameters)、【颜色】(Color)、【格式】(Format)、【可见
性——是否显示设定】(Visibility)。在【文字】(Text)标签页,包括【字号】(Font
size)、【字型样式】(Font style)、【变量名称】(Variable name),【变量注解】(Variable
label),【文字】(Text)标签页主要是设定观察变量或潜在变量的文字格式,至于观
察变量或潜在变量参数的文字格式要切换到【参数】(Parameters)标签页次窗口,
如图 3.36 所示。

图 3.36 【参数】(Parameters)标签页窗口

在【颜色】(Color)标签页,可设置【文字颜色】(Text color)、【估计的参数的颜

色】(Parameter color)、【变量形状边框的颜色】(Border color)、【形状背景的颜色】(Fill color)。【边框线条的粗度】(Line width)包括多种选项,【边框线条的粗度】(Line width)数字越大,线条越粗,如图 3.37 所示。

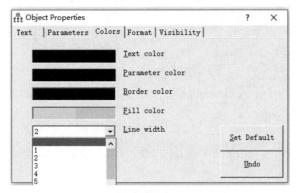

图 3.37 【颜色】(Color)标签页

设置观察变量或潜在变量的参数文字格式要切换到【参数】(Parameters)次对话窗口。窗口中包括字号与字型样式,字型样式包括【正常字型】(Regular)、【斜体字型】(Italic)、【粗体字型】(Bold)、【粗斜体字型】(Bold Italic)四种。参数的方向【内定方向为水平】(Horizontal)及设定参数变异量的数值等。【参数】(Parameters)标签页的参数会依据变量的性质而有所不同,如增列估计平均数与截距项。就测量模型而言,误差项与潜在变量的参数会呈现【平均数】(Mean)及【方差】(Variance),而测量指标的参数会呈现【截距项】(Intercept),如图 3.38 所示。

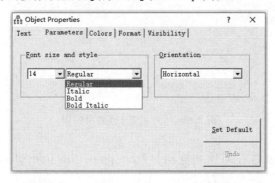

图 3.38 【参数】(Parameters)标签页窗口

【对象属性】(Object Properties)对话窗口中五个次对话窗口内容的设定也适用于预设模型,如设定一个潜在变量的文字大小样式后,按【设为默认值】(Set Default)钮,则会开启【预设对象属性】(Set Default Object Properties)次对话窗口,窗口内的设定包括【颜色】(Colors)、【对象框线】(pen width)、【变量名称字型】(Variable name font)、【参数字型】(Parameter font)、【参数呈现方向】(Parameter orientation)、【是否出现于模型图中】(Visibility)。设定默认值的选项适用下列两个地方:

【绘制的路径图中】(The path diagram)、【内定的一般样板格式中】(Normal template),研究者可视需要勾选,勾选完后可点击【确定】(OK)按钮,或点击【取消】(Cancel)按钮则取消设定,如图3.39所示。

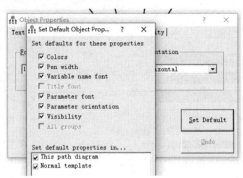

图3.39　【对象属性】窗口

在【可见性——显示设定项目在路径图上】(Visibility)标签页,有四个内定选项:【使用可见设置】(Use visibility setting)、【显示图形对象】(Show picture)、【显示参数】(Show parameters)、【显示变量名称】(Show name),这四个选项前面的勾选最好不要取消,没有勾选的选项,相对应项目不会在因果模型图中呈现,如图3.40所示。

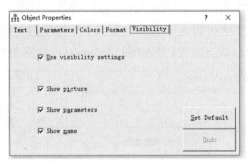

图3.40　【可见性】标签页窗口

28)　【将对象的属性在对象间拖动】(Drag properties from object to object)

点选此图示会出现【拖动属性】(Drag Properties)对话窗口,可以勾选变量或路径上所设定的字型、颜色;变量的高度、宽度;参数的位置与参数的字型等格式属性,勾选的属性可以复制到新的变量上。

操作时在出现的【拖动属性】(Drag Properties)对话窗口,勾选要复制的格式属性类别,在路径图标窗口上,直接拖动至要复制的变量形状上。复制格式属性时【Drag Properties】(拖动属性)对话窗口不能关闭,要在开启状态,否则即使拖动鼠标也无法进行属性的复制。

　　【Drag Properties】(拖动属性)对话窗口可以复制的对象属性包括:【对象形状高度】(Height)、【对象形状宽度】(Width)、【对象的 X 坐标——水平位置】(X coordinate)、【对象的 Y 坐标——垂直位置】(Y coordinate)、【对象变量名称】(Name)、【参数标签名称】(Parameter constraints),【对象参数出现位置】(Parameter position),对象变量【字型格式】(Font)、【参数字型格式】(Parameter font)、【对象框线粗细】(Pen width)、【对象内颜色】(Colors)、【对象可见性】(Visibility),如图 3.41 所示。

图 3.41　【拖动属性】(Drag Properties)对话窗口

29)　【保留对称性】(Preserve symmetries)

　　点选此图像,可以将潜在变量及其指标变量(包含观察变量与误差变量)合成一群组一起【移动】(Move)或【复制】(Copy)。如果没有点选【保留对称性】工具图像,进行移动或复制程序时,潜在变量与指标变量是分开的对象(观察变量与误差变量也是独立分离的对象),选取【保留对称性】工具图像,则潜在变量与指标变量在进行移动或复制程序时,变成一个合并的对象。测量模型中包括潜在变量、测量指标变量、误差项等变量,若是要进行测量模型的复制或移动,最好利用【保留对称性】图像钮,这样在操作上会比较方便。

　　未选取　图像只能复制潜在变量,绘制图 3.42,点选　图像,再按　复制图像可同时复制潜在变量及其指标变量,绘制图 3.43。

30)　【扩大选取的区域】(Zoom in on an area that you select)

　　点选此图像,按左键并拖动可选取一个区域,并放大选取区域范围。如果想将路径图上某个区域放大来观看可以利用此工具按钮。

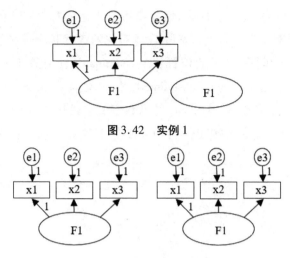

图 3.42　实例 1

图 3.43　实例 2

31)【将路径图的区域放大】(View a smaller area of the path diagram)

点选此工具图像,路径图会以倍率放大。

32)【将路径图的区域缩小】(View a larger area of the path diagram)

点选此工具图像,路径图会以倍率缩小。放大或缩小模型图只是一种浏览状态,实际的路径模型图大小并未改变。

33)【将路径图整页显示在屏幕上】(Show the entire page on the screen)

点选此工具图像,路径图会以整页方式呈现于图形编辑窗口中。

34)【重新调整路径图的大小以符合编辑画面】(路径图呈现于编辑窗口页面内)(Resize the path diagram to fit on a page)

点选此工具图像,路径图会自动调整并重新排列于图形编辑窗口中。

35)【以放大镜检核路径图】(Examine the path diagram with the loupe)

点选此工具图像,可以使用【放大镜】(Loupe)的功能,放大观看路径图某个区域的内容。

36)🔳【多群体的分析】(Multiple-Group Analysis)

点此工具图像钮,可进行多群体的分析,此图像钮即执行功能列【分析】(Analyze)/【多群组分析】(Multiple-Group Analysis)程序,多群组分析的内涵与详细操作在后面的章节中有详细说明。

37)🖨【打印所选择的路径图】(Print the selected path diagrams)

按此图示后会出现【打印】(Print)对话窗口,可设定打印的属性并选取要打印的统计量。

38)▲【贝叶斯分析】(Bayesian Analysis)

适用于小样本的贝氏估计法。成功运行结束后,点选此工具图像,显示运行分析结果。

39)↶【还原先前的改变】(Undo the previous change)

此工具图像即【还原】(Undo)钮。

40)↷【重做先前的程序】(Undo the previous undo)

此工具图像即【重做】(Redo)钮。

41)🏁【模型界定的搜寻】(Specification Search)

点选此工具图像,会出现【界定搜寻】(Specification Search)的窗口工具列,选取每个工具列可打开相关的搜寻程序,如图 3.44 所示。

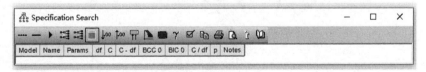

图 3.44　【界定搜寻】(Specification Search)的窗口

模型界定搜寻通常用于嵌套模型的比较,若是有数个假设模型均与数据适配,为了找出最佳与最简约的模型,可以利用模型界定搜寻的功能,进行模型各种参数的比较,当然研究者也可以将各模型的适配统计量加以整理比较,也能找出与数据最为适配的模型。

在模型图绘制区域中,鼠标移到变量或路径上面按右键,会出现快速选单,快速选单包括【删除对象】(Erase)、【移动对象】(Move)、【复制对象】(Duplicate)、【移动参数位置】(Move Parameter)、【改变变量对象形状大小】(Shape of Object)、【路径图最适接触】(Touch Up)、【改变观察变量与潜在变量】(Toggle Observed/Unobserved)、【对象属性】(Object Properties)等。

其中 Toggle Observed/Unobserved 的功能,是改变观察变量与潜在变量,如果原先是一个长方形的观察变量,选取此快速功能键在长方形观察变量上按一下,方形形状的变量会变成椭圆形的潜在变量;如果是一个椭圆形的潜在变量,选取此快速功能键在椭圆形的潜在变量上按一下,变量会变成长方形的观察变量。

在单箭头对象上按右键,快捷菜单只出四个选项,如图 3.45 所示,在误差项对象上按右键,快捷菜单出现九个选项,如图 3.46 所示。

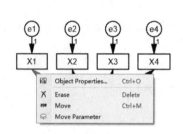

图 3.45　实例 1

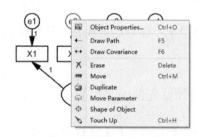

图 3.46　实例 2

在潜在变量 F1 上按右键,出现的快捷菜单选项较多,包括对象属性、描绘单箭头路径图、描绘双箭头协方差关系图、删除对象、移动对象、复制对象、移动参数、改变对象形状、路径图最适接触、观察变量对象与潜在变量对象切换、旋转对象、映像对象等,如图 3.47 所示。

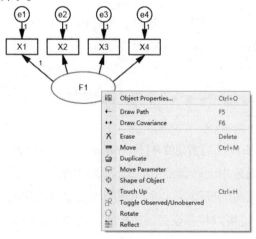

图 3.47　快捷菜单选项界面

42) ▣【选择数据文件】(Select data files)

数据文件包括电子表格文件 Excel(∗.xls)、数据库文件 MS Access(.mds)、社会科学统计软件包文件 SPSS(∗.sav)、文本文件 Text(∗.txt)(∗.csv)、dBase(∗.dbf)、Foxpro(∗.dbf)等。同属一类数据文件的可以直接读取其原始数据,或是变量间的相关矩阵、协方差矩阵。若是以相关矩阵或协方差矩阵方式呈现,要再增列变量的标准差及平均数。由于在多变量分析或探索性因素分析中,均使用到 SPSS 统计软件,因而研究者多数是以 SPSS 建立数据文件。AMOS 是 SPSS 统计软件包家族系列成员,因而直接读取 SPSS(∗.sav)数据文件最为方便。进行各式 SEM 分析,均可使用 SPSS 数据文件,如图 3.48 所示。

点选此工具图像,会出现【数据文件】(Data Files)对话窗口,按【文件名称】(File Name)钮,出现开启的对话窗口,选取数据文件→点击【开启】钮,选取的数据文件名称会出现在【Data Files】(数据文件)对话窗口中间的方盒中。点击【View Data】(查看数据文件)可开启数据文件。数据文件开启后按【确定】(OK)钮,如图 3.48 所示。

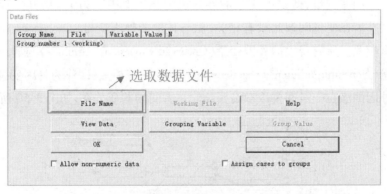

图 3.48　【数据文件】窗口

3.3　模型绘制步骤

以大学生碎片化学习中注意力失焦的影响因素的路径分析的模型图为例。研究者根据理论文献与经验认为大学生的"元认知能力""学习动机""学习内容"和"互联网影响"四个变量会直接影响到注意力失焦这个变量,如图 3.49 所示。

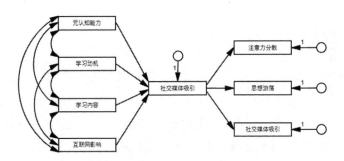

图 3.49 大学生碎片化学习中注意力失焦影响因素模型图

3.3.1 建立路径模型图

根据研究假设模型图,利用浮动工具列图像绘制下列路径模型图。点选【增列误差变量到已有的变量中】(Add a unique variable to an existing variable)工具图像钮在内因变量(作为其他变量的依变量)的观察变量增列误差变量。在 AMOS 的模型分析中,作为【内因变量/内衍变量/依变量】(Endogenous variables)的变量均要增列一个误差变量,此误差变量的参数设定起始值内定为 1。而其预设的相关结构中误差潜在变量间彼此没有相关,而与其他的外因变量(Exogenous variables)间也没有相关。所有观察的外因变量(Observed exogenous variables)与非误差潜在外因变量(Non-unique latent exogenous variables)间有相关,即作为外因变量的观察变量或外因的潜在变量间要以双箭头绘制二者间的共变关系,如图 3.50 所示。

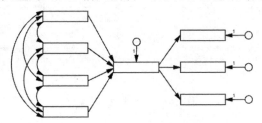

图 3.50 大学生碎片化学习中注意力失焦影响因素初始模型图

3.3.2 导入分析数据

模型路径图完成后,导入支持该模型的数据文件。首先在工具箱中点选"Select data file"的图标█、快捷键(Ctrl+D)或【File】、【Data files】,在出现的窗口中,点击【File Name】,如图 3.51 所示,在出现的窗口中选择要导入的数据文件,导入后,如图 3.52 所示。

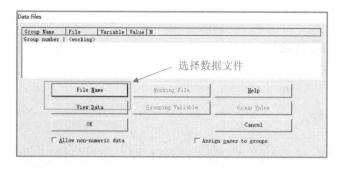

图 3.51　【数据文件】窗口

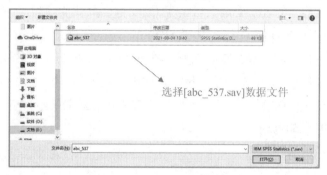

图 3.52　数据选择界面

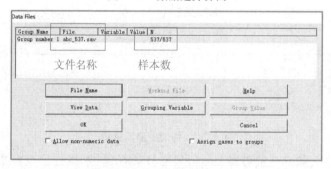

图 3.53　数据导入界面

　　选取数据文件之后,在【数据文件】的对话框中会出现文件名称及数据文件的样本数,范例中的数据样本数是 537,若是选取数据文件没有错误,按下【OK】按钮,若是要取消则按【Cancel】按钮,如图 3.53 所示。按下【View Data】按钮,则可以直接开启数据文件,由于数据文件为 SPSS 统计软件包建立的,因而会先开启 SPSS 应用软件,再开启数据文件。在 AMOS 中,数据有两种读入的方式,以观察变量的原始数据或以观察变量的相关系数矩阵读入。如果要对读取的文件加以分组,可参考第 5 章第 5 节。

3.3.3　设定变量名称

1)观察变量名称

在工具箱中,点选"List Variables in data set"(Shift+Ctrl+D)图标▓,或者点【View】、【Variables in Dataset】,就会出现"Variables in Dataset"窗口,先点住变量名称,然后拖动到适当的观察变量上后松手,该变量名称就读到相应的观察变量上,观察变量会出现变量注解的名称,如果 SPSS 的"*.sav"数据文件中没有增列变量注解,则直接呈现观察变量的变量名称。在 SPSS 中文版软件中,界定各量表的测量变量(层面或构念)为中文变量名称在操作上比较方便,若是以题项作为测量指标变量,则以英文名称较为便利,至于变量注解或变量标记最好省略。该例子中是变量名称,如图 3.54 所示。

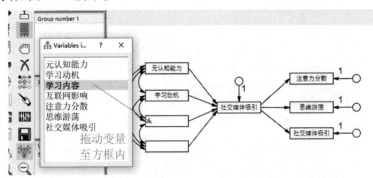

图 3.54　拖动变量示意图

在 SPSS 中,如果变量名称与标记名称(Lable)不同,则拖到观察变量上的名称以标记名称优先。

2)误差变量名称

对每个误差变量进行命名,首先点击【Plugins】、【Name Unobserved Variables】,自动产生误差变量。也可以手动的方式来自行设定或修改,点选误差变量圆形的图标上,点击右键,弹出"Object Properties"窗口,如图 3.55 所示。在【Variable name】填写误差变量名称,在【变量名称】下的【变量注解】(Variable label)方格子输入变量的注解,如"abc",如果有输入变量的注解,则模型会呈现变量的注解,若是没有输入变量注解,则会直接呈现变量的名称,由于误差变量英文是 error,故通常以简写的 e1、e2、e3……表示。如果不对误差变量进行命名,而径自分析的话,A-

MOS 就会产生变量未命名的错误信息,如图 3.56 所示。

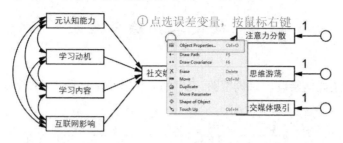

图 3.55　功能列

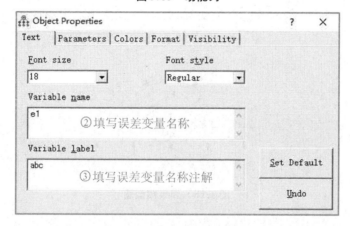

图 3.56　Object Properties 窗口

3.3.4　路径模型存储

建立好的完整模型,如图 3.57 所示。将路径图进行存储,点选【Save the current path diagram】图标或者存储类型为 Input file(＊.amw),存储后的扩展名为 "＊.amw"。

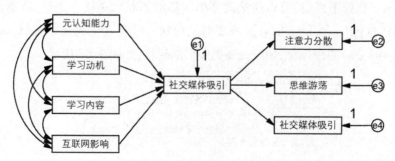

图 3.57　完整模型图

3.4　绘图工具综合应用

以下介绍如何绘制因果模型图,完整的因果模型图如图 3.58 所示。

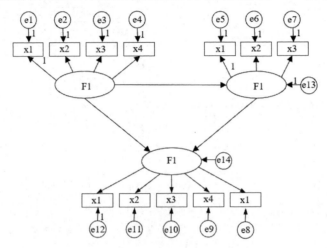

图 3.58　因果模型图

3.4.1　绘制测量模型

1)制作第一个测量模型

第一步,建立潜在变量。首先在工具箱中点选"椭圆形"的图标 ◯,或者点【Diagram】、【Draw Unobserved】,然后在绘图区中从左上到右下拉出一个椭圆形,如图 3.59 所示。在松手之前,可以随笔改变椭圆形的形状。在松手之后,在椭圆形上按右键,点选【Change the Shape】(改变对象形状),或者在工具箱中按(Change the Shape of Objects)的图标 ✣,加以改变椭圆形的形状,如图 3.60 所示。

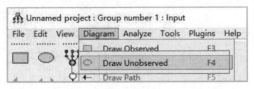

图 3.59　Diagram 下的菜单栏

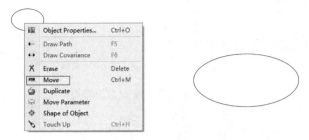

图 3.60　菜单栏

　　第二步,建立指标变量。如第一章所述,指标变量包括观察变量和误差变量,首先在工具箱中点选"指标变量"的图标🐞,或者点【Diagram】、【Draw Indicator Variable】,然后在绘图区中的潜在变量上点一下,就会出现指标变量,每多点一下,就会多出一个指标变量,测量指标的路径系数默认值为1,如图3.61所示。

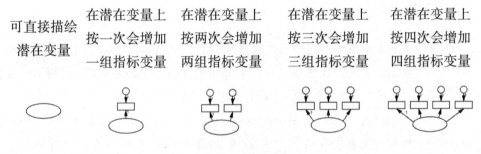

图 3.61　绘制步骤

　　如果改变指标变量做上下移动,在工具箱中点"rotate the indicators of a latent variable"的图标🐞,在(椭圆形)潜在变量上双击鼠标左键,就会上下移动,如图3.62所示。

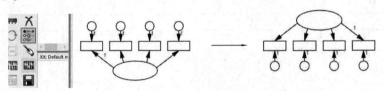

图 3.62　改变指标变量做上下移动图

　　如果将指标变量做 90 度移动,在工具箱中点"rotate the indicators of a latent variable"的图标◯,在潜在变量上单机鼠标左键,每单击一次,就会顺时针移动 90 度,如图 3.63 所示。

　　为方便第二个测量模型图与第三个测量模型图的说明,增加潜在变量和误差变量的变量名称,点击【Plugins】(增列),选择【Name Unobserved Variables】(潜在变量项命名),误差变量项名称依次为 e1、e2、e3、e4……潜在变量名称依次为 F1、F2、F3,完成后的第一个测量模型如图 3.64 所示。

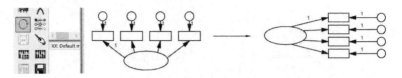

图 3.63　指标变量做 90 度移动图

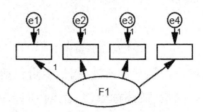

图 3.64　一个测量模型

2)绘制第二个测量变量

为方便第二个测量模型与第三个测量模型图,在建立模型时,可以通过复制建立好的模型来制作多个潜在变量。第二个测量模型有三个测量指标,复制第一个测量模型,然后删除其中一个指标变量和相对的误差变量项。

按【保留对称性】(Preserve symmetries)图标 ,按【复制对象】(Duplicate objects)图标 ,直接拖动潜在变量对象椭圆形(按住鼠标左键不要放开并移动位置),则可复制出第二个测量模型,按【移动对象】(Move objects)图标 ,把第二个测量模型移动到第一个测量模型的右边,如图 3.65 所示。

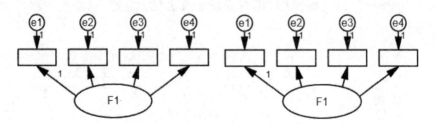

图 3.65　两个测量模型

为便于与第一个测量模型区别,先将第二个测量模型的因素构念变量命名为F2:鼠标移到第二个测量模型的潜在变量 F1 上面,按右键选取快捷菜单的【Object Properties】(对象属性)选项,开启【Object Properties】对话窗口,切换到【Text】标签页,在【Variable name】(变量名称)下的方格中将原先的 F1 改为 F2→按右上角关闭钮。此时第二个测量模型潜在变量的名称变为"F2",如图 3.66 所示。

按【删除对象】的图标 ,在误差变量 e4 和对应的测量指标分别按一下,可删除第四个测量指标对象与路径系数图,如图 3.67 所示。

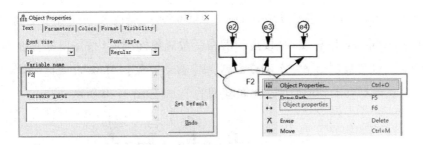

图 3.66　Object Properties 窗口

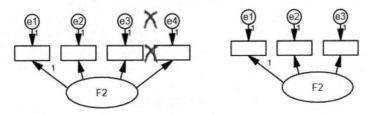

图 3.67　删除步骤

取消【保留对称性】(Preserve symmetries)的图标 ，再取消【删除对象】(Erase object)的图标 ✗，按【变量最适接触】(Touch up a variable)的图标 ，在潜在变量对象上按一下,则三个测量指标会做最佳排列。

在范例中潜在变量 F3 是内因潜在变量,需要增列一个残差项。按【增加残差项到变量中】(Add a unique variable to an existing variable)的图标 ，在潜在变量 F2 椭圆形对象上按一下,增列一个残差项。由于测量指标与潜在变量残差项重叠,再按两下【增加残差项到变量中】(Add a unique variable to an existing variable)的图标 ，残差项顺时针旋转 90 度,如图 3.69 所示。

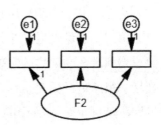

图 3.68　最佳排列

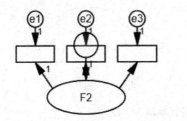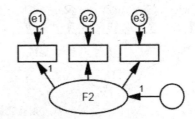

图 3.69　增列残差项步骤

3)绘制第三个测量模型

第三个测量模型有五个测量指标,可复制第一个测量模型,然后再增加一个指标变量。

　　首先点击【保留对称性】(Preserve symmetries)图标 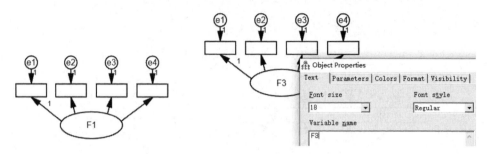,再点击【复制对象】(Duplicate Objects)图标，直接拖动潜在变量对象椭圆形(按住鼠标左键不放并移动位置),则可复制出第三个测量模型,按【移动对象】(Move objects)图标，把第三个测量模型移动到前面两个测量模型的下方,如图 3.70 所示。

图 3.70　更改潜在变量名称

　　将第三个测量模型的潜在变量的名称改为 F3,鼠标移到第三个测量模型的潜在变量 F1 上面,按右键选取快捷菜单的【Object Properties】(对象属性)选项,开启【Object Properties】对话窗口,切换到【Text】标签页,在【Variable name】(变量名称)下的方格中将原先的 F1 改为 F3 按右上角关闭钮。此时第二个测量模型潜在变量的名称变为 F3,如图 3.70 所示。

　　第三个测量模型有五个指标变量,需要增加一个指标变量,选取【描绘潜在变量或增列潜在变量的指标变量】的图标，在潜在变量 F3 椭圆形对象上按一下,会新增一组测量指标变量与误差项→选取【旋转潜在变量的指标变量】(Rotate the indicators of a latent variable)的图标，在潜在变量 F3 椭圆形对象上按两下,让指标变量顺时针旋转 180 度,所有测量指标变量及误差变量移到潜在变量的下方,如图 3.71 所示。

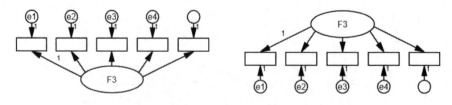

图 3.71　指标变量顺时针旋转 180 度

　　在范例中潜在变量 F3 是内因潜在变量,需要增列一个残差项。按【增加残差项到变量中】(Add a unique variable to an existing variable)的图标，在潜在变量 F2 椭圆形对象上按一下,增列一个残差项。残差项在潜在变量的正上方,再按两下【增加残差项到变量中】(Add a unique variable to an existing variable)的图标，残差项顺时针旋转 90 度,移到潜在变量的正右方,如图 3.72 所示。

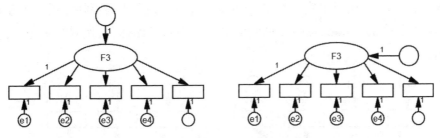

图 3.72　残差项顺时针旋转 90 度

首先点击【保留对称性】（Preserve symmetries）的图标，再点击【移动对象】（Move objects）的图标，移动三个潜在变量至绘图区中间适当位置。将测量指标的误差项命名，开启【Object Properties】（对象属性）对话窗口，切换到【Text】（文字）标签页，在【Variable name】（变量名称）下的方格中键入各误差项的变量名称。绘制完的三个测量模型如图 3.73 所示。

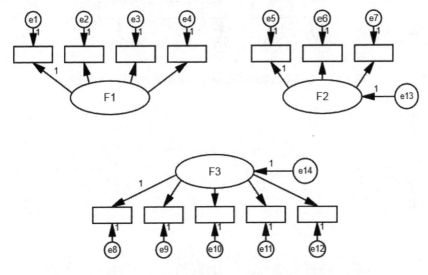

图 3.73　移动潜在变量至绘图区中适当位置

3.4.2　绘制结构模型

在范例中，该结构模型共有三个潜在变量，结构模型是潜在变量间的关系，潜在变量在量表中可能成为一种构面或整个量表所预测得的某种特质的总称。外因潜在变量为 F1，内因潜在变量为 F2、F3。

利用【描绘单向箭头的路径】（Draw paths-single headed arrows）的图标，绘制潜在变量间的关系（结构模型的设定），外因变量间以双箭头建立连结关系，用单箭头绘制外因变量与内因变量间因果关系路径，如图 3.74 所示。当有两个外因潜在变量的时候,不用设定残差项,需要界定二者间的共变关系,利用【描绘协方差-双向箭头】(Draw covariances-double headed arrows)的图标↔,用双箭头建立连结关系。

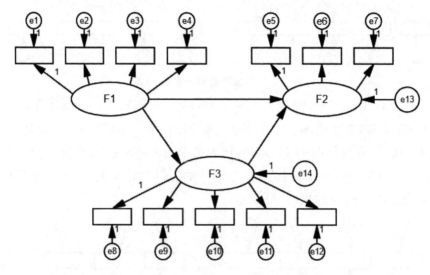

图 3.74 单箭头绘制外因变量与内因变量间因果关系路径

第4章 教育实证研究初步应用

4.1 验证模型

4.1.1 验证模型的概述

验证模型属于结构方程模型的一种次模型,为 SEM 分析的一种特殊应用。验证模型被归类于一般结构方程模型或共变结构模型之中,允许反映与解释潜在变量,它和一系列的线性方程相连接。探索性因素分析与验证性分析(CFA)两种模型的基本目标是相似的,皆在解释观察变量间的相关或共变关系,但验证性因素分析侧重检验假定的观察变量与假定的潜在变量间的关系,且模型更为复杂。

CFA 用于检验一组测量变量与一组可以解释观测变量的因素构念间的关系,允许研究者通过分析,验证事先假设的两者关系是否成立。验证模型是从总体样本中抽取一组检验假设因素结构的契合度,结构模型却是利用一组样本来产生测量变量间的因素结构,因此有些研究者会将样本分为两组,分别做验证模型和结构模型。结构模型可处理因素构念间有无相关的问题,除此之外还可以分析测量变量间的随机测量误差、信效度检验等等。如果几个潜在变量及观测变量和误差项构成的模型关系良好,就会得到数据的支持,该测量模型稳定可靠。

由于 SEM 的模型界定能够处理潜在变量的估计与分析,具有高度的理论先验性,因而若是研究者针对潜在变量的内容和属性,能提供相应的测试变量来构建测量模型,通过 SEM 的分析程序,便能够对潜在变量的构成及影响关系做出合理的解析。SEM 中关于潜在变量关系的评估程序,即是检测研究者先前认为的因素结构的适切性,而如果测量的基础确定了,潜在变量的因果关系也就能够进行下一步研究。因此,一般来说,CFA 是进行整合性 SEM 分析的一种前置步骤或基础架构,当然,它也能够单独进行分析估计。

如图 4.1 所示,两个共同的因素,各有三个测量变量,每个指标变量只受到一个潜在变量的影响,即为一种单向度的测量模型。在使用 AMOS 绘制时,六个误差变量的路径系数要设置为 1,代表只估计六个误差的误差变异量。并且在验证模型中,每个潜变量的指标变量中需要有一个测量指标的路径系数为 1($\lambda = 1$)。通常认为六个误差变量之间的初始关系的共变假设为 0,表示误差变量间无关,但是有的研究者认为误差变量直接并非独立无关的,则可以增添误差变量的相关,但这种情况极少,一般研究中不需要。

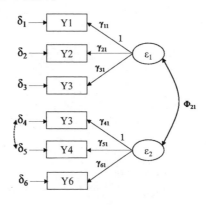

图 4.1 验证模型

4.1.2 验证模型参数值的界定

在验证模型中,均以方格对象表示测量指标,方格内变量为显性变量或观察变量。观察变量为 SPSS 数据源文件的题项变量,在验证模型中用椭圆形代表共同因素,即潜在变量或称为无法观察到的变量,在 AMOS 中,潜在变量的变量名称无法直接从 SPSS 源文件中拖动填入椭圆形中,必须在"Object Properties"对话窗口中加以界定,如图 4.2 所示。观察变量(显性变量)可以直接通过研究工具加以测量,但潜在变量无法直接测量,可由测量变量推导。

测量必定存在误差,因此,在验证模型中,每个测量指标都会有一个测量变量(Error Variable),无法通过潜在变量来解释误差变量的误差变异量(Unique Variance)。测量指标反映潜在变量时的误差值,而外因变量对内因潜在变量的因果路径系数也会有一个残差值(residual),在结构模型中,内因潜在变量均要设置残差变量,用以呈现残差项变异量(Residual Variance)。在验证模型中,为了让模型可以收敛估计,必须将每个误差变量对测量指标的路径系数固定为 1。误差项的路径系数之所以固定为 1,是因为误差变量是一个潜在变量,它没有单位,必须将其路径系数限制为 1 或者界定其误差方差为 1,由于测量误差的路径系数与其误差方差互为函数,因而无法同时估计两个参数,再界定也只能界定一种。除此之外,在潜在变量对其测量指标的影响中,必须至少将一个测量指标的路径系数固定为 1,这是一种为标准化的界定,这样才可进行参数估计,否则由于自由参数过多,模型无法被识别,无法进行有效参数估计。

1)验证模型参数值的正确界定

以大学生碎片化学习中注意力失焦影响因素研究为例,在问卷设计中,学习动机(LM)的测量题目是 LM1—LM5 五个题项,这五个题项是否可以反映"学习动机"这个维度? 根据题意,研究者拟考察潜在变量与其五个观察变量之间的呼应关系,此验证模型中含有一个潜在变量、五个观察变量的简单验证模型,研究者需要根据模型与数据的拟合综合判断该维度的优劣。界定测量指标 LM1 的路径系数为固定参数,并将其限制为 1,"学习动机"的验证模型如图 4.3 所示,再根据数据分析结果来确定潜变量的理论构想是否得到数据支持。

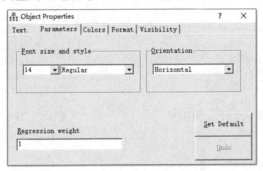

图 4.2 路径系数的固定系数

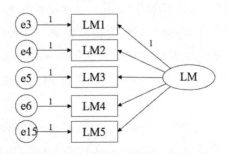

图 4.3 "学习动机"验证模型

点击"Calculate estimates"图像按钮,左侧模型中的数据由"XX:Default model"变为"OK:Default model",表示验证模型可以顺利被识别。非标准化估计模型如图4.4所示,由于测量指标 LM1 的路径参数固定为1,所以其数值为1.00。误差变量右上方的数值是误差变量的方差,五个误差方差均为正数,即表示验证模型没有违法模型识别的规则。模型适配度显著性概率值>0.05 即为达到显著性水平,GFI>0.9、AGFI>0.9 为适配标准,ERMSEA<0.05 表示适配良好,<0.08 表示适配合理。所以此模型适配度的卡方值为15.190,显著性 P=0.010<0.05,拒绝原假设。RMSEA=0.062<0.080,AGFI=0.969>0.900,表示适配合理,即假设的模型与观察变量数据有效契合。

图4.5 是标准化估计值模型。五个测量指标的因素负荷量(λ)分别为0.45、0.63、0.52、0.64、0.66,信度指标(因素负荷量平方)分别为0.20、0.40、0.28、0.41、0.44,因此五个测量变量能被其潜在变量解释的变异量介于0.20 至0.66 之间。

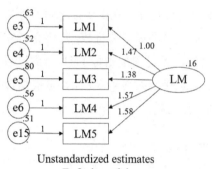

Unstandardized estimates
Default model
卡方值=15.190(p=.010);GFI=.990
RMSEA=.062;AGFI=.969

图4.4 非标准化估计模型图

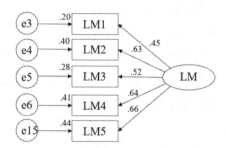

Unstandardized estimates
Default model
卡方值=15.190(p=.010);GFI=.990
RMSEA=.062;AGFI=.969

图4.5 标准化估计模型图

2)低度辨识的验证模型

低度辨识表示模型中自由参数的个数多于方程式的个数,模型所提供的信息不足,造成了参数估计的不确定性,模型无法被识别。当辨识度低或者模型无法识别时,需要增列固定参数。在验证模型中若未限制一个潜在变量与其指标变量的路径系数 $\lambda=1$,将其作为基准估计其他指标变量的路径系数值,则验证模型无法被识别。

如图4.6 所示,均未设置路径系数 $\lambda=1$,在点击"Calculate estimates"图像按钮后,左侧模型中的数据未由"XX:Default model"变为"OK:Default model",表示验证模型无法顺利被识别。且"View the output path diagram"图像未亮,卡方值、自由度等均未呈现,而出现"Minimization iteration 1"的错误提示,如图 4.7 所示。

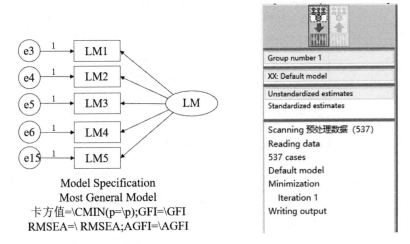

<table>
<tr><td>图 4.6　低度辨识图</td><td>图 4.7　错误提示图</td></tr>
</table>

如图 4.8 所示,在"View Text"中,结果输出信息显示,模型的自由度为 4,为正数,表示验证模型过度识别,但由于模型参数界定有问题,模型仍无法识别(Unidentified),必须增列一个参数限制条件,才可辨识模型。

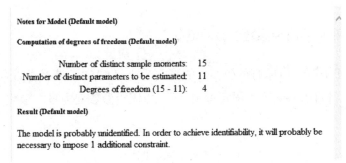

图 4.8　View Text

在估计值选项中,共同因素对五个指标的路径系数均无法识别,以及潜变量的方差也无法识别(表 4.1、表 4.2)。由于这六个参数均无法识别,造成验证模型无法被估计,为了估计测量指标的因素负荷量,需将这五个测量指标中的某一路径系数固定为 1,其标准化的估计模型图相同。

表 4.1 Regression Weights

LM	
e4	
e5	unidentified
e6	
e15	
e3	

表 4.2 Variances

LM>---LM	unidentified
LM>---LM	unidentified
LM>---LM	unidentified
LM>---LM	unidentified
LM>---LM	unidentified

3）不同测量指标的路径系数参数的限制

将图 4.4 中测量指标的路径参数的限制改为将 LM2 的路径参数限制为 1，如图 4.9 所示，将自由参数变为固定参数，LM1 由固定参数变为自由参数。

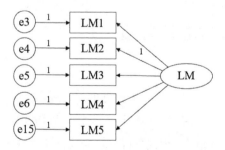

图 4.9 改变路径参数后的模型

点击"Calculate estimates"图像按钮，左侧模型中的数据由"XX：Default model"变为"OK：Default model"，表示验证模型可以顺利被识别。在未标准化估计模型中，误差上方的误差方差均为正数，即表示验证模型为违反模型识别规则。整体模型适配度的卡方值为 15.190，显著性 $P = 0.010 < 0.05$，拒绝原假设。$RMSEA = 0.062 < 0.080$，$AGFI = 0.969 > 0.900$，$GFI = 0.990 > 0.9$，表示适配合理，即假设的模型与观察变量数据有效契合。在标准化估计模型中，除了潜在变量对测量指标未标准化系数值不同,其余估计量均相同,如图 4.10 所示。

在标准化估计模型图 4.11 中,五个测量指标的因素负荷量(λ)分别为 0.45、0.63、0.52、0.64、0.66,信度指标(因素负荷量平方)分别为 0.20、0.40、0.28、0.41、0.44,因此五个测量变量能被其潜在变量解释的变异量介于 0.20 至 0.66 之间。由此可见,标准化估计模型图中的因数负荷量与信度指标均与界定测量变量 LM1 的路径系数等于 1 时完全相同。

因此,在验证模型中,潜在变量与其测量指标变量之间的路径系数 λ,需要将其中一个测量指标的路径参数限定为 1,限制任何一个指标变量均可,其模型中全部的参数与待估计的参数数目均一致,验证模型的标准化模型图均一致,整体适配度统计量也一样。

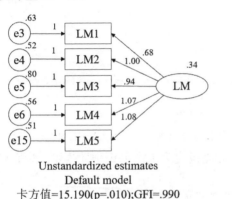

Unstandardized estimates
Default model
卡方值=15.190(p=.010);GFI=.990
RMSEA=.062;AGFI=.969

图 4.10　非标准化估计模型图

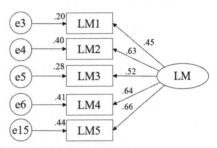

Standardized estimates
Default model
卡方值=15.190(p=.010);GFI=.990
RMSEA=.062;AGFI=.969

图 4.11　标准化估计模型图

4)误差变量的界定

测量变量并不能完全反映出潜在变量的变异,因此观察变量会有测量误差。验证模型中,反映潜在变量的所有观察变量均要设置误差变量,由于误差项也是潜在变量,没有测量单位,在模型估计中必须界定其路径系数值为 AMOS 内定值 1,亦可将其误差方差设定为 1,必须界定二者之一,才可顺利识别模型,否则模型无法识别。

在验证模型图 4.12 中,将原先的误差项 e3 的路径系数 1 删除,同时并未增列其误差方差值,则导致模型无法被识别。如图 4.12 所示,在"View Text"中,结果输出信息显示,模型的自由度为 4,为正数,表示验证模型过度识别,但由于模型参数界定有问题,模型仍无法识别(Unidentified),必须增列一个参数限制条件,才可辨识模型。

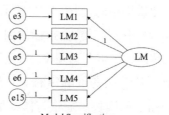

Model Specification
Most General Model
卡方值=\CMIN(p=\p);GFI=\GFI
RMSEA=\ RMSEA;AGFI=\AGFI

图 4.12　输出信息显示

Notes for Model (Default model)

Computation of degrees of freedom (Default model)

Number of distinct sample moments:　15
Number of distinct parameters to be estimated:　11
Degrees of freedom (15 - 11):　4

Result (Default model)

The model is probably unidentified. In order to achieve identifiability, it will probably be necessary to impose 1 additional constraint.

图 4.13　View Text

在"估计值"选项中,无法识别的路径系数是 LM1 ←e3,无法估计识别的方差是误差项 e1。将误差项的路径系数或者方差设定为 1 则可识别此模型,如表 4.3、表 4.4 所示。

表 4.3　Regression Weights

LM	
e3	
e4	
e5	unidentified
e6	
e15	

表 4.4　Variances

LM3 ←LM	
LM4 ←LM	
LM5 ←−LM	
LM1 ←e3	unidentified
LM1 ←LM	
LM2 ←LM	

误差变量的路径系数的界定与测量指标的路径系数的界定相同。

界定误差项的方差为 1 的操作:在误差项上按右键,选择"Object Properties"选项,或者双击要界定方差的误差项,开启对话框,如图 4.14 所示,在标签页"Parameters"中,在"Variance"下的方格中输入数值 1,按右上角的关闭按钮,即将测量误差项的方差固定为 1 的设置完成。如图 4.15 所示,表示此参数为固定参数,而非自由参数。

在误差变量的界定中,需要注意的是由于误差项的误差变量与其路径系数互为函数,两个参数值不能同时被界定,否则模型无法同时识别两个参数,只能界定其一,模型才可顺利识别。

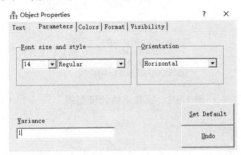

图 4.14　Object Properties

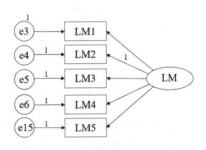

图 4.15　模型图(固定参数)

在计算估计值之后的非标准化估计值模型图中,模型的卡方值、GFI 值、RMSEA 值、AGFI 值均与之前的模型界定估计结果相同。在标准化估计值的模型图中,四个测量指标的因素负荷量及个别新都指标也和之前完全相同,如图 4.16、4.17 所示。

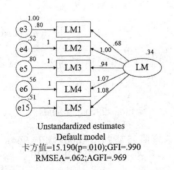

Unstandardized estimates
Default model
卡方值=15.190(p=.010);GFI=.990
RMSEA=.062;AGFI=.969

图 4.16　非标准化估计模型图

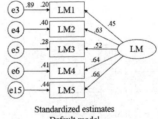

Standardized estimates
Default model
卡方值=15.190(p=.010);GFI=.990
RMSEA=.062;AGFI=.969

图 4.17　标准化估计模型图

(1)界定误差方差等于 1

AMOS 在增列观察变量的误差变量时,内定误差项的路径系数为 1,也可将误差项的参数设定改为设置方差为 1,但是一定要将原来设定的误差项的路径系数值等于 1 的参数删除,二者不可同时存在。

　　将误差项的方差设定为固定参数且值为 1,模型估计结果中,卡方值为 15.190,显著性 P=0.010,RMSEA=0.062,AGFI=0.969,GFI=0.990,同时,五个测量指标的因素负荷量为 0.45、0.63、0.52、0.64、0.66,与之前的模型估计结果完全相同。但是,在标准化估计模型图中会增列各项误差项对其测量指标变量的路径系数值(即标准化回归系数 β 值),如图 4.19、图 4.19 所示。

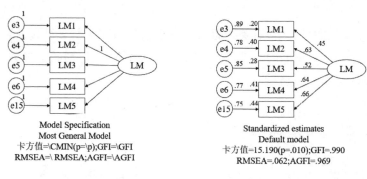

图 4.18　测量模型　　　　　　图 4.19　标准化估计模型图

　　(2)同时界定误差项的路径系数与方差

　　在验证模型中,同时界定误差项 e3 的路径系数与方差,均限制为 1,如图 4.21 所示,模型估计结果如图 4.22 所示,卡值为 57.824,显著性 P=0.000,RMSEA=0.127,AGFI=0.910,GFI=0.964,五个测量指标的因素负荷量为 0.33、0.63、0.53、0.64、0.67,与之前的模型估计结果完全不同。

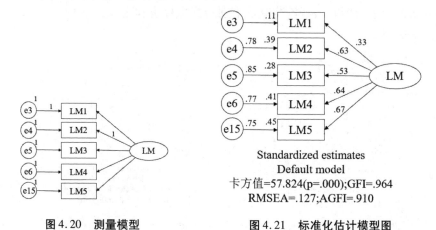

图 4.20　测量模型　　　　　图 4.21　标准化估计模型图

　　(3)误差项变量名的唯一性

　　在结构方程模型中,观察变量、观察变量的误差项、潜在变量的名称均不能重复出现,若以上任一变量名称有两个或两个以上变量名称相同,则计算估计值时会出现警告信息,模型无法估计。

如图 4.22 所示,变量名 LM1 重复出现两次,设置变量名称时不会出现错误提示,在点击"计算估计值"按钮之后,会出现"AMOS"对话窗口(图 4.23),窗口内出现警告语"There is more than one variable named 'lm1'.",告知研究者假设模型中有不止一个变量名称为 LM1 的变量,研究者需要开启"Object Properties"对话窗口,切换到"Text"标签页中,更改变量名称,即可顺利估计模型。

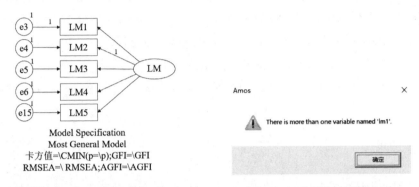

图 4.22　测量模型　　　　　　　　　图 4.23　变量名重复警告语

(4)潜在变量的名称与数据文件变量名不能相同

在 AMOS 中绘制假设模型时,潜在变量的名称无法同观察变量一样,直接从"Variables in Dataset"窗口中拖动变量至椭圆形的对象中(图 4.24),因为数据文件中的变量只作为测量指标变量或群组变量。潜在变量包括各测量模型中的因素构念、测量指标的测量误差、结构模型中的残差项,这些均为椭圆或圆形对象。

如图 4.25 所示,"Variables in Dataset"中的变量,有一变量名为"PAD",潜在变量的命名与之重复,因此在模型估计时会出现警告语"The observed variable,PAD,is represented by an ellipse in the path diagram."。

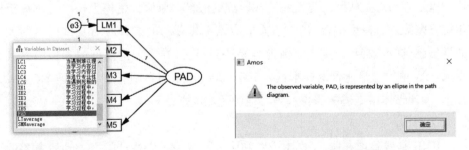

图 4.24　"Variables in Dataset"窗口　　　图 4.25　变量名重复警告语

需要将潜在变量名称重新界定,其名称为"LM"。在假设模型的绘制中,研究者将潜在变量或者测量误差项名称设定为与 SPSS 数据文件中的变量名称相同时,AMOS 并不会出现任何错误信息提示,在 AMOS 的操作中,要点击"Calculate estimate"计算估计值时才会出现相对应的警告语或错误提示。

5）验证模型参数标签名称的设定

在设定参数标签名称的测量模型时，若将参数标签名称设定为相同的文字符串，表示将两个参数限制为等同。将下列模型设定参数标签名称，首先在执行功能列"Plugins"下列表中选择"Name Parameters"程序，开启对话框"AMOS Graphic"，勾选"Covariances"（协方差）、"Regression weights"（回归系数）、"Variances"（方差）三个选项，按"OK"按钮就设定完成。使用原始文字，则参数 W 为回归系数，即因素负荷量，V 为方差，C 为协方差，模型中待估计的自由参数为 W、V、C 的个数之和。

6）适配度指标

适配度指标（goodness-of-fit indices）是检验假设的分析路径图与搜集的数据是否相互匹配，并非评价路径图的优劣。一个适配度完全符合评价标准的模型图不一定是一个有用的模型，只能说明研究者假设的模型图比较符合实际数据的现况。我们所讨论的模型适配，指的是假设理论模型与实际数据的一致性程度。各适配度指标说明如下：

（1）绝对适配统计量

①卡方值

卡方值（X^2）愈小表示整体模型的因果路径图与实际数据愈适配，一个不显著（P>0.05）的卡方值，表示模型的因果路径图与实际数据不一致的可能性较小，当值为 0 时，表示假设模型与观察数据十分适配。X^2 卡方拟合指数检验选定的模型协方差矩阵与观察数据协方差矩阵相匹配的假设。原假设是模型协方差阵等于样本协方差阵。若模型拟合得好，卡方值应该不显著。但卡方值对受试样本的大小非常敏感，样本数愈大，则卡方值愈容易达到显著，导致理论模型遭到拒绝的概率愈大。X^2 值检验最适合的样本数为 100～200，若是问卷调查法，通常样本数在 200 以上，因而整体模型适配需再参考其他的适配度指标。

②RMR

RMR 是残差均方根，是样本方差和协方差减去对应估计的方差和协方差的平方和的平均值的平方根。由于 RMR 值是一个平均残差的协方差，指标值很容易受到变量量尺单位的影响，常呈现数据大小不一的情形，因而没有一个绝对的门槛来决定其数值多少为可以接受的指标值。但就适配残差值的观点来看，模型要能被接受，RMR 值要愈小愈好，愈小的 RMR 值表示模型的适配度愈佳，一般而言，RMR

应该小于 0.05 为可接受值,RMR 越小,拟合越好。用于比较用同一数据测量的模型。

③RMSEA

RMSEA 是近似误差均方根,为一种不需要基准线模型的绝对性指标,其值愈小,表示模型的适配度愈佳,一般而言,当 RMSEA 的数值高于 0.10 时,则模型的适配度欠佳(poor fit);其数值在 0.08 至 0.10 之间则是模型尚可,具有普通适配(mediocre fit);在 0.05 至 0.08 之间表示模型良好,即有合理适配(reasonable fit);而如果其数值小于 0.05 表示模型适配度非常好(good fit)。与卡方值相较之下,RMSEA 值较为稳定,其数值的改变不易受样本数多寡的影响,因而在评价模型契合度时,RMSEA 值均比其他指标值为佳。在 AMOS 中,RMSEA 值小于 0.05,表示模型适配度佳,RMSEA 值在 0.05 至 0.08 间,表示模型适配度尚可。

④GFI

GFI 是拟合优度指数,范围在 0 和 1 间,其数值愈接近 1,表示模型的适配度愈佳,GFI 值愈小,表示模型的契合度差,但理论上能产生没有意义的负数。按照约定,要接受模型。GFI 值的一般判定标准为大于 0.90,表示模型路径图与实际数据有良好的适配度。在 SEM 分析中,GFI 值可认为是假设模型协方差可以解释观察数据协方差的程度。其特性有缺陷,如对样本大小依赖度高。

⑤AGFI

AGFI 为调整后适配度指数,调整后的 GFI 值不会受单位影响,其估计公式中,同时考虑到估计的参数数目与观察变量数,它利用假设模型的自由度与模型变量个数的比率来修正 CFI 指标。

⑥ECVI

ECVI 为期望跨效度指数(Expected Cross-Validation Index)。ECVI 值主要功能在于探究从同一总体中,抽取同样大小的样本数,检验同一个假设模型是否具有跨效度的效应(理论模型可以适配),它所测量分析的是所分析样本的适配协方差矩阵与从其他大小相同的样本所获得的期望协方差矩阵(expectedcovariance matrix)的差异值。因而 ECVI 值在模型整体适配度指标的评价上是一个有用的指标值。

在实际应用时,ECVI 值不像其他指标值,有一个固定的数值可供判别模型是否被接受,ECVI 值主要作诊断模型的复核效度用,常用于假设模型与独立模型(independence model)及饱和模型(saturated model)的比较。所谓独立模型是指假设所有变量完全独立,所有观察变量间彼此完全不相关,此种模型是限制最多的模型,又称为虚无模型(null model),表示此种模型在行为及社会科学领域中实际上是不存在的,是研究者所构拟的一个假设理论模型。所谓饱和模型是指待估计的参数完全等于观察变量间方差及协方差的数目。ECVI 值愈小,表示不同组样本间的一致性愈高,由于无法检验 ECVI 值的显著性,因而常用于不同模型间适配度的比较。ECVI 通常用于不同模型的选替,一般而言其值愈小愈好,但如果 ECVI 值不用于模型的选替之中,一般以下列方法来判断接受或拒绝模型,即理论模型的 ECVI 值小于饱和模型的 ECVI 值,且理论模型的 ECVI 值也小于独立模型的 ECVI 值时,就可接受理论模型,否则就应拒绝理论模型。另外一个辅助的判别是查阅 ECVI 值 90% 的置信区间,如果理论模型的 ECVI 值落入置信区间时,表示模型可以被接受。当一个假设模型具有良好的 ECVI 值,表示理论模型具有预测效度,即此假设模型能应用到不同的样本。

⑦NCP & SNCP

NCP 为非集中性参数(non - centrality paramcter),是一种替代性指标(alternative index),之所以归为替代性指标,是因为其对于模型契合度的检验并非针对假设模型导出的矩阵与真实数据所得矩阵是否相同的这一个虚无假设进行检验,由于观察数据本身是否能够反映真实变量的关系并无法确定,替代指标不再关注虚无假设是否成立,而是直接估计理论模型与由抽样数据导出的卡方值的差异程度。NCP 值的目的在减低样本数对 X^2 统计的影响。

NCP 与 SNCP 值的目标均在于使参数值最小化,其值愈大,表示模型的适配度愈差,当 NCP(SNCP)的值为 0 时,表示模型有完美的契合度,在 AMOS 报表中,也呈现 NCP 值 90% 的置信区间,若是此置信区间包含 0 值,表示模型有不错的适配度。由于 NCP(SNCP)两种指标值无统计检验准则作为判别依据,一般皆用于模型选替的时候,许多模型中 NCP(SNCP)值较小者,表示该理论模型较优。

(2)增值适配度统计量

增值适配度统计量通常是将待检验的假设理论模型与基准线模型的适配度相互比较,以判别模型的契合度。在 AMOS 输出的模型适配度摘要表中有一项为基准线比较(Baseline Comparisons)指标参数,其中包含五种适配度检验统计量,如表4.5 所示。

表4.5　Baseline Comparisons

Model	NFIDelta1	RFIrho1	IFIDelta2	TLIrho2	CFI
Default model	0.897	0.876	0.923	0.907	0.923
Saturated model	1.000		1.000		1.000
Independence model	0.000	0.000	0.000	0.000	0.000

① NFI

NFI 是规范拟合指数（Normed Fit Index）。NFI 值则是用来比较某个所提模型与虚无模型之间的卡方值差距，相对于该虚无模型卡方值的一种比值。变化范围在 0 和 1 间，1 表示完全拟合。按照约定，NFI 小于 0.90 表示需要重新设置模型。越接近 1 越好。

②IFI

IFI 为增值适配指数（Ineremental Fit Index）。TLI 指标用来比较两个对立模型之间的适配程度，或者用来比较所提出的模型与虚无模型之间的适配程度。非标准化指数 NNFI，又称为塔克尔-勒威斯指数 TLI，其数值介于 0（模型完全不适配）到 1（模型完全适配）之间，它是修正了的 NFI（把自由度或模型复杂度考虑在内，将自由度也作为模型复杂度的测量指标之一）。

③CFI

CFI 是比较拟合指数，CFI 指标值则是一种改良式的 NFI 指标值，它代表的意义是在测量从最限制模型到最饱和模型时，非集中参数的改善情形，并且以非集中参数的卡方分布（自由度为 k 时）及其非集中参数来定义。其值位于 0 和 1 之间。CFI 接近 1 表示拟合非常好，取值大于 0.90 表示模型可接受，越接近 1 越好。在 AMOS 中，直接呈现 TLI 值，在基准线比较（Baseline Comparisons）指标数值中，包括 NFI 值、RFI 值、IFI 值、CFI 值。

（3）简约适配统计量

①AIC & CAIC

AIC 为 Akaike 信息效标（Akaike Information Criteria），它试图把待估计参数个数考虑进评估模型适配程度的概念中，用来比较两个具有不同潜在变量数量模型的精简程度。AIC 值与 PNFI 值类似，在进行模型适配度检验时，其数值愈接近 0，表示模型的契合度愈高且模型愈简约。AIC 值的数值愈小表示模型的适配度愈佳，它的主要功能是用于数个模型之间的比较。与 AIC 指标相同性质的评价指标，还包括 BCC、BIC、CAIC 指标（Consistent Akaike Information Criterion，CAIC）。CAIC 指标是 AIC 指标的调整值。

CAIC 指标将样本大小的影响也考虑到计算中。在判断假设模型是否可以接受时，通常的原则是理论模型的 AIC 值必须比饱和模型以及独立模型的 AIC 值小；假设模型的 CAIC 值必须比饱和模型以及独立模型的 CAIC 值小。若在多个模型中进行选择，则应当选取 AIC 值/CAIC 值中最小者。其中有一点需要注意，使用 AIC 指标与 CAIC 指标时，样本的规模要在 200 以上，且数据要符合多变量正态分布，否则指标探究的结果缺乏可靠性。

②BIC

BIC 指标值愈接近 0,表示模型适配度愈佳且愈精简。在 AMOS 的模型适配度摘要表的 AIC 中,会呈现 AIC 值、BCC 值、BIC 值、CAIC 值,这些指标若用于检核单一模型适配度的好坏,一般判断的准则是理论模型(预设模型)的指标必须比饱和模型以及独立模型的指标小。在多个选替或竞争模型之间选择时,则其数值越小则模型越精简,如表 4.6 所示。

表 4.6　AIC

Model	AIC	BCC	BIC	CAIC
Default model	491.291	494.071	662.731	702.731
Saturated model	306.000	316.633	961.758	1114.758
Independence model	4030.406	4031.587	4103.268	4120.268

③PGFI

PGFI 为简约适配度指数(Parsimony Goodness-of-fit Index),其性质与 PNFI 指标值相同,PGFI 的值介于 0 与 1 之间,其值愈大,表示模型的适配度愈佳(模型愈简约)。判别模型适配的标准,PGFI 应该等于或大于 0.90,越接近 1 越好;PGFI 主要使用于不同自由度模型之间的比较,其值越小越好。一般皆采 PGFI 值大于 0.50 为模型可接受的范围。它是简效比率(PRATIO,独立模式的自由度与内定模式的自由度的比率)乘以 GFI。

④PNFI

PNFI 为简约调整后的标准适配指数(Parsimony-adjusted NFI)。PNFI 主要使用于不同自由度的模型之间的比较,其值愈高愈好。一般 PNFI 值越接近 1 越好,PNFI 值>0.50 作为模型适配度通过与否的标准,亦即 PNFI 值在 0.50 以上,表示假设理论模型是可以接受的。

⑤CN

CN 值为临界样本数(Critical N),在统计检验的基础上,要得到一个理论模型的适配的程度,所需要的最低的样本大小值。CN 值的作用是估计需要多少个样本才足够用来估计模型的参数与达到模型的适配度。即根据模型的参数数目,估计要产生一个适配度符合的假设模型时,所需的样本数为多少? 一般的判别标准或建议值是 CN 值≥200,当 CN 指标值在 200 以上时,表示该理论模型可以适当反映实际样本的性质。

在 AMOS 输出的模型适配度统计量中,CN 值的数据为 HOELTER 表格,HOELTER 栏的数据包括显著水平 α=0.05 及显著水平 α=0.01 时的数值,分别表示在

显著水平 $\alpha = 0.05$ 及 $\alpha = 0.01$ 时接受虚无假设模型是正确的最大样本数，HOELTER 数据中并没有提供检验显著水平 P。

综上所述，将模型适配度的评价指标及其标准整理如表 4.7 所示。

表 4.7 评价指标

指标	统计检验量	适配的标准或临界值
绝对拟合度	显著性概率 P	>0.05
	GFI	>0.9
	AGFI	>0.9
	RMSEA	<0.08（适配合理）<0.05（适配良好）
	RMR	<0.05
	SRMR	<0.05
	ECVI	理论模型的 ECVI 值小于独立模型的 ECVI 值，且小于饱和模型的 ECVI 值
	NCP	愈小愈好，90% 的置信区间包含 0
简约拟合度	PNFI	>0.5
	PGFI	>0.5
	PCFI	>0.5
	CN 值	>200
	NC 值	1–3（严谨），–5（宽松）
增值拟合度	NFI	>0.9 以上
	CFI	>0.9 以上
	RFI	>0.9 以上
	IFI	>0.9 以上
	TLI	>0.9 以上

4.1.3 验证模型的案例分析

1）问题的提出

研究选取大学生作为研究对象，研究在碎片化学习中注意力失焦的影响因素，采用李克特五点量表法填写问卷，有效样本最终为 537 个。研究者假设认知能力

(MCA)、学习动机(LM)、学习内容质量(LC)以及互联网(INET)四个潜在变量对注意力失焦问题存在直接影响。

研究者拟考察潜在变量与其各种观测变量之间的呼应关系,除此之外,还需考察两个潜在变量之间的相互关系。研究者根据模型与数据的拟合程度综合判断该维度的优劣,根据分析结果将未达显著性水平的题项删除,提高模型的拟合度。

2)验证模型的构建

绘制四个潜在变量的验证模型,并保存至文件夹中。在潜在变量之间绘制双箭头,即潜在变量之间需要拉相关,可以在绘图区域内从一个潜在变量的椭圆形边缘开始,按住鼠标左键拖拽至另一个潜在变量的椭圆形边缘,再抬起鼠标左键,一个双箭头绘制完成。在验证模型中,潜变量之间均需拉相关。也可通过 AMOS 菜单栏的"Draw Convariances"命令完成此操作,如图 4.26 所示。

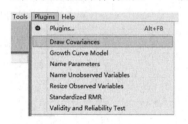

图 4.26 Plugins 功能列

步骤 1:点击图标"Slect data file(s)",打开对话框 Date Files,点击"File Name"按钮,打开数据文件,再点击"OK"按钮,将对话框关闭,便打开了数据文件夹。

步骤 2:点击"Analysis Properties"对话框,选择"Output"标签,并勾选"Minimization history""Standardized estimates""Modification indices"三个按钮,点击右上角的关闭按钮。这一步骤是为了要求 AMOS 软件在输出统计结果时提供想要的检验指标,若未勾选上述项目,则无法获取标准化估计值、模型修正指数等检验结果。因此,在模型构建中,这些项目必须勾选。

步骤 3:点击"Calculate estimates"图标按钮,执行统计运算。如果执行运算成功,则工作状态区的数据-模型转换按钮右侧的图标将会由原先无法点击的灰色变成可以点击的红色。此时,若点击右侧的按钮,便可从模型中直观地看到相关指标。

3)报表输出结果

在建立测量模型之后,按"Calculate estimates"计算估计值图形按钮之后,模型可以收敛识别,图 4.27 为未标准化估计模型图、4.28 为标准化估计模型图。

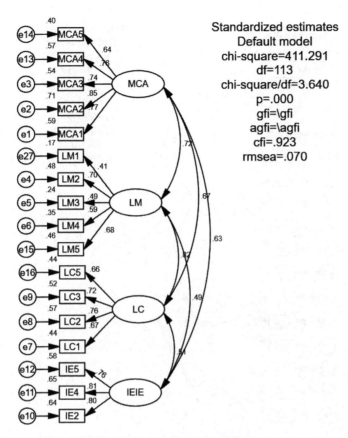

Standardized estimates
Default model
chi-square=411.291
df=113
chi-square/df=3.640
p=.000
gfi=\gfi
agfi=\agfi
cfi=.923
rmsea=.070

图 4.27　未标准化估计模型图

点击左侧的"View Text"按钮,即可查看模型运算后的报表数据,选择"Esti-mates"选项下的"Scales"查看参数估计值,选择"Model Fit"查看模型拟合度。模型适配度检验摘要如下。

(1)群组注解

测量模型为递归模型(单一箭头所指),样本观察值有 537 个。群组注解的名称因为没有修改,采用内定群组名称"Group number 1"。

Analysis Summary

Notes for Group (Group number 1)

The model is recursive.

Sample size=537

(2)变量摘要

模型中的变量总共有 38 个,观察变量(指标变量)有 17 个、潜在变量(无法观察)有 21 个,内因变量(观察变量)有 21 个、外因变量(4 个潜在变量加上 17 个误差变量)有 21 个,测量模型的指标变量为观察变量,这些指标变量又是内因变量

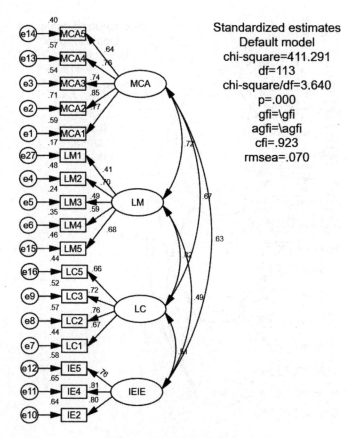

图 4.28　标准化估计模型图

（箭头所指的变量），因而为观察内因变量(observed endogenous variables)。

Your model contains the following variables (Group number 1)

Observed, endogenous variables

MCA1

MCA2

MCA3

LM2

LM3

LM4

LC1

LC2

LC3

IE2

IE4

IE5

MCA4

MCA5

LM5

LC5

LM1

Unobserved，exogenous variables（潜在内因变量）

MCA

e1

e2

e3

LM

e4

e5

e6

LC

e7

e8

e9

IEIE

e10

e11

e12

e13

e14

e15

e16

e27

Variable counts（Group number 1）

Number of variables in your model：38

Number of observed variables：17

Number of unobserved variables：21

Number of exogenous variables：21

Number of endogenous variables:17

(3)样本矩阵

下面的数据为样本数据导出的协方差矩阵(S 矩阵)、17 个指标变量间的相关矩阵。样本协方差矩阵的条件数目(Condition number)$S^{(g)}$ 是最大特征值除以最小特征值,如表 4.8 所示,样本协方差矩阵的条件数目为 6.740/0.250 = 26.922,样本相关矩阵对角线为变量的自相关,其相关系数均为 1.000。

表 4.8　Sample Covariances (Group number 1)

	IE2	IE4	IE5	LC1	LC2	LC3	LC5	LM1	LM2	LM3	LM4	LM5	MCA1	MCA2	MCA3	MCA4	MCA5
IE2	0.994																
IE4	0.687	1.018															
IE5	0.638	0.683	1.234														
LC1	0.439	0.368	0.476	0.871													
LC2	0.249	0.220	0.298	0.397	0.872												
LC3	0.203	0.179	0.290	0.362	0.539	0.877											
LC5	0.196	0.230	0.280	0.386	0.461	0.407	0.892										
LM1	0.069	0.023	0.119	0.134	0.199	0.256	0.205	0.792									
LM2	0.277	0.177	0.332	0.355	0.350	0.406	0.338	0.274	0.864								
LM3	0.196	0.187	0.241	0.255	0.295	0.299	0.270	0.164	0.344	1.102							
LM4	0.187	0.191	0.280	0.344	0.287	0.301	0.303	0.270	0.321	0.375	0.951						
LM5	0.333	0.262	0.353	0.400	0.358	0.319	0.287	0.228	0.379	0.330	0.410	0.911					
MCA1	0.361	0.341	0.469	0.355	0.324	0.285	0.292	0.138	0.316	0.215	0.266	0.369	0.849				
MCA2	0.413	0.377	0.574	0.399	0.326	0.305	0.335	0.120	0.400	0.169	0.292	0.359	0.612	0.940			
MCA3	0.314	0.325	0.441	0.402	0.311	0.281	0.353	0.112	0.367	0.233	0.287	0.409	0.504	0.588	0.966		
MCA4	0.360	0.297	0.491	0.422	0.318	0.282	0.265	0.092	0.446	0.206	0.283	0.411	0.480	0.617	0.558	0.965	
MCA5	0.239	0.215	0.411	0.359	0.386	0.362	0.382	0.165	0.413	0.262	0.354	0.396	0.449	0.511	0.472	0.520	1.078

Condition number = 27.276

Eigenvalues

6.423 1.714 1.192 0.892 0.749 0.636 0.611 0.570 0.510 0.492 0.441 0.403 0.383 0.349 0.299 0.275 0.236

Determinant of sample covariance matrix = 0.000

表 4.9　Sample Correlations（Group number 1）

	IE2	IE4	IE5	LC1	LC2	LC3	LC5	LM1	LM2	LM3	LM4	LM5	MCA1	MCA2	MCA3	MCA4	MCA5
IE2	1.000																
IE4	0.683	1.000															
IE5	0.576	0.610	1.000														
LC1	0.472	0.391	0.459	1.000													
LC2	0.268	0.233	0.287	0.456	1.000												
LC3	0.217	0.189	0.279	0.414	0.617	1.000											
LC5	0.208	0.241	0.267	0.438	0.522	0.460	1.000										
LM1	0.078	0.025	0.121	0.161	0.240	0.308	0.243	1.000									
LM2	0.299	0.188	0.322	0.410	0.404	0.467	0.385	0.332	1.000								
LM3	0.187	0.177	0.207	0.261	0.301	0.304	0.273	0.175	0.352	1.000							
LM4	0.193	0.194	0.259	0.378	0.315	0.329	0.329	0.311	0.354	0.366	1.000						
LM5	0.350	0.273	0.333	0.449	0.402	0.357	0.318	0.269	0.428	0.330	0.440	1.000					
MCA1	0.393	0.367	0.458	0.412	0.376	0.331	0.336	0.168	0.369	0.223	0.296	0.420	1.000				
MCA2	0.428	0.385	0.533	0.441	0.360	0.336	0.366	0.139	0.444	0.166	0.309	0.388	0.685	1.000			
MCA3	0.320	0.328	0.404	0.438	0.338	0.306	0.380	0.128	0.401	0.225	0.300	0.436	0.557	0.617	1.000		
MCA4	0.367	0.300	0.450	0.460	0.346	0.306	0.286	0.105	0.489	0.200	0.296	0.439	0.530	0.648	0.578	1.000	
MCA5	0.231	0.205	0.356	0.370	0.398	0.372	0.389	0.179	0.428	0.241	0.350	0.400	0.469	0.507	0.462	0.510	1.000

Condition number=26.922

Eigenvalues

6.740 1.758 1.207 0.953 0.829 0.683 0.649 0.578 0.568 0.516 0.450 0.430 0.391 0.383 0.329 0.284 0.250

Sample Means（Group number 1）

表 4.10　Sample Means（Group number 1）

	IE2	IE4	IE5	LC1	LC2	LC3	LC5	LM1	LM2	LM3	LM4	LM5	MCA1	MCA2	MCA3	MCA4	MCA5
	2.346	2.242	2.555	2.857	3.393	3.447	3.197	3.322	3.270	2.989	3.190	3.216	2.953	2.952	2.987	2.940	3.320

（4）参数摘要

模型中共有 34 个回归系数参数,其中 21 个是固定参数,13 个是待估计的参数。21 个固定参数中有 4 个是因素项,17 个是误差变量,参数值固定值为 1。待估计的协方差参数有 4 个,待估计的方差参数有 17 个,因而待估计参数有 9+3+15 = 27 个,这 27 个待估计的参数均未命名(因为测量模型中没有设定参数标签名称),加上 15 个固定回归系数,全部的参数有 15+27 = 42 个。若是对输出表格的符号或说明不清楚,使用者可在每个输出标题选项上按一下(出现超级链接手的符号),可开启相对应的参数说明窗口,如当鼠标移往"Parameter summary (Group number 1)"标题上,字形会变为蓝色并增列底线,鼠标变为超级链接的符号,按一下可开启"Summary of Parameters"(参数摘要)的说明窗口,如:"Fixed:parameters whose values are fixed at a constant value." "Labeled:parameters that are labeled." "Unlabeled:parameters that are neither fixed nor labeled. Suchparameters are free to take on any value. (Labeled parameters can also be free — a parameterthat has been associated with a unique label is free to take on any value.)"等。表中第一栏第一行中的"固定"(Fixed)是把参数的数值固定为某个常数项,第二行中的"标记"(Label)表示已加上注解的参数,第三行中的"未标记"(Unlabel)表示参数既不是固定参数也没有加上参数标签名称,这些参数是自由参数。若是 CFA 测量模型加上参数标签名称,则参数摘要表呈现如表 4.11 所示,表中"标记"行中的数字和表 4.11 中"Unlabeled"列的数字相同。

表 4.11　Parameter Summary (Group number 1)

	Weights	Covariances	Variances	Means	Intercepts	Total
Fixed	21	0	0	0	0	21
Labeled	0	0	0	0	0	0
Unlabeled	13	6	21	0	0	13
Total	34	6	21	0	0	61

(5)模型注解

模型注解中显示模型名称为预试模型(Default model),独特样本矩元素的数目即样本数据点数目,其数值 $= 1\backslash 2k(k+1) = 1\backslash 2(12)(12+1) = 170$,其中 k 为 CFA 模型观察变量的个数;模型中待估计的自由参数共有 57 个,模型的自由度等于 170−57 = 113,卡方值等于 411.291,显著性概率值 P = 0.000<0.05,但样本量大于 200,因此接受虚无假设,表示观察数据所导出方差协方差 S 矩阵与假设模型导出的方差协方差〉矩阵相等的假设获得支持,即假设模型图与观察数据适配。

【Notes for Model (Default model)】标题超级链接内容窗口表示最小化历程与单一模型有关,在单一模型中若是最小化历程已经完成,表示一个模型可以成功地适配。

Notes for Model (Default model)

Computation of degrees of freedom (Default model)

Number of distinct sample moments:170

Number of distinct parameters to be estimated:57

Degrees of freedom（170 − 57）:113

Result（Default model）

Minimum was achieved

Chi-square＝411.291

Degrees of freedom＝113

Probability level＝0.000

（6）参数估计值

以下标注说明,所有报表的参数估计值均是采用极大似然估计法估计所得。

Estimates（Group number 1 − Default model）

Scalar Estimates（Group number 1 − Default model）

Maximum Likelihood Estimates

表4.12为采用极大似然估计法所估计的标准化回归系数,在模型设定上将"MAC→MCA5""LM→LM5""LC→LC5""IEIE IE4"的未标准化回归系数设为固定参数值1,因此这四个参数不需要进行路径系数显著性检验,其标准误(S.E)、临界值(C.R)、显著性P值均空白。临界比值(critical ratio)等于参数估计值(Estimate)与估计值标准误(the standard error of estimate)的比值,相当于 t 检验值,如果此比值绝对值大于1.96,则参数估计值达到0.05显著水平,临界比值绝对值大于2.58,则参数估计值达到0.01显著水平。显著性的概率值若是小于0.001,则P值栏会以"＊＊＊"符号表示;显著性的概率值如果大于0.001,则P值栏会直接呈现其数值大小。路径系数估计值检验是判别回归路径系数估计值是否等于0,如果达到显著水平(P<0.05),表示回归系数显著不等于0。以"MAC→MCA4"为例,其非标准化路径系数估计值为1.127,估计值的标准误为0.078,临界比值等于$1.127 \div 0.078 = 14.449$,表示此路径系数显著不等于0。

表4.12　回归权重

影响关系			Estimate	S.E.	C.R.	P	Label
MCA5	←	MAC	1.000				
MCA4	←	MAC	1.127	0.078	14.472	＊＊＊	par_1
MCA3	←	MAC	1.097	0.077	14.175	＊＊＊	par_2
MCA2	←	MAC	1.242	0.079	15.630	＊＊＊	par_3
MCA1	←	MAC	1.069	0.073	14.595	＊＊＊	par_4
LM5	←	LM	1.000				

续表

影响关系			Estimate	S. E.	C. R.	P	Label
LM4	←	LM	0.894	0.076	11.709	* * *	par_5
LM3	←	LM	0.789	0.080	9.803	* * *	par_6
LM2	←	LM	0.996	0.075	13.316	* * *	par_7
LM1	←	LM	0.558	0.067	8.291	* * *	par_8
LC5	←	LC	1.000				
LC3	←	LC	1.076	0.079	13.699	* * *	par_9
LC2	←	LC	1.129	0.079	14.220	* * *	par_10
LC1	←	LC	0.995	0.077	12.920	* * *	par_11
IE5	←	IEIE	1.000				
IE4	←	IEIE	0.959	0.055	17.443	* * *	par_12
IE2	←	IEIE	0.941	0.054	17.357	* * *	par_13

在描绘假设模型时,如果假设模型图有增列参数标签名称,则【Label】(注解)栏会呈现设定的参数标签名称。假设的模型图中有无界定参数标签名称并不影响参数估计结果,文字浏览输出报表中数字均相同,唯一的差别只有在【Label】栏,第一个会呈现内定的参数标签名称(par_1、par_2、par_3…),第二个会呈现研究者界定的参数标签名称。

Standardized Regression Weights 为标准化回归系数,在验证性因素分析中也称为因素加权值(factor weights)或因素负荷量(factor loading),标准化的路径系数代表的是共同因素对测量变量的影响(表 4.13)。以"MAC→MCA4"为例,其标准化的回归系数值为 0.757,表示潜在因素对测量指标 MCA4 的直接效果值为 0.757,其预测力为 $0.757 * 0.757 = 0.573$。标准化的回归系数是由变量转化为标准分数(z 分数)后计算出来的估计值,从因素负荷量的数值可以了解测量变量在各潜在因素的相对重要性。因素负荷量值介于 0.40 至 0.95 之间,表示模型的基本适配度良好,因素负荷量值愈大,表示指标变量能被构念解释的变异性愈大,指标变量能有效反映其要测得的构念特质。

表 4.13 标准化回归权重

影响路径			Estimate
MCA5	←	MAC	0.636
MCA4	←	MAC	0.757

续表

影响路径			Estimate
MCA3	←	MAC	0.737
MCA2	←	MAC	0.846
MCA1	←	MAC	0.766
LM5	←	LM	0.679
LM4	←	LM	0.595
LM3	←	LM	0.487
LM2	←	LM	0.695
LM1	←	LM	0.407
LC5	←	LC	0.661
LC3	←	LC	0.718
LC2	←	LC	0.756
LC1	←	LC	0.666
IE5	←	IEIE	0.765
IE4	←	IEIE	0.808
IE2	←	IEIE	0.802

变量(因素)之间的协方差估计值,如果协方差检验结果显著不等于0,表示变量间有显著的共变关系,两个变量的协方差达到显著,表示两者的相关系数达到显著。变量"LM"与"MAC"的协方差为0.308,协方差的标准误估计值为0.034(表4.14),临界比值为9.019,达到0.05的显著水平,两个变量间的相关系数为0.720。"LC"与"LM"两个变量间的相关系数为0.821,"LC"与"IEIE"两个潜在变量间的相关系数为0.507,"LC"与"MAC"两个变量间的相关系数为0.671,"MAC"与"IEIE"两个变量间的相关系数为0.626,"LM"与"IEIE"两个变量间的相关系数为0.490,"LM"与"MAC"两个变量间的相关系数为0.720,均达到显著水平(表4.15)。

表4.14　变量间影响路径

影响路径			Estimate	S. E.	C. R.	P	Label
MAC	↔	LM	0.308	0.034	9.019	＊＊＊	par_14
MAC	↔	LC	0.277	0.032	8.736	＊＊＊	par_15
IEIE	↔	MAC	0.351	0.039	8.925	＊＊＊	par_16

续表

影响路径			Estimate	S. E.	C. R.	P	Label
LM	↔	LC	0.333	0.035	9.523	* * *	par_17
IEIE	↔	LM	0.270	0.036	7.500	* * *	par_18
IEIE	↔	LC	0.269	0.035	7.779	* * *	par_19

表 4.15　变量间相关关系

影响路径			Estimate
MAC	↔	LM	0.720
MAC	↔	LC	0.671
IEIE	↔	MAC	0.626
LM	↔	LC	0.821
IEIE	↔	LM	0.490
IEIE	↔	LC	0.507

　　表 4.16(Variances)是 4 个潜在因素与 17 个误差变量的测量残差变异量估计值,后者即 17 个测量指标的测量误差。4 个潜在因素与 17 个测量指标的测量误差值均为正数且达到 0.05 显著水平,其变异量标准误估计值(S. E.)均很小,其数值介于 0.024 ~ 0.074,表示无模型界定错误的问题。估计参数中没有出现负的误差变异量且标准误估计值均很小,表示模型的基本适配度良好。SEM 模型检验结果若出现负的误差方差,会出现以下的警告信息:The following variances are negative. 方差中出现负值表示模型界定有问题,此时 CFA 测量模型应重新界定,尤其是参数的限制部分可能要放宽,或移除被限制参数。

表 4.16　变量参数估计

变量	Estimate	S. E.	C. R.	P	Label
MAC	0.436	0.056	7.845	* * *	par_37
LM	0.420	0.052	8.119	* * *	par_38
LC	0.390	0.049	7.989	* * *	par_39
IEIE	0.722	0.074	9.701	* * *	par_40
e1	0.642	0.043	15.026	* * *	par_41
e2	0.411	0.030	13.672	* * *	par_42
e3	0.442	0.032	13.995	* * *	par_43

续表

变量	Estimate	S. E.	C. R.	P	Label
e4	0.268	0.024	11.322	＊＊＊	par_44
e5	0.351	0.026	13.519	＊＊＊	par_45
e6	0.490	0.037	13.192	＊＊＊	par_46
e7	0.615	0.043	14.380	＊＊＊	par_47
e8	0.841	0.055	15.253	＊＊＊	par_48
e9	0.446	0.035	12.889	＊＊＊	par_49
e10	0.661	0.042	15.663	＊＊＊	par_50
e11	0.502	0.036	13.944	＊＊＊	par_51
e12	0.425	0.033	13.029	＊＊＊	par_52
e13	0.374	0.031	12.168	＊＊＊	par_53
e14	0.485	0.035	13.879	＊＊＊	par_54
e15	0.512	0.043	12.043	＊＊＊	par_55
e16	0.353	0.034	10.541	＊＊＊	par_56
e17	0.355	0.033	10.786	＊＊＊	par_57

　　表 4.17 数据为观察变量(测量变量)的多元相关的平方,与复回归中的 R^2 性质相同,表示个别观察变量(测量指标)被其潜在变量解释的变异量,此解释变异量的数值也就是个别测量变量的信度系数。以测量指标"IE2"为例,其 R^2 值等于0.643,表示潜在变量"IEIE"可以解释测量指标"IE2"64.3%的变异量,无法解释的变异量(误差变异量)为 1−0.643＝0.357。模型中各误差变量除具有误差变异量成分外,也包含了随机误差(random error),因而多元相关平方值被视为信度的最小界限估计值。模型中个别测量指标的信度值若高于 0.50,表示模型的内在质量检验良好。

表 4.17　观察变量的多元相关的平方

变量	Estimate
IE2	0.643
IE4	0.653
IE5	0.585
LC1	0.444
LC2	0.571

续表

变量	Estimate
LC3	0.515
LC5	0.437
LM1	0.165
LM2	0.483
LM3	0.237
LM4	0.354
LM5	0.462
MCA1	0.587
MCA2	0.715
MCA3	0.543
MCA4	0.574
MCA5	0.404

4)模型拟合度结果

模型适配度参数会提供预设模型(Default model)、饱和模型(Saturated model)与独立模型(Independence model)的数据,在模型适配度参数判别上以预设模型列的参数为准。预设模型的参数个数共有 57 个,卡方值(CMIN 栏)为 411.291,模型的自由度为 113,显著性概率值 P = 0.000<0.05,未达显著水平,接受虚无假设,卡方自由度比值(CMIN/DF)为 3.640(411.291/113 = 3.640),卡方自由度比值 3.640<5.000,表示模型的适配度可接受(表 4.18)。CMIN 为最小差异值(minimum discrepancy),最小差异值为没有限制的样本协方差矩阵 S 与限制协方差矩阵 E(0)间的差异或不一致,它是一种概似比的检验统计量,此检验统计量为卡方值(χ^2),其数值等于(N-1)F_{MIN},自由度等于 1/2(k)(k+1)-t,k 是观察变量的数目,t 是待估计的参数数目。模型检验的虚无假设 H_0:$\sum$ =(θ)或 H_0:$\sum$ - $\sum$ (θ)= 0,如果卡方检验结果不显著(P>0.05),则接受虚无假设,表示假设模型与样本数据可以适配。

由于卡方值易受到样本数大小的影响,当样本数较大时,卡方值相对地会变大,显著性概率值 P 会变小,容易出现假设模型被拒绝的情形,必须进行模型修正才能有效适配样本数据。因而如果在大样本的情况下,判断假设模型与样本数据是否适配,除参考 CMIN 值外,也须考虑到其他适配度统计量(表 4.19)。

表 4.18 CMIN

Model	NPAR	CMIN	DF	P	CMIN/DF
Default model	57	411.291	113	0.000	3.640
Saturated model	170	0.000	0		.
Independence model	34	3996.406	136	0.000	29.385

模型适配度指标中的 RMR 值等于 0.057>0.050,GFI 值等于 0.916>0.900,AGFI 值等于 0.886 >0.850,PCFI 值等于 0.676>0.500,除 RMR 外,其余均达到模型可以适配的标准。GFI 值与 AGFI 值通常被视为绝对适配指标(Absolute Indexes of Fit)。上述 PGFI 值与之后的 AGFI 值可由饱和模型的参数个数(170)、预设模型的自由度(113)及 CFI 值导出(表 4.19)。

表 4.19 RMR,GFI

Model	RMR	GFI	AGFI	PGFI
Default model	0.057	0.916	0.886	0.676
Saturated model	0.000	1.000		
Independence model	0.333	0.313	0.227	0.278

如表 4.20 所示,表中呈现了各种基准线比较(Baseline Comparisons)估计量,AMOS 输出的基准线比较适配统计量包括 NFI、RFI、IFI、TLI、CFI 五种。模型适配度指标中的 NFI 值等于 0.897>0.850,RFI 值等于 0.876>0.850,IFI 值等于 0.923>0.900,TLI 值等于 0.907>0.900,CFI 值等于 0.923>0.900,均符合模型适配标准,表示假设理论模型与观察数据的整体适配度佳。TLI 值、NFI 值与 CFI 值一般的判别标准是>0.900 为最佳,>0.85 为可接受,一个适配良好的假设模型,在大样本情况下,其 TLI 值、NFI 值与 CFI 值最好接近 0.95。

表 4.20 Baseline Comparisons

Model	NFIDelta1	RFIrho1	IFIDelta2	TLIrho2	CFI
Default model	0.897	0.876	0.923	0.907	0.923
Saturated model	1.000		1.000		1.000
Independence model	0.000	0.000	0.000	0.000	0.000

NFI 值 = 1 - (预设模型 X^2 值÷独立模型 X^2 值) = 1 - (411.291/3996.406) =

0.897。TLI = NNFI = (独立模型 CMIN/DF - 预设模型 CMIN/DF)/(独立模型 CMIN/DF-1) = (29.385-3.640)/(29.385-1) = 0.907。

表 4.21 为简约调整后的测量值(Parsimony-Adjusted Measures),PRATIO 栏为简约比(parsimony ratio),为计算简约 NFI 值与简约 CFI 值时使用,PRATIO 栏的值等于预设模型的自由度除以独立模型的自由度,为 113/136 = 0.831。PNFI 值 = 简约比 * NFI 值 = 0.831 * 0.897 = 0.745;PCFI 值 = 简约比 * CFI 值 = 0.831 * 0.923 = 0.767。此处的 PNFI 值等于 0.745,PCFI 值等于 0.67,均大于模型可接受的要求值 0.500。在模型适配度判别方面,基准线比较量的临界点数值为 0.900 以上,而基本简约指标值(PCFI、PNFI、PCFI)临界点为 0.500 以上。

表 4.21 Parsimony-Adjusted Measures

Model	PRATIO	PNFI	PCFI
Default model	0.831	0.745	0.767
Saturated model	0.000	0.000	0.000
Independence model	1.000	0.000	0.000

表 4.22 中的 NCP 为非中心性参数(Noncentrality parameter),是评量估计参数偏离程度的指标。如果假设模型不正确:$\sum \neq \sum(\theta)$,则呈现非集中化的卡方分布和非集中化的参数。非集中化的参数是个固定参数,和模型自由度关系密切,$\sum$ 与 $\sum(\theta)$ 差异愈大,非集中化的参数值差异愈大,则模型是个适配不佳(badness of fit)的模型。例子中的 NCP 值为 298.291,其 90% 的置信区间为[240.075,364.090],区间值未包含 0,表示 NCP 估计值未达 0.10 的显著水平。

表 4.22 NCP

Model	NCP	LO 90	HI 90
Default model	298.291	240.075	364.090
Saturated model	0.000	0.000	0.000
Independence model	3860.406	3657.775	4070.313

如表 4.23 所示,FMIN 为最小差异值函数(minimum discrepancy function)。例子中的 FMIN 值等于 0.767,此值为"最小差异值",FO 为总体差异函数值,其 90% 的置信区间为[0.448,0.679],此数值愈接近 0 表示理论模型与实际数据的适配度愈佳。最小差异值 FMIN 乘(N-1)就是卡方值。

表 4.23　FMIN

Model	FMIN	FO	LO 90	HI 90
Default model	0.767	0.557	0.448	0.679
Saturated model	0.000	0.000	0.000	0.000
Independence model	7.456	7.202	6.824	7.594

RMSEA 为渐进残差均方和平方根(Root Mean Square Error of Approximation),其值愈小,表示模型的适配度愈佳,此处 RMSEA 值等于 0.070 大于 0.50(模型可以接受的标准)、小于 0.08。RMSEA 值一般的判别标准为:<0.05 时表示模型适配度佳;<0.08 时表示有合理的近似误差存在,模型适配度尚可;介于 0.08 至 0.10 时,模型适配度普通;>0.10 时表示模型适配度不理想。学者 Hu 与 Bentler(1999)提出一个判别的依据,如果 RMSEA 值<0.06,表示假设模型与观察数据的适配度良好,但要注意的是如果是小样本,RMSEA 值和 TLI 值估计结果倾向于过度拒绝真实总体模型(表 4.24)。

表 4.24　RMSEA

Model	RMSEA	LO 90	HI 90	PCLOSE
Default model	0.070	0.063	0.078	0.000
Independence model	0.230	0.224	0.236	0.000

AIC 为 Akaike 信息效标(Akaike information criterion),其值愈小表示模型的适配度愈佳且愈精简。AIC 值主要用于判断理论模型所要估计的参数数目是否精简,常用于数个模型的比较。表中列出四个判断值 AIC、BCC(Brown-cudeck criterion)、BIC(Bayes information criterion)、CAIC(Consistent AIC),四个类似的 AIC 指标值通常用于多个模型的跨效度(cross-validate)或复核效度的比较,若是作为单一模型适配度的判别,则模型的 AIC 指标值要小于饱和模型与独立模型的 AIC 指标值。范例中四个 AIC 指标值中的预设模型数据均小于饱和模型的数据与独立模型的数据,表示假设模型可以被接受(图 4.25)。

表 4.25　AIC

Model	AIC	BCC	BIC	CAIC
Default model	491.291	494.071	662.731	702.731
Saturated model	306.000	316.633	961.758	1114.758
Independence model	4030.406	4031.587	4103.268	4120.268

ECVI 为期望跨效度指数(expected cross-validation index),其 90% 的置信区间为[0.808,10.39]。MECVI 值=BCC(Brown-cudeck criterion)值÷(观察组个数-组数)。表 4.26 中的 ECVI 值=0.917。一个可接受的假设理论模型,预设模型的 ECVI 值最好同时小于独立模型与饱和模型的 ECVI 值。ECVI 值=AIC/(N -1)。

如果进行多个模型的竞争比较,则应挑选 ECVI 值较小的模型,因其较能与观察数据契合,若是进行单一模型适配度的检验,一个可以被接受的模型其预设模型的 ECVI 值应同时小于独立模型的 ECVI 值与饱和模型的 ECVI 值。

表 4.26　ECVI

Model	ECVI	LO 90	HI 90	MECVI
Default model	0.917	0.808	1.039	0.922
Saturated model	0.571	0.571	0.571	0.591
Independence model	7.519	7.141	7.911	7.522

表 4.27 中,HOELTER 为 Hoelter's Critical N,在 0.05 显著水平时,CN 值=181<200;在 0.01 显著水平时,CN 值=197<200,因此,均未达到模型可适配标准,此模型需要修正。

表 4.27　HOELTER

Model	HOELTER0.05	HOELTER0.01
Default model	181	197
Independence model	23	24

表 4.27 中值在自由度为 113 时,其数值等于 411.291,显著性概率值 P=0.000<0.05,已达到 0.05 显著水平,但由于样本量大于 200 接受虚无假设,因此研究者所提的"碎片化学习中注意力失焦"的因素假设模型与实际数据可以契合。再从其他整体适配度指标来看,卡方自由度比值为 3.640<5.000,RMSEA 值等于 0.07<0.08,RMR 值等于 0.057>0.050,GFI 值等于 0.916,AGFI 值等于 0.886,NFI 值等于 0.897,TFI 值等于 0.907,CFI 值等于 0.923,IFI 值等于 0.923,RFI 值等于 0.876,均大于 0.85 或 0.900。PCFI 值等于 0.767,PNFI 值等于 0.745,均大于 0.500,可见整体模型的适配度较理想。

表 4.28　验证模型拟合度指标

指标	统计检验量	适配的标准或临界值	检验结果数据	模型适配度判断
绝对拟合度	显著性概率 P	P>0.05	3.640	是
	RMSEA	<0.08	0.07	是
	GFI	>0.9	0.916	是
	AGFI	>0.9	0.886	是
简约拟合度	PNFI	>0.5	0.745	是
	PGFI	>0.5	0.676	是
	PCFI	>0.5	0.767	是
	CN 值	>200	181	否
	NC 值	1~3(严谨),~5(宽松)	3.640	是
增值拟合度	NFI	>0.9	0.831	否
	CFI	>0.9	0.923	是
	RFI	>0.9	0.876	否

根据表 4.28 所示,得出该测量模型的模型检验结果如下:

①"注意力失焦"验证性因素分析模型的基本适配度标准均达到检验标准,表示估计结果的基本适配度交好,没有违反模型辨认规则。

②在整体模型适配度的检验方面,绝对适配指标、增值适配指标与简约适配指标统计量中,所有适配指标值均达模型可接受的标准,在自由度等于 113 时,模型适配度的卡方值等于 411.291,因为该研究的样本量大于 200,因此无须报告概率相关性,研究者所提的理论模型与实际数据可以契合。整体而言,研究者所提的"注意力失焦"验证性因素分析模型与实际观察数据的适配情形良好,即模型的外在质量佳,测量模型的收敛效度佳。

③CFA 测量模型中没有观察变量横跨两个因素构念的情形,原先建构的不同测量变量均落在预期的因素构念上,表示测量模型具有良好的区分效度。

4.2　路　径　模　型

4.2.1　路径分析模型的概述

路径模型是解释几个观察变量之间复杂数量关系的一种方法。这是最简单的 SEM 模型,模型中只有观察变量,进行了两次以上的回归,因此也是回归模型的拓展。在涉及多变量的时候,我们希望从不同的变量中找出它们的因果关系。路径分析的主要工具是路径图,它采用一条带箭头的线(单箭头表示变量间的因果关系,双箭头表示变量间的相关关系)表示变量间预先设定的关系,箭头表明变量间的关系是线性的,很明显,箭头表示因果关系发生的方向。在路径图中,观测变量一般写在矩形框内,不可观测变量一般写在椭圆框内。

路径图可以写成方程的形式表示,等同于普通的多元回归方程,多元回归方程是因果关系模型的一种,但这是一种比较简单的因果关系模型,所有自变量对因变量的影响并列存在,它仅包含一个环节的因果关系。路径分析的优点是:它可以容纳多环节的因果结构,通过路径图把这些因果关系更明确地描述出来,据此开展更深入的研究,如比较各种因素之间的相对重要程度,计算变量与变量之间的直接与间接影响。

在 SEM 分析模型中,当各潜在变量均只有因果观察变量或测量指标时,则所有的观察变量都能百分之百地解释其潜在变量的变异,因此其测量误差为 0。在潜在变量间的结构模型中,若均只有一个观察变量,即为路径分析或径路分析。传统回归取向的路径分析只能研究对路径系数的影响是否达到显著,而无法对整体路径分析的模型作整体契合度检验,此外,也无法有效估计其测量误差。若以变量的属性来区分路径分析,其模型有两种:一是传统的路径分析,二是融合了传统的路径分析与验证性因素分析的测量模型。

传统的路径分析模型中,所有的变量均为观察变量,这些观察变量通常是问卷量表中各题项分数的总和,并非单一题项,此种 SEM 的路径分析称为观察变量路径分析(Path Analysis With Observed Variables;PA-OV 模型),不包含任何潜在变量的结构方程模型。

结合了传统的路径分析与验证性因素分析的测量模型的路径分析,在此路径模型中,同时包含了观察变量和潜在变量,因此,其同时具备了测量模型和结构模型的性质。如果在模型中,以观察变量为因变量,潜在变量为果变量,成为形成性指标,此种包括潜在变量的路径分析称为潜在变量路径分析(Analysis With Latent Variables;PA-LV 模型)。PA-LV 模型整合了形成性指标(Formative Indicators)与反映性指标(Reflective Indicators),不仅可以进行潜在变量与其他指标变量所构成的测量模型的估计,还可以进行变量间路径分析的检验。

路径分析模型是假定每个概念变量可由单一测量指标来权衡而没有误差,即测量每一个变量时没用测量误差,或者界定每一个变量的操作型定义时没有界定误差的存在,也就是每一个测量都被视为对其唯一对应的潜在理论变量的精准呈现。在观察变量的路径模型中,每个潜变量均只有一个观察变量,此观察变量是指一个完整的构面,而不是单项题项,测量指标能百分之百地代表其潜在变量的变异量,测量误差为0。

PA-OV 模型的路径分析中有两种不同的类型,分别为递归模型和非递归模型。两者之间的区别如表4.29 所示,以路径图的方式说明两者的区别,如图 4.29所示。二者的区别主要在于递归模型的残差间并未假设有相关存在,而非递归模型的残差间有相关存在,或者是变量间存在回溯关系。

表 4.29　递归模型与非递归模型的差别

模型类型	残差之间是否具有残差相关	变量之间有无回溯关系
递归模型	无	无
非递归模型	有	有

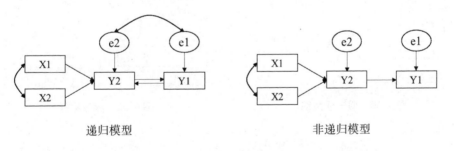

递归模型　　　　　　　　　　　　　非递归模型

图4.29　递归模型与非递归模型的区别——以路径图表示

4.2.2　AMOS Graphics 的应用

在大学生碎片化学习中注意力失焦影响因素研究中,根据相关的理论和文献研究,此研究主要对碎片化学习中研究生注意力失焦的现状以及影响因素进行调查,研究者设想,认知能力(MCA)、学习动机(LM)、学习内容质量(LC)以及互联网

(INET)四个维度对大学生碎片化学习中"注意力失焦"会产生影响,均有直接影响效果,其所提出的路径分析假设模型如图 4.30 所示。利用注意力分散、思维游荡和社交媒体吸引三个维度来测量大学生在碎片化学习中产生的注意力失焦问题。其所提出的路径模型如图 4.32 所示。本研究选取大学生为研究对象,一共收集了有效样本 537 份。

　　路径分析假设模型图绘制于 AMOS Graphics 应用软件中。内因变量"注意力失焦"要设定残差变量或独立变量(Unique Variable),残差项之间的回归系数设定为 1。四个外因变量"认知能力(MCA)""学习动机(LM)""学习内容质量(LC)"以及"互联网(INET)"彼此之间有相关,要使用双箭头绘制变量间的关系,在路径分析中,所有的外因观察变量要以"描绘共变"⇔图形建立双箭头关联,否则模型估计会提示错误信息。

　　增列路径分析假设模型图的参数标签名称:执行"Plugins"(增列)/"Name Parameters"(参数命名),开启"Amos Graphic"对话窗口,勾选"Convariances"(协方差)、"Regression Weights"(回归系数)、"Variances"(方差)三个选项,如图 4.31所示。

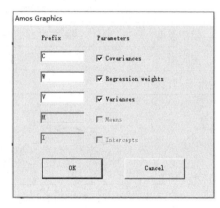

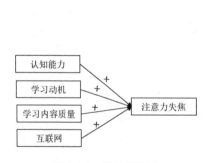

图 4.30　假设模型图　　　　　　图 4.31　参数标签

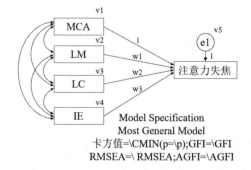

图 4.32　路径模型

由上述路径分析图可知,待估计的协方差有 6 个,回归系数有 3 个,方差有 5 个,自由参数数目:6+3+5＝14 个。

4.2.3　执行结果

按"Calculate Estimates"计算估计值图形按钮,模型为过度识别模型,因此路径图可以识别。非标准化估计值的模型图如图 4.33 所示,四个外因变量间关系的数值为两者的协方差,四个外因变量及一个残差变量旁的数值为其方差,单箭头旁的数值为非标准化的回归系数,作为内因变量的观测变量无法估计其方差。

图 4.34 为标准化估计模型图,四个外因潜在变量间的数值为相关系数。单箭头方向路径系数为标准化回归系数,也就是直接效果值,内因变量旁的数值为多元相关系数的平方,是预测变量对校标变量的联合解释变异量。"认知能力(MCA)""学习动机(LM)""学习内容质量(LC)"以及"互联网(IE)"四个变量可联合解释"注意力失焦"变量 56% 的变异量。四条路径的回归系数均为正数,表明对外因变量的影响均为正,与初始建构的路径假设模型图的符号相同。

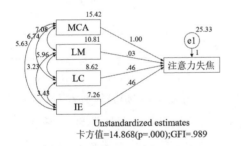

图 4.33　未标准化估计模型图

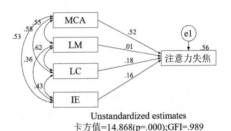

图 4.34　标准化估计模型图

1)报表输出结果

采用极大似然法估计各路径系数,四个路径直接效果的路径系数均达显著。回归加权表(表 4.30)中的估计值(Estimate)是非标准化的回归系数值,估计值的标准误为 S. E.,估计值与估计值的标准误的比值为临界比值(C. R.),临界比值的绝对值需大于 1.96,估计值达到 0.05 显著水平,如果显著性小于 0.001,则呈现"＊＊＊"的符号,否则将直接显示 P 值。

表 4.30 回归权重

影响路径			Estimate	S. E.	C. R.	P	Label
注意力失焦	←	LM	0.115	0.087	1.324	＊＊＊	W2
注意力失焦	←	LC	0.576	0.101	5.683	＊＊＊	W3
注意力失焦	←	IE	0.591	0.095	6.191	＊＊＊	W4
注意力失焦	←	MCA	0.707	0.075	9.366	＊＊＊	W1

如表 4.31 所示,标准化回归加权值(Standardized Regression Weights)为标准化的回归系数值(β 值),标准化回归系数值即变量间的路径系数,此路径系数为标准化直接效果值。四个路径系数值均达 0.05 的显著水平,四条路径系数的 β 值均为正数,表示其对效标变量直接影响效果为正向。

表 4.31 标准化回归权重

影响路径			Estimate
注意力失焦	←	LM	0.052
注意力失焦	←	LC	0.233
注意力失焦	←	IE	0.219
注意力失焦	←	MCA	0.382

协方差摘要表显示的是认知能力(MCA)、学习动机(LM)、学习内容质量(LC)以及互联网(INET)四个外因变量间的协方差估计值及其显著性检验。"学习内容质量(LC)"与"认知能力(MCA)"间的协方差为 6.742,协方差的估计标准误为 0.577,临界比值为 11.690,两者间相关达到 0.001 显著水平,其余外因变量间的相关均达到 0.001 的显著性水平(表 4.32)。

表 4.32 变量间影响路径

影响路径			Estimate	S. E.	C. R.	P	Label
MCA	↔	LM	7.082	0.636	11.135	＊＊＊	C1
MCA	↔	LC	6.742	0.577	11.690	＊＊＊	C2
MCA	↔	IE	5.628	0.518	10.871	＊＊＊	C3
LM	↔	LC	5.961	0.490	12.167	＊＊＊	C4
LC	↔	IE	3.427	0.372	9.203	＊＊＊	C5
LM	↔	IE	3.227	0.407	7.923	＊＊＊	C6

相关系数摘要表 4.33 显示的是认知能力(MCA)、学习动机(LM)、学习内容质量(LC)以及互联网(INET)四个外因变量间的积差相关。"MCA"与"LM"间的相关为 0.549,"MCA"与"LC"间的相关为 0.585,"MCA"与"IE"间的相关为 0.532,三个相关系数均达 0.001 显著水平(相关系数显著性的检验由表 4.33 判别,当两个变量的协方差估计值达到 0.05 显著水平,则两个变量的相关即达到 0.05 显著水平),两个外因变量间的共变关系达到显著,表示两者的相关系数显著不等于 0,四个外因变量间呈现显著的中度正相关。

表 4.33　变量相关关系

影响路径			Estimate
MCA	↔	LM	0.549
MCA	↔	LC	0.585
MCA	↔	IE	0.532
LM	↔	LC	0.618
LC	↔	IE	0.433
LM	↔	IE	0.364

方差摘要表 4.34 为五个外因变量的方差估值、估计值的标准误、显著性检验的临界比。五个外因变量的方差检验的 P 值均小于 0.001,表示 MCA、LM、LC、IE四个外因变量,e1 残差项变量的方差在总体中显著不等于 0。

表 4.34　变量参数估计

变量	Estimate	S. E.	C. R.	P	Label
MCA	15.418	0.942	16.371	***	V1
LM	10.810	0.660	16.371	***	V2
LC	8.616	0.526	16.371	***	V3
IE	7.262	0.444	16.371	***	V4
e1	24.632	1.505	16.371	***	V5

表 4.35 为结构方程式的多元相关系数的平方,即复回归分析中的决定系数(R^2),表示"注意力失焦"内因变量能被其外因变量解释的变异量百分比,结构方程式的多元相关系数平方(R)为 0.533。根据假设模型图可知:认知能力(MCA)、学习动机(LM)、学习内容质量(LC)以及互联网(INET)四个外因变量可以联合解释"注意力失焦"变量 53.3% 的变异量。

表 4.35 平方多重相关

变量	Estimate
注意力失焦	0.533

2)模型拟合度结果

点击左侧的"View Text"按钮,即可查看模型运算后的报表数据,选择"Estimates"选查看"Estimates"选项下的"Scales"查看参数估计值,选择"Model Fit"查看模型拟合度。模型适配度检验摘要表如表 4.36 所示。

表 4.36 CMIN

Model	NPAR	CMIN	DF	P	CMIN/DF
Default model	14	14.868	1	0.000	1.486
Saturated model	15	0.000	0		
Independence model	5	1134.623	10	0.000	113.462

表 4.37 RMR,GFI

Model	RMR	GFI	AGFI	PGFI
Default model	1.365	0.989	0.838	0.660
Saturated model	0.000	1.000		
Independence model	7.936	0.460	0.190	0.307

表 4.38 Baseline Comparisons

Model	NFIDelta1	RFIrho1	IFIDelta2	TLIrho2	CFI
Default model	0.987	0.869	0.988	0.877	0.988
Saturated model	1.000		1.000		1.000
Independence model	0.000	0.000	0.000	0.000	0.000

表 4.39　Parsimony-Adjusted Measures

Model	PRATIO	PNFI	PCFI
Default model	0.100	0.099	0.990
Saturated model	0.000	0.000	0.000
Independence model	1.000	0.000	0.000

表 4.40　NCP

Model	NCP	LO 90	HI 90
Default model	13.868	4.889	30.259
Saturated model	0.000	0.000	0.000
Independence model	1124.623	1017.708	1238.920

表 4.41　FMIN

Model	FMIN	F0	LO 90	HI 90
Default model	0.028	0.026	0.009	0.056
Saturated model	0.000	0.000	0.000	0.000
Independence model	2.117	2.098	1.899	2.311

表 4.42　RMSEA

Model	RMSEA	LO 90	HI 90	PCLOSE
Default model	0.161	0.096	0.238	0.003
Independence model	0.458	0.436	0.481	0.000

表 4.43　AIC

Model	AIC	BCC	BIC	CAIC
Default model	42.868	43.185	102.872	116.872
Saturated model	30.000	30.340	94.290	109.290
Independence model	1144.623	1144.737	1166.053	1171.053

表4.44 ECVI

Model	ECVI	LO 90	HI 90	MECVI
Default model	0.080	0.063	0.111	0.081
Saturated model	0.056	0.056	0.056	0.057
Independence model	2.135	1.936	2.349	2.136

表4.45 HOELTER

Model	HOELTER0.05	HOELTER0.01
Default model	240	130
Independence model	9	11

整体适配度指标方面,自由度为 1 时,卡方值为 14.868,显著性概率值 P = 0.000<0.05,但样本量大于 200,因此不能说明拒绝虚无假设,显示理论模型与样本数据无法适配。RMR 值等于 1.365>0.05,RMSEA 值等于 0.161>0.08,卡方自由度比值等于 14.868>2.000,均未达模型适配标准,而预试模型的 AIC 值、BCC 值、BEC 值虽小于独立模型的数值,却大于饱和模型的 AIC 值(42.868>30.000)、BCC 值(43.185>30.340)、BIC 值(102.872>94.290),预试模型的 ECVI 值、MECVI 值也大于饱和模型的 ECVI 值(0.080>0.056)、MECVI 值(0.081>0.057),显示模型未达适配标准。整体而言,研究者所提的非递归的路径分析理论模型图与样本数据无法契合。

表4.46 路径模型拟合度指标

指标	统计检验量	适配的标准或临界值	研究模型拟合度	模型拟合度判断
绝对拟合度	CMIN/DF	1~3	1.486	是
	GFI	>0.9	0.989	是
	AGFI	>0.9	0.838	是
	RMSEA	<0.05(适配良好)	0.016	是
简约拟合度	PGFI	>0.5	0.660	是
	PCFI	>0.5	0.990	是
	CN 值	>200	240	是

续表

指标	统计 检验量	适配的标准 或临界值	研究模型 拟合度	模型拟合度 判断
增值 拟合度	CFI	>0.9 以上	0.988	是
	IFI	>0.9 以上	0.988	是
	TLI	>0.9 以上	0.877	是(可接受值)

4.3　结构模型

测量模型研究的是相关关系,在实际研究中,研究者有时借助理论对某一现象提出关系设想,这种设想通常是解释性的,即我们常说的回归关系。用一个或者多个变量去解释另外一个或者多个变量,结构模型属于潜在变量间的关系,是以验证模型为基础的,即用一个或多个变量去解释另外一个或多个变量。一个完整的结构方程模型是由测量模型和结构模型组成的,结构模型分为一阶模型和二阶模型(高阶模型)。

4.3.1　一阶模型

在一阶模型中,各个潜在变量均为外因潜在变量,因此,潜在变量之间要用双箭头符号绘制共变关系,如果各潜变量之间没有相关,再进行共变参数间的设定,将共变参数限制为 0。在一阶模型中,潜在变量后面接的是题目,一阶模型有相关性又叫结构模型的饱和模型,是模型中的最佳模型,所有变量都拉满相关,因此叫饱和模型。

1)构建一阶模型

研究选取大学生作为研究对象,研究在碎片化学习中注意力失焦的影响因素,采用李克特五点量表法填写问卷,有效样本最终为 537 个。研究者设想认知能力(MCA)、学习动机(LM)、学习内容质量(LC)以及互联网(INET)四个潜在变量对注意力失焦问题产生直接影响,以上设想是否能够得到数据支持。

研究者拟将四个潜在变量(认知能力(MCA)、学习动机(LM)、学习内容质量

(LC)以及互联网(INET))作为自变量,将另一个潜在变量(注意力失焦)作为因变量构造结构模型,并考察自变量对因变量的解释作用。这是较为典型的结构方程模型。研究者需要根据理论模型与数据的拟合程度综合判断其优劣。

在构建模型之前,要对其中的每个测量模型进行检验。即要先保证每个测量模型的有效性,再构造结构模型。在建立测量模型后,根据分析结果,通过删减对应的题项来提高其与数据的拟合度,最终确定在该模型中,认知能力(MCA)选取 5 个题项、学习动机(LM)选取 4 个题项、学习内容质量(LC)选取 3 个题项以及互联网(INET)选取 3 个题项,注意力失焦问题的测量题目一共包括 10 个题项,各潜在变量的测量模型均达到统计要求,可以进行结构模型的构建。一阶模型如图 4.35 所示。

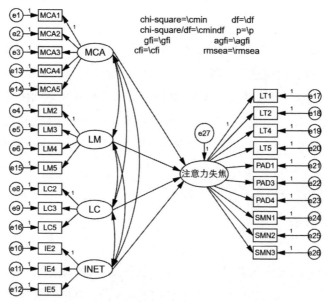

图 4.35　一阶模型

在构建结构方程模型时,认知能力(MCA)、学习动机(LM)、学习内容质量(LC)以及互联网(INET)四个自变量之间需要拉相关,可以通过点击图标"Draw covariances (double headed arrows)",在绘图区域内从一个潜在变量的椭圆形边缘开始(该潜在变量边缘变红),按住鼠标拖拽至另一个潜在变量的椭圆形边缘,再松开鼠标左键,一个双箭头即绘制完毕。亦可以通过选中需要拉相关的潜在变量,之后依次点击选项"Plugins""Draw Covariances",所有的双箭头绘制完毕。由自变量指向因变量的单箭头是通过点击"Draw paths (single headed arrows)",在绘图区域内从一个潜在变量的椭圆形边缘开始(该潜在变量边缘变红),按住鼠标拖拽至另一个潜在变量的椭圆形边缘,再松开鼠标左键,一个单箭头即绘制完毕。若觉得所添加的误差项位置不利于图形整体美观,可以在该椭圆内反复点击鼠标左键,直到误差所处位置令研究者满意为止。

步骤1:打开 Data Files 对话框,点击 File Name 按钮,打开预处理数据,再点击 OK 按钮,将对话框关闭。至此,数据文件便打开了。

步骤2:打开 Analysis Properties 对话框,选择 Output 标签,并勾选其中 Minimization history、Standardized estimates 和 Modification indices 三个项目。然后,点击对话框右上角的关闭按钮。这一步操作是要求 AMOS 软件在输出统计结果时提供相应的检验指标。如果没有勾选上述项目,则无法获得标准化估计值、模型修正指数等检验结果。

步骤3:点击 Calculate estimates 图标,命令 AMOS 软件执行统计运算。如果运算成功,那么工作状态区中数据—模型转换按钮右侧的图标由原先无法点击的灰色变为可以点击的红色。此时,若点击右侧的按钮,即可从模型中直观地查看到相关指标。

2)初步拟合 AMOS 输出结果分析

点击工作状态区中数据—模型转换按钮右侧的红色图标,在建模绘图区就会显示结构模型的非标准化系数(图 4.36)。此时,误差项、因子负荷以及潜在变量的非标准化系数已全部被估算出来。除此之外,还显示出了 CMIN/DF、P、GFI、AG-FI、CFI、RMSEA 以及 RMR 等指标。但是,该图中的非标准化系数并不是我们在论文汇报中需要用的,所以,此图提供的信息可以忽略。

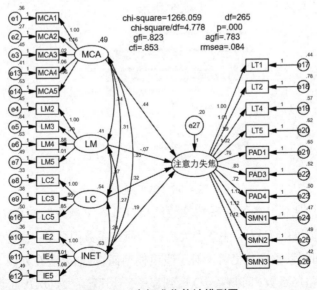

图 4.36　未标准化估计模型图

点击工作状态区中的参数估计显示区中的 Standardized estimates,建模绘图区的模型上就会显示标准化系数。这是我们需要在论文中汇报的指标,如图 4.37 所示。

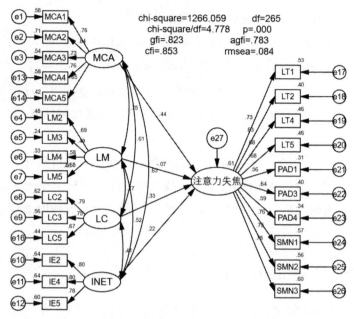

图 4.37　标准化估计模型图

（1）参数估计相关报表

预设模型适配度检验结果,模型自由度等于 265,卡方值等于 1266.059,显著性概率值 P=0.000<0.05,拒绝虚无假设,但并不表示理论模型与实际观察数据无法适配,因为样本量大于 200,如图 4.38 所示。

Notes for Model (Default model)

Computation of degrees of freedom (Default model)

Number of distinct sample moments:	325
Number of distinct parameters to be estimated:	60
Degrees of freedom (325 - 60):	265

Result (Default model)

Minimum was achieved
Chi-square = 1266.059
Degrees of freedom = 265
Probability level = .000

图 4.38　结果报表

以极大似然法估计各回归系数参数结果,LM→注意力失焦、MCA→注意力失焦、INET→注意力失焦、LC→注意力失焦四个回归系数中,LM→注意力失焦未达显著,其余三个回归系数均达显著。对于假设模型而言,如果潜在外因变量对潜在内因变量影响的路径系数(回归系数)达到显著,但其符号为负数,此种结果与理论文献及一般的经验法则相违背,在修正模型中可将此直接影响的直接效果删除。在模型的修正方面,如果模型的整体适配指数不理想,研究者可考虑将结构模型中不显著的路径系数删除,或将显著但不合格的路径删除。

所谓参照指标指的是潜在变量有两个以上指标变量时,限制其中一个观察变量与潜在变量的关系为 1,即将回归权重值设定等于 1,以方便其余参数的估计。以潜在外因变量"认知能力(MCA)"为例,若将观察变量设定为参照指标,表示若指标变量 MCA1 值为 1 时,MCA2 指标变量的数值为 1.162,MCA3 指标变量的数值为 1.024。被设定为参照指标的观察变量因回归权重值固定为 1,无法估计其参数标准误,也无法计算其临界比,因此对于参数的显著性无法加以检验。估计参数的标准误差(S. E.)除可计算出参数估计值的临界比值(C. R.)外,也可以作为假设观模型是否违反识别规则的根据。若是某些参数估计值估计标准误过大,表示理论模型可能违反模型的识别规则。在 AMOS 描绘各测量指标时,潜在变量椭圆形对象上增列的第一个测量指标方形对象会被内定为参照指标,其路径系数 λ 会自动设定为 1。

Estimates (Group number 1 – Default model)

Scalar Estimates (Group number 1 – Default model)

Maximum Likelihood Estimates

表 4.47　回归权重

影响路径	Estimate	S. E.	C. R.	P	Label
LM→注意力失焦	−0.075	0.116	−0.644	0.520	par_17
MCA→注意力失焦	0.444	0.079	5.632	* * *	par_18
INET→注意力失焦	0.193	0.047	4.104	* * *	par_19
LC→注意力失焦	0.318	0.078	4.090	* * *	par_20
MCA→ MCA1	1.000				
MCA→ MCA2	1.162	0.057	20.252	* * *	par_1
MCA→ MCA3	1.024	0.060	17.014	* * *	par_2
LM→LM2	1.000				
LM→LM3	0.793	0.082	9.679	* * *	par_3
LM→LM4	0.877	0.079	11.121	* * *	par_4
LC→ LC2	1.000				
LC→ LC3	0.952	0.058	16.429	* * *	par_5
INET→ IE2	1.000				

续表

影响路径	Estimate	S. E.	C. R.	P	Label
INET→ IE4	1.010	0.054	18.839	＊＊＊	par_6
INET→ IE5	1.083	0.067	16.230	＊＊＊	par_7
MCA→ MCA4	1.064	0.061	17.517	＊＊＊	par_8
MCA→ MCA5	0.956	0.065	14.712	＊＊＊	par_9
LC→ LC5	0.851	0.060	14.184	＊＊＊	par_10
注意力失焦→LT1	1.000				
注意力失焦→LT2	1.009	0.070	14.363	＊＊＊	par_21
注意力失焦→LT4	0.990	0.064	15.535	＊＊＊	par_22
注意力失焦→LT5	1.024	0.066	15.505	＊＊＊	par_23
注意力失焦→PAD1	0.763	0.061	12.509	＊＊＊	par_24
注意力失焦→PAD3	0.834	0.058	14.301	＊＊＊	par_25
注意力失焦→PAD4	0.724	0.055	13.101	＊＊＊	par_26
注意力失焦→SMN1	1.116	0.068	16.332	＊＊＊	par_27
注意力失焦→SMN2	1.115	0.070	15.906	＊＊＊	par_28
注意力失焦→SMN3	1.117	0.067	16.771	＊＊＊	par_29
LM→LM5	1.005	0.079	12.665	＊＊＊	par_30

标准化回归加权值即标准化回归系数值,潜在变量间的标准化回归系数即潜在变量间的直接效果值会潜在变量间的路径系数,根据表 4.48 所示,除了 LM→注意力失焦路径的直接效果为负数,其余各变量间的直接效果值均为正。

表 4.48　标准化回归权重

影响路径	Estimate
LM→注意力失焦	−0.068
MCA→注意力失焦	0.439
INET→注意力失焦	0.216
LC→注意力失焦	0.331

如表 4.49 所示,外因变量的协方差估计值分别为 0.242、0.266、0.366、0.353、0.314、0.338,均达到显著性水平,表示各外因变量间的共变关系显著不等于 0。

表 4.49　变量间参数估计

	Estimate	S. E.	C. R.	P	Label
LC ↔INET	0.242	0.035	7.008	＊＊＊	par_11
LM ↔INET	0.266	0.034	7.851	＊＊＊	par_12
LM ↔LC	00.366	0.037	9.875	＊＊＊	par_13
MCA ↔NET	0.353	0.036	9.753	＊＊＊	par_14
MCA ↔LC	0.314	0.034	9.360	＊＊＊	par_15
MCA ↔LM	0.338	0.035	9.741	＊＊＊	par_16

如表 4.50 所示,各外因变量间的相关系数分别为 0.413、0.520、0.773、0.631、0.605、0.750,达到显著正相关。

表 4.50　变量间影响路径

变量	路径	变量	Estimate
LC	↔	INET	0.413
LM	↔	INET	0.520
LM	↔	LC	0.773
MCA	↔	INET	0.631
MCA	↔	LC	0.605
MCA	↔	LM	0.750

根据表 4.51,各外因变量的方差均为正数,各误差项的方差均达到显著性水平,此外,误差项及残差项没有出现负的误差方差,表示未违反模型基本适配度检验标准。以上所估计的所有参数大多数达到显著性水平,估计参数的估计标准误差数值均小,表示模型的适配度的质量达到理想预期。

表 4.51　变量间参数估计

变量	Estimate	S. E.	C. R.	P	Label
MCA	0.494	0.049	10.025	＊＊＊	par_31
LM	0.412	0.050	8.230	＊＊＊	par_32
LC	0.544	0.055	9.888	＊＊＊	par_33
INET	0.634	0.062	10.166	＊＊＊	par_34
e27	0.195	0.023	8.409	＊＊＊	par_35
e1	0.355	0.026	13.645	＊＊＊	par_36

续表

变量	Estimate	S. E.	C. R.	P	Label
e2	0.273	0.024	11.483	* * *	par_37
e3	0.449	0.032	14.163	* * *	par_38
e4	0.451	0.035	12.783	* * *	par_39
e5	0.843	0.056	15.068	* * *	par_40
e6	0.634	0.044	14.278	* * *	par_41
e8	0.327	0.032	10.377	* * *	par_42
e9	0.383	0.032	11.787	* * *	par_43
e10	0.360	0.034	10.525	* * *	par_44
e11	0.371	0.035	10.752	* * *	par_45
e12	0.491	0.045	10.881	* * *	par_46
e13	0.406	0.030	13.674	* * *	par_47
e14	0.627	0.042	14.899	* * *	par_48
e16	0.498	0.037	13.477	* * *	par_49
e17	0.441	0.031	14.167	* * *	par_50
e18	0.780	0.051	15.192	* * *	par_51
e19	0.571	0.039	14.754	* * *	par_52
e20	0.616	0.041	14.879	* * *	par_53
e21	0.655	0.042	15.633	* * *	par_54
e22	0.517	0.034	15.151	* * *	par_55
e23	0.503	0.033	15.440	* * *	par_56
e24	0.469	0.035	13.396	* * *	par_57
e25	0.493	0.038	13.155	* * *	par_58
e26	0.417	0.032	13.203	* * *	par_59
e7	0.494	0.038	12.896	* * *	par_60

　　表 4.52 为结构方程式的多元相关系数的平方,即复回归分析中的决定系数 (R^2),表示各内因变量被其外因变量所能解释的变异量百分比,R^2 的值越大,表示观察变量或测量变量指标的测量误差越小;相对地,R^2 的值越小,表示观察变量或测量变量指标的测量误差越大。测量误差值等于 $1-R^2$,若是测量误差值大于 0.50 以上,表示以此观察变量作为潜在变量的测量指标不理想,R^2 的数值是观察变量的个别项目信度。观察变量的 R^2 大于 0.50,即表示指标变量的个别项目信度佳。

表 4.52　平方多重相关

变量	Estimate
注意力失焦	0.613
LM5	0.458
SMN3	0.602
SMN2	0.560
SMN1	0.573
PAD4	0.344
PAD3	0.405
PAD1	0.310
LT5	0.462
LT4	0.464
LT2	0.397
LT1	0.534
LC5	0.442
MCA5	0.418
MCA4	0.579
IE5	0.602
IE4	0.635
IE2	0.638
LC3	0.563
LC2	0.624
LM4	0.333
LM3	0.235
LM2	0.477
MCA3	0.536
MCA2	0.709
MCA1	0.582

（2）适配度摘要表（表 4.53—表 4.63）

表 4.53　CMIN

Model	NPAR	CMIN	DF	P	CMIN/DF
Default model	60	1266.059	265	0.000	4.778
Saturated model	325	0.000	0		
Independence model	25	7113.745	300	0.000	23.712

表 4.54　RMR, GFI

Model	RMR	GFI	AGFI	PGFI
Default model	0.065	0.823	0.783	0.671
Saturated model	0.000	1.000		
Independence model	0.360	0.227	0.163	0.209

表 4.55　Baseline Comparisons

Model	NFIDelta1	RFIrho1	IFIDelta2	TLIrho2	CFI
Default model	0.822	0.799	0.854	0.834	0.853
Saturated model	1.000		1.000		1.000
Independence model	0.000	0.000	0.000	0.000	0.000

表 4.56　Parsimony-Adjusted Measures

Model	PRATIO	PNFI	PCFI
Default model	0.883	0.726	0.754
Saturated model	0.000	0.000	0.000
Independence model	1.000	0.000	0.000

表 4.57　NCP

Model	NCP	LO 90	HI 90
Default model	1001.059	894.015	1115.610
Saturated model	0.000	0.000	0.000
Independence model	6813.745	6542.417	7091.442

表 4.58　FMIN

Model	FMIN	F0	LO 90	HI 90
Default model	2.362	1.868	1.668	2.081
Saturated model	0.000	0.000	0.000	0.000
Independence model	13.272	12.712	12.206	13.230

表 4.59　RMSEA

Model	RMSEA	LO 90	HI 90	PCLOSE
Default model	0.084	0.079	0.089	0.000
Independence model	0.206	0.202	0.210	0.000

表 4.60　AIC

Model	AIC	BCC	BIC	CAIC
Default model	1386.059	1392.176	1643.218	1703.218
Saturated model	650.000	683.137	2042.949	2367.949
Independence model	7163.745	7166.294	7270.895	7295.895

表 4.61　ECVI

Model	ECVI	LO 90	HI 90	MECVI
Default model	2.586	2.386	2.800	2.597
Saturated model	1.213	1.213	1.213	1.275
Independence model	13.365	12.859	13.883	13.370

表 4.62　HOELTER

Model	HOELTER0.05	HOELTER0.01
Default model	129	137
Independence model	26	28

整体模型适配度的统计量中,显著性概率值 P=0.000<0.05,达到显著水平,但由于样本量大于 200,因此不能说明理论模型与实际数据无法契合。再从其他适配度指标来看,RMSEA 值=0.084>0.08,AGFI 值=0.783<0.90,CFI 值=0.853>

0.8,这些指标均未达到模型可以适配的标准。总体而言,初始的理论假设模型与实际数据间无法契合,假设模型无法接受,需要对模型进行修正。

表4.63　结构模型拟合度指标

指标	统计检验量	适配的标准或临界值	研究模型拟合度	模型拟合度判断
绝对拟合度	CMIN/DF	1~5(可接受)	4.778	是
	GFI	>0.9	0.823	否
	AGFI	>0.9	0.783	否
	RMSEA	<0.05(适配良好)	0.084	否
	RMR	<0.05	0.065	否
简约拟合度	PGFI	>0.5	0.671	是
	PCFI	>0.5	0.754	是
	CN 值	>200	129	否
增值拟合度	CFI	>0.9 以上	0.853	否
	IFI	>0.9 以上	0.854	否
	TLI	>0.9 以上	0.834	否

3)模型的修正

初始的理论假设模型与实际数据间无法契合,假设模型无法接受,需要对模型进行修正。在 SEM 中,模型卡方差异值会因为数据违反多元正态而膨胀,导致模型拟合度变差。拟合度修正在不同的 SEM 软件中都有内建不同的方法。在 AMOS 中采用"Bollen-Stine p correction"的方法进行模型拟合度修正。

Bootstrap 分为 naive bootstrap 和 Bollen-Stine bootstrap;naive bootstrap 适合产生标准误,Bollen-Stine bootstrap 不仅适合修正标准误,还适合修正模型拟合度的偏误(产生偏误的原因:数据不符合多元正态分布)。Stine 提出卡方值校正:如果分析数据为非多元正态易造成卡方值膨胀,可以利用 Bollen-Stine 加以修正卡方值。利用 Bollen-Stine p-value 估计的卡方值重新修正模型整体模型拟合度。

模型修正的步骤:点击[View]、[Analysis Properties],在"Analysis Properties"对话框中,选择"Bootstrap",并勾选"Perform bootsrap",Bootstrap 次数学者建议1000~5000 次,Bollen-Stine 建议 2000 次,一般不得少于 1000 次,如图 4.39 所示。

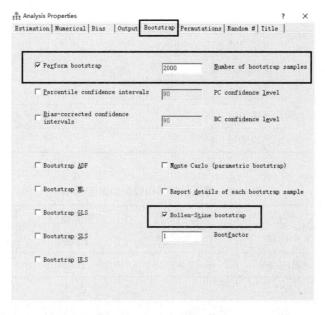

图 4.39 Bollen-Stine 修正

根据上述拟合度检验,初始的理论假设模型与实际数据间无法契合,假设模型无法接受,需要对模型进行修正。在 AMOS 软件中采用 Bollen-Stine 方法修正卡方值,利用 Bollen-Stine p-value 估计的卡方值,修正模型整体模型拟合度。得到如表4.64 所示,Mean=350.923,利用这个数值重新计算模型拟合度。修正后的结构模型拟合度指标如表 4.65 所示,因为样本量大于 200,所以 P 值小于 0.05,对模型拟合度没有影响。RMSEA 值=0.025<0.05,AGFI 值=0.944>0.90,CFI 值=0.987>0.9,这些指标均达到模型可以适配的标准,表示修正之后的模型适配情况较好,拟合度较高,初始的理论假设模型与实际数据间可以契合。

表 4.64 ML discrepancy (implied vs sample) (Default model)

	235.703	*
	257.269	*
	278.835	* * * * * *
	300.401	* * * * * * * * * * * * *
N=2000	321.968	* * * * * * * * * * * * * * * * * * * *
Mean=350.923	343.534	* *
S. e. =0.984	365.100	* *
	386.666	* * * * * * * * * * * * *
	408.233	* * * * * * * *
	429.799	* * * * *

续表

	451.365	* *
N = 2000	472.931	*
Mean = 350.923	494.497	*
S.e. = 0.984	516.064	*
	537.630	*

表 4.65　修正后的结构模型拟合度指标

指标	统计 检验量	适配的标准 或临界值	研究模型 拟合度	模型拟合度 判断
绝对拟合度	CMIN/DF	1～3	1.324	是
	GFI	>0.9	0.951	是
	AGFI	>0.9	0.944	是
	RMSEA	<0.05(适配良好)	0.025	是
	SRMR	<0.05	0.025	是
简约拟合度	PGFI	>0.5	0.671	是
	PCFI	>0.5	0.754	是
	CN 值	>200	405.983	是
增值拟合度	CFI	>0.9 以上	0.987	是
	IFI	>0.9 以上	0.987	是
	TLI	>0.9 以上	0.986	是

4.3.2　二阶模型

1)二阶因子

　　二阶模型是一阶模型的特例,又称为高阶模型。当研究的测量模型为潜在变量影响潜在变量,再影响观察变量时称为二阶因子,即模型中存在一个二阶潜变量影响一阶潜变量,那么潜在变量即为 2 个。在二阶模型中,一阶因子既是因又是果,因此是具有残差项的;在二阶因子到一阶因子的因子载荷只能设为自由估计的参数;二阶模型中,不需要估计一阶模型之间的方差或协方差,因为已经被二阶因子载荷替代。

　　研究者之所以会提出二阶模型，是因为在一阶模型中发现原来的一阶因素潜在变量之间有中高度的关联性，并且一阶验证性因素分析模型与样本量数据可以适配，而在此时，研究者可以进一步假定三个一阶因子潜在变量更高一阶的因子潜在变量，即原来的一阶模型中的潜在变量均受到一个高阶潜在特质的影响，也可认为是某一高阶结构可以解释所有的一阶因子潜在变量。二阶因子具备更强的概况能力，它们直接指向一阶因子，可以看成以一阶因子为"指标"的因素分析。但是，在做二阶因素分析时，虽然可以通过"指标"的思想理解二阶因子，但是在结构方程模型的模型构架上却不能用指标和测量误差表征。具体而言，在 CFA 中画结构图时，箭头的方向由一阶因子（潜在变量）指向指标（观测变量）的，在二阶模型中，箭头的方向是由二阶因子（潜在变量）指向一阶因子（潜在变量）的。

　　在二阶模型有四个一阶因子以上，二阶模型的卡方值必大于一阶因子有相关卡方值。除此之外，二阶模型是一阶模型的简化，目的在于简化结构模型，主要适用于样本量较少时，可以利用增加题目来增加测量信度，题目越多，测量结果越稳定。但是，一阶模型与二阶模型的测量结果不会相差太大。并且在数据分析中，绝大多数情况都会将二阶因子采用项目打包方式降为一阶因子进行分析。

2）构建二阶模型

　　利用 AMOS 绘制的二阶模型如图 4.40 所示，在大学生碎片化学习中注意力失焦影响因素研究的中，大学生在碎片化学习中产生的注意力失焦问题可由注意力分散（LITH）、思维游荡（PAD）和社交媒体吸引（SMN）三个一阶因子及一个高阶因子来共同说明。在 CFA 模型图中，一阶因子"注意力分散（LITH）""思维游荡（PAD）"和"社交媒体吸引（SMN）"在二阶模型中变为内因潜在变量，因此不能绘制双箭头共变关系符号，外因潜在变量为高阶因子"注意力失焦"，由于三个一阶因子被界定为内因潜在变量，因此变量间需增列估计残差项。每个题目没有横跨因子的现象，即每个题目均落在所构建的单一因子上，并且误差项之间独立无关。

　　表 4.66 为采用极大似然法所估计的为标准化回归系数，在模型设定时，将"SMN→SMN1""LITH→LT1""PAD→PAD1"的标准化回归系数参数设为固定参数，固定参数的数值设定为 1，所以这三个参数不需要进行路径系数显著性检验，其标准误（S. E）、临界比（C. R）、显著性 P 值均为空白。临界比值等于参数估计值与标准误的比值，相当于 t 检验值，如果此比值绝对值大于 1.96，则参数估计值达到 0.05 显著水平，大于 2.58，则参数估计值达到 0.01 显著性水平，显著性的概率值是小于 0.001，则 P 值栏会以"＊＊＊"符号表示；显著性的概率值若是大于

0.001,则 P 值栏会直接呈现其数值大小。路径系数估计值时确定回归路径系数估计值是否等于 0,如果达到显著性水平(P<0.05),表示回归系数显著不等于 0。

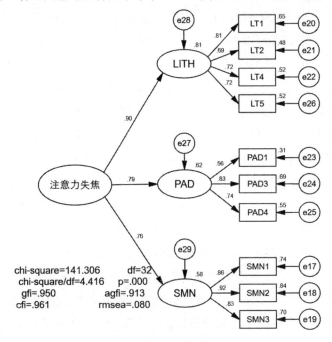

图 4.40　二阶模型

表 4.66　标准化回归系数

变量	路径	变量	Estimate	S. E.	C. R.	P	Label
LITH	←	注意力失焦	1.000				
PAD	←	注意力失焦	0.610	0.066	9.171	* * *	par_8
SMN	←	注意力失焦	0.972	0.080	12.131	* * *	par_9
SMN1	←	SMN	1.000				
SMN2	←	SMN	1.073	0.038	28.141	* * *	par_1
SMN3	←	SMN	0.944	0.040	23.747	* * *	par_2
LT1	←	LITH	1.000				
LT2	←	LITH	0.999	0.062	16.141	* * *	par_3
LT4	←	LITH	0.943	0.057	16.615	* * *	par_4
PAD1	←	PAD	1.000				
PAD3	←	PAD	1.420	0.122	11.681	* * *	par_5
PAD4	←	PAD	1.194	0.106	11.302	* * *	par_6
LT5	←	LITH	0.983	0.059	16.740	* * *	par_7

如表 4.67 所示,Standardized Regression Weights 为标准化回归系数,在验证性因素分析中也称为因素加权值(factor weights)或因素负荷量(factor loading),标准化的路径系数代表的是共同因素对测量变量的影响。以"SMN→SMN1"为例,其标准化的回归系数值为 0.863,表示潜在因素对测量指标 SMN1 的直接效果值为 0.863,其预测力为 0.863 * 0.863 = 0.745。标准化的回归系数是由变量转化为标准分数(z 分数)后计算出来的估计值,从因素负荷量的数值可以了解测量变量在各潜在因素的相对重要性。因素负荷量值介于 0.50 至 0.95 之间,表示模型的基本适配度良好。

标准化回归系数表中的前三列"注意力失焦→PAD""注意力失焦→SMN""注意力失焦→LITH"表示外因潜在变量(ξ_1)与内因潜在变量($\eta1$、$\eta2$、$\eta3$)间的关系,在结构模型中即为路径系数,在高阶验证性因素分析中,为内衍潜在变量($\eta1$、$\eta2$、$\eta3$)对外衍潜在变量(ξ)的因素负荷量。表中的标准化回归系数值(GAMMA 值)表示"SMN""LITH""PAD"三个初阶因素在"注意力失焦"高阶因素构念的因素负荷量(factor loading),其值分别为 0.899,0.790,0.760。从上述数据中,可以发现测量变量在初阶因素的因素负荷量、初阶因素在高阶因素构念的因素负荷量均非常理想。

表 4.67 各因素影响路径表

影响路径			Estimate
LITH	←	注意力失焦	0.899
PAD	←	注意力失焦	0.790
SMN	←	注意力失焦	0.760
SMN1	←	SMN	0.863
SMN2	←	SMN	0.916
SMN3	←	SMN	0.834
LT1	←	LITH	0.809
LT2	←	LITH	0.691
LT4	←	LITH	0.718
PAD1	←	PAD	0.561
PAD3	←	PAD	0.832
PAD4	←	PAD	0.744
LT5	←	LITH	0.722

表 4.68 为高阶因素构念的方差,3 个潜在因素及 13 个误差变量的测量残差变

异量估计值,各估计参数的测量误差值均为正数且达到 0.05 显著水平,其变异标准误估计值均很小,其数值介于 0.021 至 0.059 之间,表示无模型界定错误的问题。估计参数中没有出现负的误差变异量且标准误估计值均很小,表示模型的基本适配度良好。

表 4.68 变量间影响关系

变量	Estimate	S. E.	C. R.	P	Label
注意力失焦	0.500	0.059	8.419	* * *	par_10
e27	0.112	0.021	5.301	* * *	par_11
e28	0.119	0.034	3.464	* * *	par_12
e29	0.345	0.042	8.235	* * *	par_13
e17	0.281	0.024	11.687	* * *	par_14
e18	0.181	0.022	8.249	* * *	par_15
e19	0.319	0.025	12.544	* * *	par_16
e20	0.328	0.029	11.127	* * *	par_17
e21	0.677	0.049	13.832	* * *	par_18
e22	0.517	0.038	13.429	* * *	par_19
e23	0.651	0.045	14.490	* * *	par_20
e24	0.268	0.033	8.184	* * *	par_21
e25	0.343	0.029	11.923	* * *	par_22
e26	0.549	0.041	13.357	* * *	par_23

表 4.69 前三行为结构方程的多元相关平方,为三个初阶因素(PAD、LITH、SMN)能被高阶因素(注意力失焦)解释的百分比,即高阶因素"注意力失焦"所能解释的初阶因素构念变异量。结构方程式多元相关的平方,类似复回归分析中的 R^2,"注意力失焦"构念可以解释 PAD、LITH、SMN 三个潜在变量的变异量分别为 0.624,0.808,0.577,显示"注意力失焦"高阶因素对于 PAD、LITH、SMN 三个初阶因素的解释力均很高。

表 4.69 第四行及后面的数据为十三个测量指标(Y 变量)R^2,此数值为各初阶因素对其测量指标的解释变异量。十二个测量指标中,只有测量指标(PAD→PAD1、LT→LT2)的 R^2 低于 0.50,其余十一个测量指标的 R 均高于 0.50,表示观察变量个别项目的信度值尚佳。这些测量指标变量均能有效反映其相对应的潜在变量所包含的因素构念。

依据标准化回归系数(因素负荷量)的数值,可以求出测量指标、初阶因素构念的信度系数与测量误差,并求出各潜在变量的构念信度与平均变异量抽取值。

表 4.69　变量的平方多重相关

变量	Estimate
PAD	0.624
LITH	0.808
SMN	0.577
LT5	0.521
PAD4	0.554
PAD3	0.692
PAD1	0.314
LT4	0.515
LT2	0.477
LT1	0.654
SMN3	0.696
SMN2	0.839
SMN1	0.744

"注意力失焦"量表二阶 CFA 模型各项适配度统计量如表 4.70—表 4.79 所示。

表 4.70　CMIN

Model	NPAR	CMIN	DF	P	CMIN/DF
Default model	23	141.306	32	0.000	4.416
Saturatedmodel	55	0.000	0		
Independence model	10	2824.384	45	0.000	62.764

表 4.71　RMR, GFI

Model	RMR	GFI	AGFI	PGFI
Default model	0.052	0.950	0.913	0.553
Saturated model	0.000	1.000		
Independence model	0.442	0.334	0.186	0.273

表 4.72　Baseline Comparisons

Model	NFIDelta1	RFIrho1	IFIDelta2	TLIrho2	CFI
Default model	0.950	0.930	0.961	0.945	0.961
Saturated model	1.000		1.000		1.000
Independence model	0.000	0.000	0.000	0.000	0.000

表 4.73　Parsimony-Adjusted Measures

Model	PRATIO	PNFI	PCFI
Default model	0.711	0.676	0.683
Saturated model	0.000	0.000	0.000
Independence model	1.000	0.000	0.000

表 4.74　NCP

Model	NCP	LO 90	HI 90
Default model	109.306	76.187	149.975
Saturated model	0.000	0.000	0.000
Independence model	2779.384	2608.853	2957.237

表 4.75　FMIN

Model	FMIN	F0	LO 90	HI 90
Default model	0.264	0.204	0.142	0.280
Saturated model	0.000	0.000	0.000	0.000
Independence model	5.269	5.185	4.867	5.517

表 4.76　RMSEA

Model	RMSEA	LO 90	HI 90	PCLOSE
Default model	0.080	0.067	0.094	0.000
Independence model	0.339	0.329	0.350	0.000

表 4.77　AIC

Model	AIC	BCC	BIC	CAIC
Default model	187.306	188.270	285.884	308.884
Saturated model	110.000	112.305	345.730	400.730
Independence model	2844.384	2844.803	2887.244	2897.244

表 4.78　ECVI

Model	ECVI	LO 90	HI 90	MECVI
Default model	0.349	0.288	0.425	0.351
Saturated model	0.205	0.205	0.205	0.210
Independence model	5.307	4.989	5.639	5.307

表 4.79　HOELTER

Model	HOELTER0.05	HOELTER0.01
Default model	176	203
Independence model	12	14

上述各项模型适配度指标整理如表 4.80 所示。

表 4.80　"注意力失焦"二阶验证性因素分析的整体模型适配度检验

指标	统计 检验量	适配的标准 或临界值	检验结 果数据	模型适配度 判断
绝对拟合度	显著性概率 P （样本数大于 200 不用报告）	P<0.05	0.000	是
	RMSEA	<0.08	0.080	是
	GFI	>0.9	0.950	是
	AGFI	>0.9	0.913	是
简约拟合度	PNFI	>0.5	0.676	是
	PGFI	>0.5	0.553	是
	PCFI	>0.5	0.683	是
	CN 值	>200	176	否
	NC 值	1~3（严谨），~5（宽松）	4.416	是

续表

指标	统计 检验量	适配的标准 或临界值	检验结 果数据	模型适配度 判断
增值拟合度	NFI	>0.9	0.950	是
	CFI	>0.9	0.961	是
	RFI	>0.9	0.930	是

在研究大学生注意力失焦的问题中,本研究假设认知能力(MCA)、学习动机(LM)、学习内容质量(LC)以及互联网(INET)四个维度是促使大学生在碎片化学习中产生注意力失焦的重要影响因素,由注意力分散(LITH)、思维游荡(PAD)和社交媒体吸引(SMN)三个维度解释注意力失焦问题。因此本研究的二阶结构模型如图4.41所示。

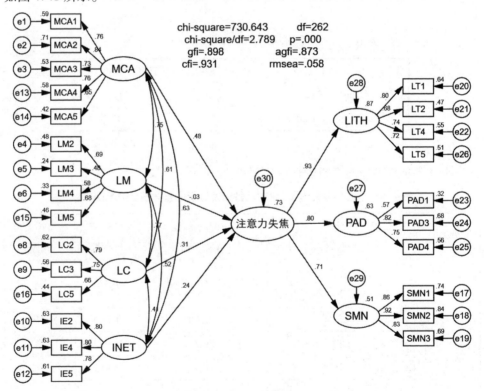

图4.41 二阶结构模型

3)报表输出结果

预设模型适配度检验结果,模型自由度等于262,卡方值等730.643,显著性概率值 P=0.000<0.05,拒绝虚无假设,但并不表示理论模型与实际观察数据无法适配,因为样本量大于 200,如图 4.42 所示。

Notes for Model (Default model)

Computation of degrees of freedom (Default model)

Number of distinct sample moments:	325
Number of distinct parameters to be estimated:	63
Degrees of freedom (325 - 63):	262

Result (Default model)

Minimum was achieved
Chi-square = 730.643
Degrees of freedom = 262
Probability level = .000

图 4.42　报表输出结果

以极大似然法估计各回归系数参数结果,LM→注意力失焦、MCA→注意力失焦、INET→注意力失焦、LC→注意力失焦四个回归系数中,LM→注意力失焦未达显著,其余三个回归系数均达显著。对于假设模型而言,如果潜在外因变量对潜在内因变量影响的路径系数(回归系数)达到显著,但其符号为负数,此种结果与理论文献及一般的经验法则相违背,在修正模型中可将此直接影响的直接效果删除。在模型的修正方面,如果模型的整体适配指数不理想,研究者可考虑将结构模型中不显著的路径系数删除,或将显著但不合格的路径删除。

所谓参照指标指的是潜在变量有两个以上指标变量时,限制其中一个观察变量与潜在变量的关系为 1,即将回归权重值设定等于 1,以方便其余参数的估计。以潜在外因变量"认知能力(MCA)"为例,若将观察变量设定为参照指标,表示若指标变量 MCA1 值为 1 时,MCA2 指标变量的数值为 1.162,MCA3 指标变量的数值为 1.024。被设定为参照指标的观察变量因回归权重值固定为 1,无法估计其参数标准误,也无法计算其临界比,因而对于参数的显著性无法加以检验。估计参数的标准误(S.E)除可计算出参数估计值的临界比值(C.R.)外,也可以作为假设观模型是否违反识别规则的根据。若是某些参数估计值估计标准误过大,表示理论模型可能违反模型的识别规则。在 AMOS 描绘各测量指标时,潜在变量椭圆形对象上增列的第一个测量指标方形对象会被内定为参照指标,其路径系数 λ 会自动设定为 1。

Estimates (Group number 1 – Default model)

Scalar Estimates (Group number 1 – Default model)

Maximum LikelihoodEstimates

表 4.81 变量间影响效应系数

影响路径			Estimate	S. E.	C. R.	P	Label
注意力失焦	←	LM	−0.036	0.119	−0.307	0.759	par_27
注意力失焦	←	MCA	0.492	0.080	6.115	* * *	par_28
注意力失焦	←	INET	0.225	0.050	4.460	* * *	par_29
注意力失焦	←	LC	0.306	0.079	3.869	* * *	par_30
LITH	←	注意力失焦	1.000				
PAD	←	注意力失焦	0.604	0.060	10.018	* * *	par_25
SMN	←	注意力失焦	0.887	0.064	13.882	* * *	par_26
MCA1	←	MCA	1.000				
MCA2	←	MCA	1.159	0.057	20.346	* * *	par_1
MCA3	←	MCA	1.020	0.060	17.063	* * *	par_2
LM2	←	LM	1.000				
LM3	←	LM	0.792	0.082	9.683	* * *	par_3
LM4	←	LM	0.877	0.079	11.138	* * *	par_4
LC2	←	LC	1.000				
LC3	←	LC	0.954	0.058	16.426	* * *	par_5
IE2	←	INET	1.000				
IE4	←	INET	1.012	0.054	18.801	* * *	par_6
IE5	←	INET	1.092	0.068	16.181	* * *	par_7
MCA4	←	MCA	1.059	0.060	17.566	* * *	par_8
MCA5	←	MCA	0.952	0.065	14.754	* * *	par_9
LM5	←	LM	1.004	0.079	12.679	* * *	par_10
LC5	←	LC	0.849	0.060	14.171	* * *	par_11
SMN1	←	SMN	1.000				
SMN2	←	SMN	1.074	0.038	28.156	* * *	par_12
SMN3	←	SMN	0.943	0.040	23.740	* * *	par_13
LT1	←	LITH	1.000				
LT2	←	LITH	0.998	0.062	16.215	* * *	par_14
LT4	←	LITH	0.983	0.056	17.442	* * *	par_15
PAD1	←	PAD	1.000				
PAD3	←	PAD	1.388	0.117	11.891	* * *	par_16

续表

影响路径			Estimate	S. E.	C. R.	P	Label
PAD4	←	PAD	1.183	0.103	11.452	＊＊＊	par_17
LT5	←	LITH	0.984	0.058	16.998	＊＊＊	par_18

　　Standardized Regression Weights 为标准化回归系数,标准化回归加权值即标准化回归系数值,潜在变量间的标准化回归系数即潜在变量间的直接效果值会潜在变量间的路径系数,根据表4.82所示,除了LM→注意力失焦路径的直接效果为负数,其余各变量间的直接效果值均为正。

表4.82　标准化回归权重

影响路径			Estimate
注意力失焦	←	LM	−0.032
注意力失焦	←	MCA	0.476
注意力失焦	←	INET	0.245
注意力失焦	←	LC	0.310
LITH	←	注意力失焦	0.935
PAD	←	注意力失焦	0.795
SMN	←	注意力失焦	0.714
MCA1	←	MCA	0.765
MCA2	←	MCA	0.842
MCA3	←	MCA	0.731
LM2	←	LM	0.691
LM3	←	LM	0.485
LM4	←	LM	0.578
LC2	←	LC	0.790
LC3	←	LC	0.752
IE2	←	INET	0.796
IE4	←	INET	0.795
IE5	←	INET	0.780
MCA4	←	MCA	0.760
MCA5	←	MCA	0.646
LM5	←	LM	0.676

续表

影响路径			Estimate
LC5	←	LC	0.664
SMN1	←	SMN	0.863
SMN2	←	SMN	0.917
SMN3	←	SMN	0.833
LT1	←	LITH	0.800
LT2	←	LITH	0.683
LT4	←	LITH	0.741
PAD1	←	PAD	0.567
PAD3	←	PAD	0.823
PAD4	←	PAD	0.747
LT5	←	LITH	0.715

4)模型拟合度结果

点击左侧的"View Text"按钮,即可查看模型运算后的报表数据,选择"Estimates"选查看"Estimates"选项下的"Scales"查看参数估计值,选择"Model Fit"查看模型拟合度,如表4.83—表4.92所示。

表4.83 CMIN

Model	NPAR	CMIN	DF	P	CMIN/DF
Default model	63	730.643	262	0.000	2.789
Saturated model	325	0.000	0		
Independence model	25	7113.745	300	0.000	23.712

表4.84 RMR, GFI

Model	RMR	GFI	AGFI	PGFI
Default model	0.055	0.898	0.873	0.724
Saturated model	0.000	1.000		
Independence model	0.360	0.227	0.163	0.209

表 4.85　Baseline Comparisons

Model	NFIDelta1	RFIrho1	IFIDelta2	TLIrho2	CFI
Default model	0.897	0.882	0.932	0.921	0.931
Saturated model	1.000		1.000		1.000
Independence model	0.000	0.000	0.000	0.000	0.000

表 4.86　Parsimony-Adjusted Measures

Model	PRATIO	PNFI	PCFI
Default model	0.873	0.784	0.813
Saturated model	0.000	0.000	0.000
Independence model	1.000	0.000	0.000

表 4.87　NCP

Model	NCP	LO 90	HI 90
Default model	468.643	391.874	553.058
Saturated model	0.000	0.000	0.000
Independence model	6813.745	6542.417	7091.442

表 4.88　FMIN

Model	FMIN	F0	LO 90	HI 90
Default model	1.363	0.874	0.731	1.032
Saturated model	0.000	0.000	0.000	0.000
Independence model	13.272	12.712	12.206	13.230

表 4.89　RMSEA

Model	RMSEA	LO 90	HI 90	PCLOSE
Default model	0.058	0.053	0.063	0.005
Independence model	0.206	0.202	0.210	0.000

表 4.90　IC

Model	AIC	BCC	BIC	CAIC
Default model	856.643	863.067	1126.661	1189.661
Saturated model	650.000	683.137	2042.949	2367.949
Independence model	7163.745	7166.294	7270.895	7295.895

表 4.91　ECVI

Model	ECVI	LO 90	HI 90	MECVI
Default model	1.598	1.455	1.756	1.610
Saturated model	1.213	1.213	1.213	1.275
Independence model	13.365	12.859	13.883	13.370

表 4.92　HOELTER

Model	HOELTER0.05	HOELTER0.01
Default model	221	234
Independence model	26	28

模型适配度检验摘要表如表 4.93 所示。自由度为 262 时,整体模型适配度检验的卡方值为 730.643,显著性概率值 P=0.000<0.05,由于样本数据大于 200 份,因此显著性 P 值不影响模型的适配度。再看其他的模型适配度指标,卡方自由度比值为 2.789<3,CN 值大于 200,RMSEA=0.058<0.05,GFI=0.898>0.85,AGFI=0.873>0.85,NFI=0.897>0.85,表示模型的适配度良好,研究者所提出的假设模型与实际数据可以匹配。

表 4.93　路径模型拟合度指标

指标	统计检验量	适配的标准或临界值	检验结果数据	模型适配度判断
绝对拟合度	显著性概率 P	P>0.05	0.000	否
	RMSEA	<0.08	0.058	是
	GFI	>0.9	0.898	是
	AGFI	>0.9	0.873	是

续表

指标	统计 检验量	适配的标准 或临界值	检验结 果数据	模型适配度 判断
简约拟合度	PNFI	>0.5	0.784	是
	PGFI	>0.5	0.724	是
	PCFI	>0.5	0.813	是
	CN 值	>200	221	是
	NC 值	1~3(严谨),~5(宽松)	2.789	是
增值拟合度	NFI	>0.9	0.897	是
	CFI	>0.9	0.724	是
	RFI	>0.9	0.882	是

4.4　中介模型

4.4.1　简单中介模型与多重中介模型(并行、链式与序列中介)

常见的中介模型有普通中介模型、链式中介、多重中介、交叉滞后模型。

如果自变量 X 通过某一变量 M 对因变量 Y 产生一定影响,则称 M 为 X 与 Y 之间的中介变量或 M 在 X 与 Y 之间起中介作用。以上概念主要指代一个中介变量的情况,称为简单中介模型(图4.43),然而,实际研究模型中中介变量往往不止一个,称为多重中介模型(图4.44)。

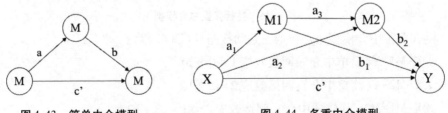

图4.43　简单中介模型　　　　　图4.44　多重中介模型

简单中介与多重中介的区别在于是否仅有一个中介变量。如果中介模型中仅有一个中介变量称为简单中介模型,如果有多个中介变量称为多重中介模型。多重中介按照中介变量之间是否存在顺序关系,分为并行多重中介模型与链式多重中介模型(序列多重中介)。并行多重中介模型表中介变量之间相互独立,如图 4.45 所示,即 X→M1→Y 和 X→M2→Y 路径,而序列/链式多重中介模型表示中介变之间存在顺序关系,即 X→M1→M2→Y 路径。

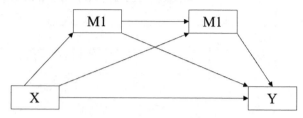

图 4.45 链式多重中介模型

注:X、M1、M2、Y 分别表示自变量、中介变量 1、中介变量 2、因变量。

多重中介模型相对于简单中介模型具有三大优势:

①可以得到总的中介效应;

②可以在控制其他中介变量(如控制 M1)的前提下,研究每个中介变量(如 M2)的特定中介效应,这种做法可以减少简单中介模型因为忽略其他中介变量而导致的参数估计偏差;

③可以得到对比中介效应,使得研究者能判断多个中介变量的效应中,哪一个效应更大,即判断哪一个中介变量的作用更强。这样,对比中介效应能使研究者判断多个中介变量理论(如 X→M→Y 和 X→M2→Y)中,哪个中介变量理论更有意义,因此研究多重中介模型更具理论和实践意义(图 4.46)。

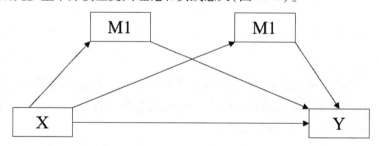

图 4.46 并行多重中介模型

链式多重中介模型通常包括三条间接路径(图 4.47):

①X-M1-Y(简单中介):间接效应 1 = a1 * b1

②X-M2-Y(简单中介):间接效应 2 = a2 * b2

③X-M1-M2-Y(链式中介):间接效应 3 = a1 * a3 * b2

总中介效应 = a1 * a3 * b2+a2 * b2+a1 * b1

总效应 = a1 * a3 * b2+a2 * b2+a1 * b1+c′

注:c 为直接效应;前两条路径显著,而第三条路径不显著,说明该模型为并行

多重中介;如果第三条路径显著,无论前两条是否显著,也可表明链式中介存在。

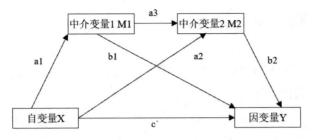

图 4.47　多重中介效应的分解

并行多重中介模型通常包括两条间接路径(图 4.48):

①X-M1-Y(简单中介):间接效应 1 = a1 * b1

②X-M2-Y(简单中介):间接效应 2 = a2 * b2

总中介效应 = a2 * b2+a1 * b1

总效应 = a2 * b2+a1 * b1+c'

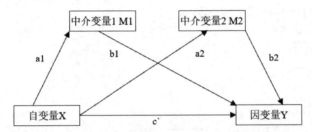

图 4.48　并行多重中介模型通常包括两条间接路径

并行多重中介模型通常包括两条间接路径(图 4.49):

①X-M1-Y(简单中介):间接效应 1 = a1 * b1

②X-M2-Y(简单中介):间接效应 2 = a2 * b2

总中介效应 = a2 * b2+a1 * b1

总效应 = a2 * b2+a1 * b1+c'

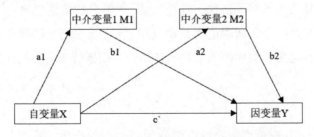

图 4.49　并行多重中介模型通常包括两条间接路径

4.4.2　中介模型案例分析

以"变革型导师风格对硕士研究生创新行为影响研究——基于创新自我效能感的中介作用"为例。

1)社会认知理论

社会认知理论(SCT)是由美国心理学家班杜拉(Bandura)提出的教育理论,为解释个体行为的发生提供了一个新视角,探讨环境、个体及其行为之间动态的相互关系,将环境因素、行为、个体因素三者看成是相互影响、相互依赖、相互决定的理论实体,构建"三元交互模型",如图 4.50 所示,对人的自我因素及环境因素对行为的影响较为重视。该理论认为,影响行为的激励因素可能源于个体的核心信念,即个体具有通过自己的行动产生效果的力量。

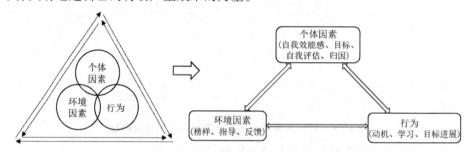

图 4.50　社会认知理论中的三元交互模型

基于社会认知理论,蒂尔尼(Tierney)和法玛尔(Farmer)结合创造力理论提出"创新自我效能感",指个体相信自己有足够的知识与能力去产生创新成果的自信程度。个体的内在因素和个体所处环境会影响个体行为的发生,研究生创新行为的产生受到导师的变革型风格这一环境因素、创新自我效能感这一个体因素的共同作用。即本文以社会认知理论为基础支架,结合三元交互模型探讨研究生个体创新自我效能感与变革型导师风格共同作用产生创新行为的机制作用。

2)研究假设

已有研究表明,变革型领导可以激发创新行为的产生。哈维尔(Howell)等人经过实证研究证明了变革型领导可以预测个体或组织的创新行为;黄秋风等人通过元分析研究得出变革型领导对员工创新行为有正向影响。变革型导师通过个人魅力、价值观等感染学生,通过个性化关怀关心学生需求获得认同,为学生描绘愿景以提升学生的热情,促进研究生创新行为。班杜拉(Bandura)认为,情感支持、鼓励和榜样对创新自我效能有一定影响。一方面,变革型领导者往往会积极寻求创新或变革,下属常以变革型领导者为榜样,从而激发创新自我效能感的产生。导师魅力和愿景激励两维度是为团队提供榜样示范,激励学生为实现目标付出更多努力。个性化关怀是为个体提供精神和物质支撑,智力激发是鼓励和支持个体进行创造性思考和实践的。

另一方面,创新自我效能感表现出强烈信心,认为自己有能力克服困难。创新行为的产生及实施都是一个艰难的挑战过程,创新自我效能感所提供的心理支持可以帮助个体应对困难。创新过程中学生易出现较高的负面生理情绪(焦虑或挫败感等),变革型导师会表现出个性化关怀、强调变革、导师的感召力等,降低负面情绪,设立创新目标,不断鼓励学生跳出已有思维框架去达到创新目标,增强学生自信心。将创新自我效能感作为一个独立变量,研究其对创新行为的影响是具有重要的理论与实践意义。综上所述,本研究提出假设:

H1:变革型导师风格对研究生创新行为有正向影响;

H2:变革型导师风格对创新自我效能感有正向影响;

H3:创新自我效能感对研究生创新行为有正向影响;

H4:创新自我效能感在变革型导师风格对研究生创新行为的影响中起中介作用。

根据以上研究假设,构建的理论研究框架如图4.51所示。

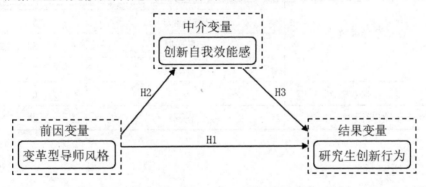

图4.51 变革型导师风格对研究生创新行为影响的理论模型

3)研究工具、对象与方法

(1)研究工具

为了保证测量的信效度,本研究根据研究对象的特点,对当前现有成熟量表进行适当修改,作为收集实证数据的工具。主要变量包括变革型导师风格、创新自我效能感以及创新行为,如表4.94所示,除研究对象的一些基本信息作为控制变量外,问卷主题量表均采用李克特5点评分法,分值由低到高表示调查对象对题项表述符合自身情况的程度,其中,1代表"完全不符合",5代表"完全符合"。

①变革型导师风格量表。以巴斯(Bass)和阿沃利奥(Avolio)编制的变革型领导量表为基础进行相应修改,主要由个性化关怀、导师魅力、愿景激励、智力激发4个一级指标18个题项组成。个性化关怀包括"我的导师认为每个学生都有不同的需求、能力、抱负"等,智力激发包含"我的导师会引导我从不同的角度看问题"等,导师魅力包含"我的导师思想开明,具有较强的创新意识"等,情愿激励包含"我的导师常与学生一起分析其学习与科研工作情况"等。

②创新自我效能感量表。参照卡尔梅利(Carmeli)和朔布洛克(Schaubroeck)编制的个人创新效能感问卷,根据研究生特点进行微改,包括"我认为在问题面前我善于提出有创意的见解和思路"等6个题项。

③创新行为量表。参考目前使用最广泛的斯科特(Scott)和布鲁斯(Bruce)所编制的"创新行为量表",本研究根据研究对象进行了细微的修改,共计4个题项,包括"我总是寻求新的理论、技术和方法来解决研究中遇到的问题"等。

表4.94 量表研制

测量变量		题项数量
研究变量	测量因子	
变革型导师风格	个性化关怀	5
	导师魅力	5
	愿景激励	5
	智力激发	3
创新自我效能感	……	6
创新行为	……	4

(2)研究对象

研究以重庆地区各高校硕士研究生为调查对象,采取随机抽样的方法,发放问卷362份问卷,剔除填答无区别或信息缺失较多的无效问卷,回收有效问卷331份,有效率91%。在调查对象中,男生153名,女生178名;学术型研究生99人,专业型研究生232名,学科分布上,文史类96人(29%)、理工类70人(21.15%)、艺体类106人(32.02%)、其他学科类别59人(17.82%)。除此之外,所调查研究对象的导师职称中,35.4%为讲师或助理研究员,34.1%为副教授或副研究员,仅有30.5%为教授或研究员,分布较均匀,样本具有较好的代表性。

（3）研究方法

根据巴伦（Baron）和肯尼（Kenny）的建议，变量间存在相关关系是检验其中介作用的前提。本研究使用 SPSS25.0 软件进行变量间的相关性分析和层级分析方法检验研究假设，运用 AMOS24.0 进行验证性因子分析（CFA）检验量表的信效度，用参数检验法探究标准化路径系数是否显著，并运用自助法（Bootstrapping）检验不同路径的中介效应之间是否存在显著差异。

4）数据分析与实证检验

（1）同源方差偏差检验

同源偏差对研究结果产生严重混淆并对结论有潜在误导的系统误差，为避免此问题，本研究的问卷均以匿名方式填写，采用赫尔曼（Harman）单因子检验法来进行共同方差偏差检验。将问卷中所有变量的题目进行未旋转因子分析，检验结果显示第一个因子主成分方差解释变异量为 36.369%，未超过临界值 40%，且根据分析结果，不存在一个公共因子解释大部分变异量，表明本研究不存在严重的同源偏差，即本研究后续进行的相关和回归分析、结构方程模型和中介效应检验等均具有统计学意义，数据分析结果具有真实性和可信度。

（2）验证性因素分析

本研究通过 AMOS24.0 软件对量表数据进行验证性因素分析，测量模型信效度分析。数据分析结果（表 4.95）显示，各变量所包含项目的因素载荷量均在 0.6 以上，符合判断标准，组合信度（CR）均大于 0.7，表明此问卷的各维度具有较高的信度。各变量的平均方差萃取值（AVE）均大于 0.45，各维度的信度达到了可接受或理想的范围，具有良好的收敛效度。区分效度是反映潜变量之间的区别程度，通过比较变量的平均萃取量和变量之间皮尔逊相关系数的平方进行判别区分效度。各变量的平均方差萃取量的值（0.740、0.713、0.691）均大于皮尔逊相关系数的平方，表明测量模型具有良好的区别效度。由此可知，本研究具有较好的信效度。

表 4.95　样本数据信效度检验

变量	因素载荷量	收敛效度		区别效度		
		CR	AVE	变革型导师风格	创新自我效能感	创新行为
变革型导师风格	0.653-0.791	0.956	0.547	0.740		
创新自我效能感	0.669-0.763	0.838	0.509	0.535***	0.713	
创新行为	0.699-0.818	0.733	0.478	0.437	0.532	0.691

注：***表示 P<0.001，对角线为各变量 AVE 平方根。

(3)各变量间的相关

本研究运用 SPSS25.0 对各指标变量进行取平均数、标准差及相关系性分析,如表 4.96 所示,旨在探索变量间的关系与研究假设的预测是否符合。相关分析表面,变革型导师风格各维度与研究生创新行为均显著正相关(P<0.01),与创新自我效能感均显著正相关(P<0.01),研究生创新行为与创新自我效能感变量(P<0.01)显著正向相关,研究假设均得到了初步验证。

表 4.96 各变量的平均数、标准差及 Pearson 相关系数

	M	SD	1	2	3	4	5	6
变革型导师风格	59.108	17.180						
1.创新自我效能感	19.682	5.078	1					
2.创新行为	13.741	3.502	0.437＊＊	1				
3.个性化关怀	16.253	4.911	0.412＊＊	0.322＊＊	1			
4.愿景激励	16.380	5.228	0.496＊＊	0.357＊＊	0.811＊＊	1		
5.导师魅力	16.662	5.300	0.459＊＊	0.356＊＊	0.820＊＊	0.868＊＊	1	
6.智力激发	9.813	3.034	0.445＊＊	0.350＊＊	0.805＊＊	0.779＊＊	0.787＊＊	1

注:＊＊表示 P<0.01。

(4)假设检验

①多变量的回归分析

在检验变革型导师风格、创新自我效能感及创新行为三者存在影响关系后,利用层级回归,进一步了解变革型导师风格各维度与研究生创新行为的关系。在控制了控制变量后进行层级回归分析,检验结果详见表 4.97。M1 未通过 F 检验,即控制变量不影响数据分析结果。其余模型回归方程均通过 F 检验,即自变量整体对因变量有显著的线性关系。智力激发(M3,$\beta=0.357$,P<0.001)、导师魅力(M5,$\beta=0.204$,P<0.05)对研究生创新行为有正向影响,个性化关怀(M4,$\beta=0.118$,P>0.05)、愿景激励(M6,$\beta=0.146$,P>0.05)与研究生创新行为间不存在显著性相关

关系;智力激发(M10,β=0.437,P<0.001)、导师魅力(M12,β=0.251,P<0.05)、愿景激励(M13,β=0.354,P<0.001)与创新自我效能感显著正相关,个性化关怀(M11,β=0.142,P>0.05)与创新自我效能感间不存在显著性相关关系。但变革型导师风格总维度与创新行为(M2,β=0.384,P<0.001)、创新自我效能感(M9,β=0.481,P<0.001)均有显著正向影响关系,创新自我效能感(M7,β=0.437,P<0.001)能正向预测研究生创新行为。由此,H1、H2、H3 得到验证。

表 4.97　层次回归分析结果

研究变量	创新行为						
	M1	M2	M3	M4	M5	M6	M7
学生性别	0.033	−0.033	−0.024	−0.028	−0.028	−0.029	−0.004
学生年级	−0.012	−0.012	−0.021	−0.026	−0.022	−0.015	−0.015
硕士类型	−0.047	−0.047	−0.061	−0.059	−0.063	−0.066	−0.039
学位类型	−0.037	−0.037	−0.054	−0.054	−0.039	−0.033	0.004
导师职称	−0.062	0.062	0.023	0.030	0.046	0.047	−0.018
变革型导师风格		0.384***					
智力激发			0.357***				
个性化关怀				0.118			
导师魅力					0.204**		
愿景激励						0.146	
创新自我效能感							0.437***
调整后 R^2	−0.005	0.128	0.112	0.114	0.123	0.124	0.188
F	0.727	8.727***	7.419***	6.610***	6.322***	5.800***	11.856***
研究变量	创新自我效能感					
	M8	M9	M10	M11	M12	M13
学生性别	0.085	0.009	0.016	0.012	0.011	0.009
学生年级	0.000	−0.012	−0.010	−0.017	−0.011	0.004
硕士类型	−0.019	−0.004	−0.036	−0.034	−0.039	−0.047
学位类型	−0.108	−0.106	−0.129	−0.130	−0.111	−0.097
导师职称	−0.129	−0.006	−0.026	−0.017	0.003	−0.004

续表

研究变量	创新自我效能感					
	M8	M9	M10	M11	M12	M13
变革型 导师风格		0.481***				
智力激发			0.437***			
个性化关怀				0.142		
导师魅力					0.251**	
愿景激励						0.354***
调整后 R^2	0.027	0.238	0.204	0.209	0.223	0.248
F	2.707***	16.801***	14.015***	12.462***	11.933***	12.111***

注:** 表示 $P<0.01$;*** 表示 $P<0.001$。

②结构方程模型检验

为精准地呈现变革型导师风格、创新自我效能感和创新行为间的关系,本研究根据假设检验构建结构方程模型(图 4.52),进一步对研究假设和理论模型进行检验。

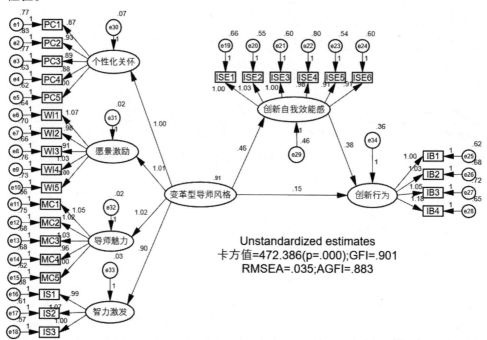

图 4.52 变革型导师风格对研究生创新行为影响的结构方程模型图

模型拟合度指数如表 4.98 所示,$\chi2/df$ = 1.377,GFI = 0.901,AGFI = 0.883,CFI = 0.972,TLI = 0.969,RMSEA = 0.035,SRMR = 0.039,除了 AGFI 达到可接受标准,其余均达到理想标准。因此,本研究认为变革型导师风格与研究生创新行为的结构模型拟合度相对较高。

表 4.98　模型整体拟合度分析表

模型拟合度指数	$\chi2/$df	*GFI*	*AGFI*	*CFI*	*RMSEA*	*SRMR*
适配值	1.377	0.901	0.883	0.972	0.035	0.039
理想判断标准	<3	>0.9	>0.9	>0.9	<0.05	<0.05

(5)中介效应检验

研究采用 AMOS24.0 中自助法(Bootstrapping)对研究生创新自我效能感的中介效应进行显著性检验,设置偏差校正百分位重复抽样 5000 次,选择 95% 置信区间,主要考察中介效应的置信区间是否包含 0,若包含,则中介效应不显著,相反则中介效应显著,以此对创新自我效能感的中介效应进行检验。

中介效应检验结果如表 4.99 所示,中介效应检验结果显示,创新自我效能感的间接效应置信区间(偏校正置信区间:0.106~0.328,百分位置信区间:0.1~0.321)、直接效应的置信区间偏校正置信区间:0.038~0.308,百分位置信区间:0.039~0.31 均不包括 0,Z 值均大于 1.96,各研究变量间的具体机制如下:个性化关怀(0.088~0.260、0.085~0.247)、愿景激励(0.089~0.295、0.087~0.291)、导师魅力(0.089~0.271、0.083~0.263)、智力激发(0.097~0.308、0.092~0.302)中介效应区间均不包括 0,对研究生创新行为的间接效应明显。故创新自我效能感在变革型导师风格与研究生创新自我效能感之间起到部分中介作用,本研究假设 H4 成立。

表 4.99　创新自我效能感的中介检验

路径	效应	估计值	系数乘积		自助法(置信区间95%)				间接效果
					偏校正		百分位		
			SE	Z 值	下限	上限	下限	上限	
变革型导师风格→创新自我效能感→创新行为	间接	0.201	0.055	3.655	0.106	0.328	0.100	0.321	53.74%
	直接	0.173	0.069	2.507	0.038	0.308	0.039	0.310	

续表

路径	效应	估计值	系数乘积		自助法(置信区间95%)				间接效果
					偏校正		百分位		
			SE	Z值	下限	上限	下限	上限	
个性化关怀→创新自我效能感→创新行为	间接	0.158	0.042	3.762	0.088	0.260	0.085	0.247	54.30%
	直接	0.133	0.057	2.333	0.028	0.260	0.025	0.252	
愿景激励→创新自我效能感→创新行为	间接	0.180	0.052	3.462	0.089	0.295	0.087	0.291	55.90%
	直接	0.142	0.068	2.088	0.010	0.277	0.012	0.282	
导师魅力→创新自我效能感→创新行为	间接	0.166	0.045	3.689	0.089	0.271	0.083	0.263	52.37%
	直接	0.151	0.060	2.517	0.034	0.273	0.036	0.276	
智力激发→创新自我效能感→创新行为	间接	0.188	0.053	3.547	0.097	0.308	0.092	0.302	54.65%
	直接	0.156	0.075	2.080	0.024	0.323	0.020	0.319	

4.4.3 有调节的中介模型 VS 有中介的调节模型

1)有调节的中介模型

以依次检验为例,有调节的中介效应显著意味着:

①做 Y 对 X 和 U 的回归,X 的系数显著;

②做 Y 对 X 和 U 的回归,X 的系数显著;

③做 Y 对 X、U 和 W 的回归,X 的系数显著;到此为止说明 W 的中介效应显著;

④做 Y 对 X、U 和 U 的回归,UW 的系数显著。

从上面分析步骤可知,检验有调节的中介效应时,先要检验中介效应,然后检验调节效应。

考虑 X 对 Y 的影响时,W 是中介变量,U 是 Y 与 W 关系的调节变量。就是说,经过 W 的中介效应受到 U 的影响,所以称 W 为有调节的中介,如图 4.53 所示。

有调节的中介模型(Moderated Mediation Model)是同时包含中介变量和调节变量的一种常见模型,这种模型意味着自变量通过中介变量对因变量产生影响,而中介过程受到调节变量的调节,如图 4.54 所示。

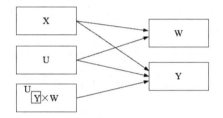 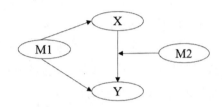

图 4.53 有调节的中介模型　　　　图 4.54　有调节的中介理论模型

2)有中介的调节模型

有中介的调节模型(mediated moderator model)是同时包含调节变量和中介变量的一种常见模型,这种模型意味着自变量对因变量的效应受到调节变量的影响,而调节效应(至少部分地)通过中介变量而起作用,如图 4.55 所示。

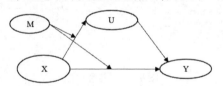

图 4.55　有中介的调节效应模型

以依次检验法为例:

①做 Y 对 X,U 和 UX 的回归。

$Y=co+qX+c2U+cqUX+e$

UX 的系数 C_3 显著(即 U 对 Y 与 X 关系的调节效应显著)。接下来要检验 UX 会通过中介变量对因变量 Y 产生影响。

②做 H 对 X,U 和 UX 的回归。

$W=ao+aX+a,U+azUX+er$

UX 的系数 a3 显著。

③做 Y 对 X,U,UX 和 W 的回归。

$$Y = c_+' cX + cfU \pm UX + bI + e3$$

H 的系数 b 显著。至此说明 UX 通过中介变量 W" 对因变量 Y 产生影响。此时,间接的调节效应,如图 4.56 所示。

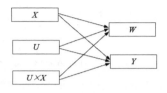

图 4.56　有中介的调节模型

注:用这种方法检验的中介效应的第一类错误率较低,统计功效也较低,即中介效应实际存在,但容易得出中介效应不显著的结论。

U 是调节变量,W 是中介变量。UX 是调节效应项,如果它影响 W,而 W 影响 Y,说明调节效应(至少部分地)通过中介变量 W 而起作用,如图 4.57 所示,称这样的调节效应为有中介的调节效应。

3)混合模型

根据以往有中介的调节模型和有调节的中介模型公式适用性有限的不足,于是混合模型应运而生,既包括有调节的中介,也包括有中介的调节。实质上就是一种排除法,检验各条路径的情况,如图 4.57 所示。

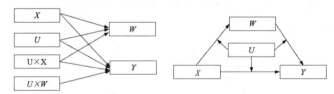

图 4.57　混合模型

混合模型——有中介的调节模型

(1)做 Y 对 X,U 和 UX 的回归

$$Y = c_o + c_1 X + c_2 U + c_3 UX + e_1$$

(2)做 W 对 X,U 和 UX 的回归

$$W = a_o + a_1 X + a_2 U + a_3 Ux + e_2$$

(3)做 Y 对 X,U,UX,W 和 UW 的回归

$$Y = C_0' + C_1' X + C_2' U + C_3' UX + b_1 w + b_2 UW + e_3$$

Muller 等(2005)推导出:

$$c_3 - c_3' = b_1 a_3 + b_2 a_1$$

满足以上条件就可以判定为有调节的中介模型,如图 4.58 所示。

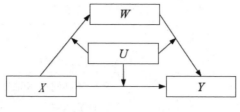

图 4.58　混合模型

4）二者区别

（1）中介效应

原理：间接效应

变量"存在的条件"

①自变量对中介变的变化有显著影响；

②中介变量对因变量的变化有显著影响；

③当自变量对中介变量的影响及中介变量对因变量的影响都受到控制时，自变量和因变量的关系显著降低。

检验方法：

①逐步检验

②Sobel 检验（检验 $H0 : ab = 0$）

③检验 $H0 : c - c' = 0$

新兴代替 Sobel 检验的方法：

①乘积分布法

②Boostrap 法（最常用）

③马尔科夫链蒙特卡洛（MCMC）法

与 X、Y 关系：M 与 X、Y 相关

（2）调节效应

调节变量是影响自变量和因变量关系的方向、强度的变量，既可以是类别变量，也可以是连续变量。

原理：交互效应

检验方法：交互项是否显著

与 X、Y 关系：M 与 X、Y 相关或者不相关都行，最好是不相关

区别：调节作用 VS 交互作用，如表 4.100 所示。

表 4.100　调节作用 VS 交互作用

	调节作用	交互作用
相同点	统计上检验方法相同	
不同点	M 影响了 X 和 Y 的关系	X 和 M 共同作用时对 Y 的影响 ≠ 两者分别影响 Y 的和
	哪个是 X,哪个是 M 是很明确的	X 和 M 的地位是对称的
	分为加强型、削弱型、颠覆型	分为增强型、干扰型

(3)检验调节作用的方法

①分组。

局限性:不知道在统计上两组的系数是不是真的有区别;样本减少。

②多元调节回归(Moderated Multiple Regression, MMR)。

a. 类别变量转化为虚拟变量;

b. 连续变量进行中心化/标准化(目的:减小变量之间的多重共线性 multicol-linearity);

c. 构造乘积项;

d. 构造方程(凡有一阶变量,一阶变量都应该被包括;凡有二阶变量,二阶变量都应该被包括);

e. 调节作用的分析和解释。

若是类别变量——在不同的组中分别计算因变量均值,然后作图

若是连续变量——画斜率的图(划分样本:中位数或者均值 t 标准差)

注意:调节作用的多元调节回归中的分析不用把样本拆成两个样本进行单独分析,而是先用总的样本回归出调节回归方程,再把调节变量的高低带入调节回归方程中。

(4)有调节的中介

中介效应

先考虑中介,然后考虑中介过程是否受到调节。先检验中介,再检验调节。

(5)有中介的调节

调节效应

先考虑调节,然后考虑调节变量是否通过中介变量起作用。先检验调节,再检验中介。具体如表 4.101 所示。

表 4.101 中介效应和调节效应的对比

	中介效应	调节效应
原理	间接效应	交互效应
检验方法	1. 逐步检验 2. Sobel 检验(检验 H0:ab=0) 3. 检验 HO:c-c′=0 新兴代替 Sobel 检验的方法: 1. 乘积分布法 2. Boostrap 法(最常用) 3. 马尔科夫链蒙特卡洛(MCMC)法	交互项是否显著
与 X、Y 关系	M 与 X、Y 相关	M 与 X、Y 相关或者不相关都行, 最好是不相关
	有调节的中介	有中介的调节
重心	中介效应	调节效应
思路	先考虑中介,然后考虑中介过程是否 收到	先考虑调节,然后考虑调节变量是 否通过中介
检验方法	先检验中介,再检验调节	先检验调节,再检验中介
相同点	是一个路径图的两种解释,是"同一个 硬币的两面"	

4.5 调节变量

调节变量是指如果变量 Y 与变量 X 的关系是变量 M 的函数,就是说,Y 与 X 的关系受到第三个变量 M 的影响。调节变量可以是定性的(如性别、种族、学校类型等),也可以是定量的(如年龄、受教育年限、刺激次数等),它影响因变量和自变量之间关系的方向(正或负)和强弱。例如,学生的学习效果和指导方案的关系,往往受到学生个性的影响:一种指导方案对某类学生很有效,对另一类学生却没有效,从而学生个性是调节变量。又如,学生一般自我概念与某项自我概念(如外貌、体能等)的关系,受到学生对该项自我概念重视程度的影响:很重视外貌的人,长相不好会大大降低其一般自我概念;不重视外貌的人,长相不好对其一般

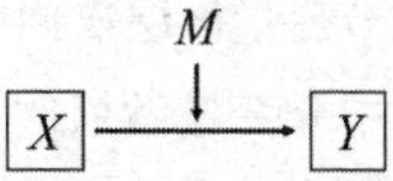

图 4.59 调节变量示意图

自我概念影响不大,从而对该项自我概念的重视程度是调节变量,如图 4.59 所示。

1)调节变量的特征

一般来说,调节变量是定性(如性别、种族、阶层)或定量(如回报大小)变量,影响自变量(IV)或预测变量(PV)与因变量(DV)或效标变量(CV)之间关系的方向或强度。

在相关分析中,调节变量是影响其他两个变量之间的零次相关(the zero-order correlation)的第三方变量。在更熟悉的方差分析中,自变量与通过操控设定为某种条件的因子之间的交互作用代表一个基本的调节效应。

调节变量总是作为自变量,而中介从结果到原因的角色变化取决于分析的重点。

2)调节变量与中介变量的区别

(1)定义

①中介变量(mediator)是自变量对因变量发生影响的中介,也是自变量对因变量产生影响的实质性的、内在的原因。如果变量 Y 与变量 X 的关系是变量 M 的函数,称 M 为调节变量。

②调节变量指考虑自变量 X 对因变量 Y 的影响,如果 X 通过影响变量 M 来影响 Y,则称 M 为中介变量。调节变量可以是定性的(如性别、种族、学校类型等),也可以是定量的(如年龄、受教育年限、刺激次数等),它影响因变量和自变量之间关系的方向(正或负)和强弱。

(2)区别

①研究目的不同。

调节变量研究的目的是 X 何时影响 Y 或何时影响比较大。中介变量研究的目的是 X 如何影响 Y。

②M 的功能不同。

调节变量 M 的功能影响 Y 和 X 之间关系的方向(正和负)和强弱。中介变量 M 代表一种机制,X 通过它影响 Y。

③检验策略不同。

调节变量做层次回归分析,检验偏回归系数 C 的显著性,或者检验测定系数的变化。中介变量做依次检验,必要时做 Sobel 检验。

3）连续调节变量和类别调节变量

定量变量可以分为离散变量和连续变量。

（1）类别变量

类别变量包含有限的类别数或可区分组数，类别数据可能不是逻辑顺序。例如，类别变量包括性别、材料类型和付款方式。

（2）离散变量

离散变量是在任意两个值之间具有可计数的值的数值变量。离散变量始终为数值变量。例如，客户投诉数量或者瑕疵或缺陷数。

（3）连续变量

连续变量是在任意两个值之间具有无限个值的数值变量。连续变量可以是数值变量，也可以是日期/时间变量。例如，零件的长度，或者收到付款的日期和时间。如图 4.60 所示。

如果有离散变量而且想要将其包括在回归或方差分析模型中，可以决定是将其视为连续预测变量（协变量），还是类别变量（因子）。如果离散变量具有许多水平，那么最好将其视为连续变量。将预测变量视为连续变量意味着简单线性或多项式函数足以描述响应和预测变量之间的关系。当你将预测变量视为类别变量时，离散响应值将与变量的每个水平拟合，而不必考虑预测变量水平的顺序。使用此信息，除了可以进行分析以外，还可以确定哪个变量最适合您的情况。

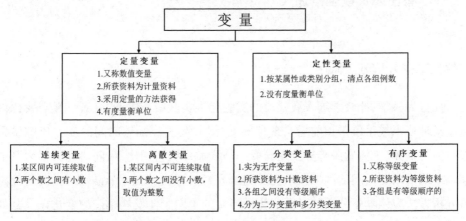

图 4.60　变量分类

4）区分变量的方法

将连续变量作为调节变量的就是连续调节变量，将类别变量的作为调节变量的就是类别调节变量,如图 4.61 所示。

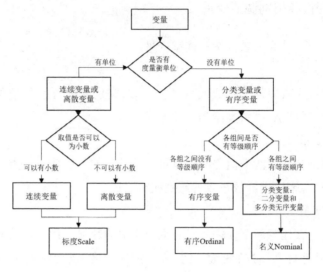

图 4.61　变量区分

4.6　潜在成长模型

4.6.1　潜在成长模型概述

1)纵向数据分析方法概述

在行为科学、社会学等人文社科的实验与准实验研究中,研究者一般需要探讨经过某种技术或手段干预前后某现象的变化情况,关注随着时间的变化研究中某些指标的整体、个体发展趋势及差异等。与横截面资料相比,纵向研究数据因其能够合理地推断变量间的因果关系而受到研究者的青睐。而一个良好的纵向研究资料分析方法应该具备分析随时间变化而产生的不同个体发展轨迹的变化以及其如何受预测变量的影响,同时还可以分析组的水平,即总的平均变化情况。时间序列统计数据中,常用的分析方法主要有:重复测量的方差分析、多水平模型、潜在成长模型等,这里主要介绍的方法就是潜在成长模型。

纵向数据经常应用于行为学、心理学、医学和教育学中,目前分析此类数据最常用的方法为重复测量的方差分析,但后者只能反映总体的增长趋势,不能反映个体增长轨迹的变化。而研究者往往最关心的是纵向数据增长曲线的初始状态和增长率。目前,分析纵向数据既考虑到个体增长,又考虑到总体增长趋势的常用方法主要是多水平模型和潜在成长模型,两种方法均可分析增长曲线的初始状态和增长率的个体差异。多水平模型在国内许多研究领域已得到广泛应用,潜在成长模型作为结构方程模型的一个新变体,逐渐引起关注。

(1)重复测量的方差分析

重复测量是指对同一观察对象的同一观察指标在不同时间或环境下进行的多次测量,用于分析观察指标的变化趋势及有关的影响因素。临床和基础研究中常见这样的设计:中西医结合治疗哮喘,为了动态观察治疗方案对病人生命质量的改善情况,测量了病人治疗前后不同时间(治疗前、治疗后 1 个月、3 个月、半年、1 年、2 年)的生命质量量表的评分,中医药防治老年痴呆的作用机理研究中,为了动态观察药物对痴呆大鼠空间记忆能力的改善情况,测量了大鼠在治疗前后不同时间(治疗前、治疗后 1、2、3、4、5、6、7 天)进行水迷宫实验的潜伏期资料,此类设计均属重复测量设计。

由于重复测量时,每个个体的测量结果之间存在一定程度的相关,违背了方差分析数据独立性的要求,如果仍使用一般的方差分析,将会增加犯Ⅰ类错误的概率,因此完全随机设计的方差分析和成组 t 检验均不适合重复测量资料,这类重复测量资料有相对应方差成分的方差分析方法(以下称"重复测量的方差分析")。重复测量数据的方差分析是对同一因变量进行重复测量的一种试验设计技术。在给予一种或多种处理后,分别在不同的时间点上通过重复测量同一个受试对象获得的指标的观察值,或者是通过重复测量同一个个体的不同部位(或组织)获得的指标的观察值。

使用重复测量方差分析方法是应考虑 5 个基本要素:①重复测量数据中的因变量唯一,且为连续变量;②有两个受试者内因素(Within-Subject Factor),每个受试者内因素有 2 个或以上的水平;(注:在重复测量的方差分析模型中,对同一个体相同变量的不同次观测结果被视为一组,用于区分重复测量次数的变量被称为受试者内因素,受试者内因素实际上是自变量。)③受试者内因素的各个水平,因变量没有极端异常值;④受试者内因素的各个水平,因变量需服从近似正态分布;⑤对于受试者内因素的各个水平组合而言,因变量的方差协方差矩阵相等。

(2)多水平模型

多水平模型(multilevel model),也称随机系数模型(random coefficient model)、分层线性模型(hierarchical linear model)、方差成分模型(variance component model)等,是用于处理具有层次结构数据(hierarchical structure)的一种统计分析方法。研

究中经常遇到层次结构数据,例如研究大学生学习倦怠的影响因素时,观察单位学生"嵌套"于班级水平中,而班级又"嵌套"于学校中,这样可能具有 3 个水平的层次结构数据,即水平 1:学生,水平 2:班级,水平 3:学校。相同班级的学生具有相似性,观测可能不独立,如果忽略了数据的这种层次结构可能导致有偏的参数估计值、较小的标准误、增大 I 型错误,导致错误的分析结果。纵向资料中每个观测单位可被重复观测多次,因此同一观测不同时间点的测量值可视为水平 1,观测个体为水平 2,采用多水平模型分析纵向数据。

多水平模型最先应用于教育学领域,后用于心理学、社会学、经济学、组织行为与管理科学等领域,逐步应用到医学及公共卫生等领域。该模型有如下特点:①不需要建立在个体独立性的假设上,可修正因观测数据的非独立性引起的参数标准误估计的偏倚;②可同时分析低水平和高水平自变量对结局的影响;③可分析随机斜率和跨水平交互作用等。多水平模型根据实际情况一般可分为两大类:随机截距模型和随机斜率模型,随机截距模型是假设水平与单位之间不仅截距相同,斜率也相同;而随机斜率模型则假设水平与单位间截距和斜率均不相同。

(3)潜在成长模型

潜在成长模型的原始概念最早由 Tucker 与 Rao 等人于 1958 年提出的,McArdle 于 1988 年、Meredith 和 Tisak 于 1990 年在前人的研究基础上提出了潜在成长模型(latent growth curve model,LGM),此后关于潜在成长模型的相关研究在国外迅速得到广大学者的重视。潜在成长模型的理论架构缘起于结构方程模型(SEM)的验证性因子分析(CFA),潜在成长模型主要用于分析重复测量的变量在不同时间点的变化情形,可同时考虑个体和整体的变化情况是该模型的独特之处。

潜在成长模型是结构方程模型的变体,因此分析结构方程模型的软件,例如EQS、Lisrel、AMOS 等软件均可完成 LGM 的分析,且潜在成长模型的理论基础来源于方法学纵向研究的理论模型,其未来具有广阔的发展前景。当结构方程模型遇上纵断面数据时,例如同一变量随着时间变化,产生多个观察结果,则可通过限制特定路径系数方式,检验变量随时间的轨迹变化产生截距和斜率的潜变量模型。

2)认识潜在成长模型

(1)潜在成长模型的相关概念

Bollen 等人[①]认为,传统纵断面数据研究多以重复测量的方式进行资料搜集,如相依样本 t 考验、相依样本 ANOVA、相依样本 ANCOVA、相依样本 MANOVA、相

---

① Bollen K A,Long J S. Testing structural equation models[M]. Newbury Park,1993.

依样本 MANCOVA 等分析方法。这些分析方法处理的是观察变项,也就是分析资料个体内的改变量,却混合了真实分数与测误差,无法精确分析个体内的变化。潜在成长模式则修正了这一限制,其主要概念采用两因素线性成长模式。假设有 p 个人(p=1,2,…,N)在某 t 时间(t=0,1,2,3),观察结果就是 Y,就可以得到:

$$Y_{pt} = \eta_{ip} + \eta_{sp}\alpha_t + \xi_{pt}$$

上述公式指出每个人 p 在每个时间 t 得到的观察值 Y。其中,n_{ip} 表示截距或是每个人 p 起始的程度 i,在 t 时间所得到的情况;n_{sp} 表示每个人 p 的斜率或成长率;α_t 为多重系数设定,表示时间点,像是 0、1、2、…、t,要注意的是,0 是表示开始测量点;ε_{pt} 表示特定时间随机误差。

潜在成长模型类似于含有均值的结构方程模型,它通过因子(潜变量)来描述纵向测量的发展特征,不仅对整体发展趋势进行分析,而且可以就增长趋势存在的个体差异进行分析。该模型可以处理重复测量数据,考虑不同时间点增加或减少情形并加入测量误差分析,其程序能比传统的回归获得更佳的参数估计值,对结果变量有更好的解释,参数估计结果与实际情况更接近。模型中包含两个潜在变量,一个潜在变量描述所有观测值的起始状态,类似于简单回归分析中截距(intercepts)的概念,透过此变量可以了解每一观测值在第一个时间点的情形;另一潜在变量则是描述各观测值在被观测期间的成长(或衰退)情形,类似于简单回归分析中斜率(slope)的概念。如图 4.62 所示,为四个时间点的潜在成长模型。如图 4.62 所示,X1、X2、X3、X4 分别为四次重复测量值,E1、E2、E3、E4 为四个时间点的测量误差;潜在成长模型中含有两个潜在变量:第一个为截距因子(intercepts,简称 ICEPT)、第二个是斜率因子(SLOPE)。对于三个或三个以上时间点的测量,通过指定因子载荷来定义某种特征随时间变化的曲线类型。如图 4.62 中潜在成长模型中,截距因子在四次测量上的因子载荷均为 1,而斜率因子的因子载荷限定为 0、1、2、3。

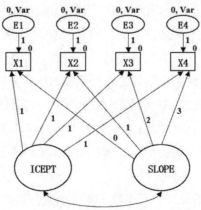

图 4.62　潜在成长模型图

截距因子:不考虑协变量或协变量被中心化情况下,描述研究变量的初始水平,对任何观测个体来说,截距是个常数,因此在每个重复测量变量上的固定因子载荷为1,截距因子表示个体的基线状态,即反映第一次测试时的观测水平,截距因子的均值为 M,方差为 D,均值描述第一次测量时总体均值的估计,方差描述第一次测试时个体间的差异。

斜率因子:描述个体轨迹的斜率,斜率因子的均数为 M,方差为 D,描述个体间斜率的变异。虽然载荷的选择是主观的,但会影响到截距因子均数和方差的解释,因子载荷选择合适,有助于模型参数的解释,所以一般固定每个重复测量变量 X1、X2、X3、X4,到斜率因子的路径值分别为 0、1、2、3。当然也可以容许后边的重复测量时间点的路径自由估计,减少自由度。

(2)潜在成长模型的分类

潜在成长模型相当于在验证性因子分析的基础上加上均数结构(mean structure),其模型可分为无条件潜在成长模型与条件式潜在成长模型。无条件潜在成长模型包含:单因子潜在成长模型(single factor LGM)、二因子潜在成长模型(IS-model)、片段式潜在成长模型(piecewise LGM)、累积式潜在成长模型(addictive LGM)、非线性潜在成长模型(non-linear LGM)。条件式潜在成长模型(conditional LGM)包含多变量潜在成长模型(multivariate LGM)、二阶潜在成长模型。其中无条件潜在成长模型最为常见。需注意的一点是,单因子潜在成长模型假设只有截距项存在,二因子潜在模型进一步假设单一平均截距项参数与线性斜率参数是存在的。

3)潜在成长模型的设计要求

(1)潜在成长模型的数据要求

研究变量的稳定性与变化是社会科学研究的核心。潜在成长模型主要通过潜变量(截距和斜率)来描述重复测量变量的发展特征。潜变量增长模型中不仅关注潜变量的均值,同时关注其方差;前者描述了整体的增长趋势,后者则代表增长趋势存在的个体差异,是研究变量稳定性与变化的最佳方法。

用结构方程模型来处理(时间)数据的要求主要包括以下4点:①因变量应为连续变量,且时间至少跨三个时期;②数据跨期不一定要相同,但每一样本均要有相同的时间间隔;③数据分数的单位,在跨期评估时必须是相同的;④样本数需要大到足以检验出样本间的差异。

潜在成长模型的起始点与成长率两个变量的测量加权是依据直线成长模型来设定的,不是估计值,在解释上采用未标准化解,起始点及成长率两个潜在变量因子的左右两个数据分别代表平均值与方差。平均值(固定效果)截距代表所有样本的平均起始值,斜率代表所有样本的平均成长率。方差(随机效果)截距代表所有样本之间起始值差异大小,斜率代表所有样本之间成长率差异大小。

(2)潜在成长模型的应用步骤

潜在成长模型的参数设定需遵循以下 4 点要求:①截距与斜率的协方差(相关)、截距的方差绝对不要设 0;②不要设截距因子→斜率因子,反之亦然;③斜率的方差可设 0,也可自由估计;④除了截距与斜率的标准化相关可以解释之外,一律不解读其余标准化的估计值。

潜在成长模型在研究设计上的步骤为:①绘制出观察变量的均数并决定模型的形式,检视观察变量的方差数,初步了解均数的变化情况;②检验无条件成长模型 x、CFI、RMSEA 等值;③估计并解释模型参数;④结论;⑤如截距与斜率方差是显著的,可接着检验有条件成长模型。

点击菜单栏"Plugins"选项→选择并单击"Growth Curve Model"选项→选择成长模型的期数并填写相应的数字→点击"OK"按钮生成相应期数的预设模型。其操作步骤如图 4.63 所示。

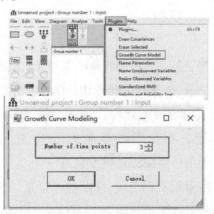

图 4.63 预设潜在成长模型绘制步骤图

如图 4.64 所示,X1、X2、X3、X4 指的是四期模型数据的时间(时间 1、时间 2、时间 3、时间 4);模型假设最开始的平均值是 0;Var 是假设四期时间数据方差是同质的;下面的两个圆圈分别表示的是截距(ICEPT)和斜率(SLOPE),所以预设模型也可以称为截距与斜率模型(IS model)。

在预测模型中,起始数据相加再除以个数就会得到 IMean,即起始值的平均截距,四期的平均值就会连成一条直线就为截距(如果线是垂直后竖直的就是截距为 0);取各斜率的平均值就会得到一个平均斜率(SMean);IMean 和 SMean 成为固定效果(fix effect)。每个数据的斜率减去平均斜率的差,先平方相加再除以(n-1)再平方所得的值就叫作斜率的方差(SVariance);每个数据的截距减去平均截距的差先平方相加再除以(n-1)再平方所得的值就叫作截距的方差(IVariance);SVariance 和 IVariance 就佳作随机效果(random effect)。协方差(covariance)是用于判断:当模型的截距一开始就比较高的时候,那么斜率的成长是快是慢。

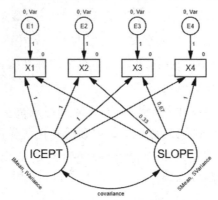

图 4.64 预设潜在成长模型

4.6.2 无条件潜在成长模型

截距和斜率分别代表了某一变量的起始状态和变化轨迹。截距的均值反映了所有个体起始水平的平均值,而截距的变异则反映了个体起始水平的异质性。同样地,斜率的均值反映了总体的变化速度,而斜率的变异则反映了变化速度的个体差异。这种对变化趋势进行简单描述的模型称为无条件潜在成长模型(Unconditional LGM)。无条件潜在成长模型只有一个变量,也就是只有因变量没有自变量或者是只有自变量没有因变量,即单独考察某一变量随时间变化发展轨迹的模型。在线性无条件潜变量增长模型中,研究只需要估计截距和斜率即可。

无条件潜在成长模型的模型数据需要满足 4 个条件:①因变量(y)需为连续变量,且时间至少必须跨三期(T=3);②数据期间可以不同,但每一个样本的时间间隔需要一致,也就是说数据收集间隔可以不一样,同一时间要收集相同数据量;③数据分析的单位,在跨期间必须是一致的或是可转换成相同单位,简单来说就是这次的调查问了什么问题,下次的数据调查也应该调查一样的问题;④样本数需大到足以检定出样本间的差异,一般做潜在成长模型的样本量应该达到估计参数的十倍。

无条件潜在成长模型分析过程中,不可忽视的 5 个主要估计参数:①截距(Intercept),即起始值的平均值。②截距方差(Intercept Variance),样本起始值与平均起始值的差异。③斜率(Slope):整体平均成长率。斜率表示的是从起始点到最终点改变的比率,斜率大表示改变得比较多,斜率正负解释随着研究的不同而不同。例如,减重课程相关的潜在成模型中,斜率是负的表示减重有效果;学习成就方面的潜在成模型中,斜率是正的则表示学习有进步。斜率为 0 表示没有改变,但未必代表不好。如水质侦测测试的研究中,多年来斜率不变,表示水质没有改变。④斜率方差(Slope Variance),样本成长率与平均成长率的差异。⑤协方差(Covariance),截距与斜率相关的大小。所有类型的潜在成长模型,一定要估计以上 5 个参数,无论该模型是由几期数据组成。有 5 期的话,每一期都有一个平均值,所以他就会估计 10 个参数,4 期有 9 个参数,3 期有 8 个参数。1 个参数 10 个样本,所以最少都要有 80 个样本,80 以上才能避免违反基本的参数估计准则。

4.6.3　基本潜在成长模型估计流程

1)基本潜在成长模型

(1)基本潜在成长模型的概念

潜在成长模型除了可以对变化的趋势进行简单的描述,还可以检验截距和斜率的系统差异,即条件潜在成长模型(Conditional LGM)。如果这两个参数与某一时间变异(Time-variant)或时间恒定(Time-invariant)因素存在显著的共变关系,那么在变化上的个体差异便可以确定为系统性差异。

将分组变量作为预测变量建立模型,分组变量可能影响截距和斜率因子,实际上描述的是组别和发展轨迹的交互效应,可以帮助解释为何有的个体有较高(或较低)的截距(初始水平),而有的个体发展轨迹陡峭(或平坦),模型如图 4.65 所示。扩展仅含一个分类预测变量的潜在成长模型,可以在模型中包括多个协变量来解释模型中截距和斜率因子的变异,这种模型被称为条件式潜在成长模型或条件潜变量轨迹模型(conditional latent trajectory modeling)。实际分析数据时,有可能研究资料的增长趋势是非线性的,这时可以拟合潜变量非线性增长曲线模型,首先作图直观观察是否有非线性趋势,如果偏离线性,可以增加二次项(quadratic term)或更高阶,但至少需要 4 个重复测量时间点,否则模型不能被识别。与结构方程模型一样,对模型的拟合效果进行评价时可以参照卡方统计量,CFI、TLI、RMSEA 等拟合指数。

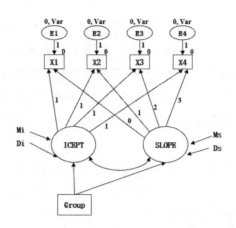

图 4.65 含有预测变量的两因子潜变量增长曲线模型

(2)基本潜在成长模型的分析步骤

潜在成长模型能够分析具有层次结构的纵向数据,常用的方法有全息极大似然估计(full in-formation maximum likelihood)和限制性信息方法(limited informa-tion),由于潜在成长模型是基于结构方程模型的理论,所以具有结构方程模型的优点,可以分析变量间直接和间接的因果关系,也可以方便地分析纵向测量资料中潜变量间的关系,这一点是多水平模型所不具有的。它的另一个优点是不仅可以容纳不随研究时间进展而变化的固定协变量(time invariant covariate),还可以分析随时间而变化的时变协变量(time-varying covariate),以探讨协变量对发展轨迹的影响。

基本潜在成长模型,即条件式潜在成长模型的模型与数据分析主要包括以下五个流程:①检验模型是否是无条件成长模型,无条件成长模型的检验需要符合 χ^2(chi-square)、CFI(comparative fit index)和 RMSEA(root mean-square error of ap-proximation)这三个最基本的拟合度标准;②估计并解释模型参数;③撰写研究的结论(Tell your story);④若截距/斜率方差具有显著性(个体间不一样),则需要找预测变量估计无条件成长模型[找多个变量来解释无条件模型(无自变量),这时模型就会变为多变量模型(条件成长模型,代表有自变量)]。当截距与斜率的方差显著时,表示有可能可以找到适当的预测变量来解释初始状态的不同及改变的差异所为何来;若截距和斜率的方差不存在时,代表人与人的差异很小;当截距和斜率的方差不显著时,研究(无条件成长模型)就结束。

2)潜在成长模型案例分析

(1)问题的提出

本研究选取了某学校的 6 岁学生作为研究对象,观察学校制定并实施的营养午餐计划对于学生成长过程中的体重变化是否存在影响,体重是否随时间增加而增加,不同的学生的体重成长是否有差异,如果存在差异有何原因可以解释? 研究以 2 年的时间为间隔,首先研究测量了被试学生 6 岁时的体重,用以判断被试间的初始体重是否存在显著差异;其次,分别在 27 名被试学生 8 岁、10 岁、12 岁、14 岁时记录其体重数据,最终经过整理归纳,形成本研究所学的相关数据资料。

(2)模型构建

打开绘图软件 AMOS,点击上方菜单栏选项中的"File"按钮下的"Open"选项新建一个项目文档→点击上方菜单栏选项中的"Plugins"按钮→选择并单击"Growth Curve Model"选项→选择成长模型的期数 4→点击"OK"按钮生成相应期数的预设模型→点击按钮"Select data file(s)"选择并导入数据档案→点击按钮"List variables in data set"将数据选入到模型中→设定初始斜率(假设学生体重呈线性增长的,则设置第一期的斜率为 0,后面期数的斜率设为 1、2、3)→点击按钮"Calculate estimates"分析数据,如图 4.66 所示。

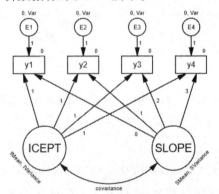

图 4.66　预设后的体重变化潜在增长模型图

双击所设置的初始斜率数字打开对话框,点击"Parameters"菜单下的"Orientation"对话框,下拉菜单并可以选择"Horizontal"选项即可摆正数字位置。如图 4.66 为预设后的体重电话潜在成长模型图。图中 y1、y2、y3、y4 分别表示的是所调查对象 8 岁、10 岁、12 岁、14 岁四个时间段的体重测量数据。

Chin 提出,SEM 分析时无需对每一模型提出假设陈述,而是对 SEM 整体模型与样本资料拟合度的评估。因此,研究的第一个假设为模型期望协方差矩阵与样本协方差矩阵之间无显著差异:$S - \Sigma(\theta) = 0$,S 为样本协方差矩阵,$\Sigma(\theta)$ 为模型期望协方差矩阵。由此提出如下假设:

H1:期望协方差矩阵与样本协方差矩阵有差异。

H2:研究对象的初始体重与其体重增长率之间存在显著相关。

(3)结果分析

数据分析完成后,点击左上角的"View the output path diagram"即可查看运行完成后的潜在成长模型图,如图 4.67 所示。从图中可以看出,模型中起始值的平均截距 IMean 值为 22.04、截距的方差 IVariance 值是 3.38,说明研究所调查学生的初始平均体重大约是 22.04 公斤,初始方差值为 3.38,表明学生之间的体重范围大概在 $22.04 \pm \sqrt{3.38}$ 区间内;模型中的平均斜率 SMean 值是 1.32、斜率的方差 SVariance 值是 0.18,说明研究所调查的学生大约每两年体重增加 1.32 公斤,即每一年学生体重增长 0.66 公斤。

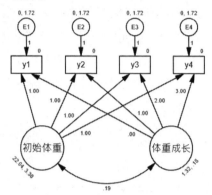

图 4.67　带入数据运算后的潜在成长模型图

点击左侧的"View Text"按钮,即可查看模型运算后的报表数据→选择"Estimates"选项下的"Mean"查看平均值→点击"Estimates"选项下的"Variances"查看模型的斜率和截距→查看"Estimates"选项下的"Covariances"→选中"Model Fit"查看模型拟合度。整合数据资料后得到如表 4.102 所示的模型拟合度检验表和表 4.103 所示的参数估计结果。

拟合度主要用于检验结构模型和样本数据间的拟合程度,本研究主要参照 Jackson 等人的研究结果,采用 χ^2、TLI、IFL、CFI、SRMR 等指标来衡量模型的拟合度。如表 4.102 所示,在模型拟合度检验中,卡方值为 6.226、自由度为 5、卡方除以自由度即 $\chi^2 = 1.085$;此外,拟合度指数 TLI 需高于 0.90,本案例的 TLI 为 0.992;增量拟合度指数的 IFI 需高于 0.90,本案例的 IFI 为 0.989;拟合度指数 CFI 需高于 0.90,本案例的 CFI 为 0.98 以及标准化残差均方根 SRMR 应低于 0.05,SRMR 为 0.040,模型拟合度良好,说明初始模型与实际数据较为适配。因此,研究假设 H1 样本协方差矩阵与期望协方差矩阵有差异不成立。从整体模型拟合度来看,均符合建议标准。因此,假设学童体重成长为线性模式是可以接受的。

表 4.102　模型拟合度检验

拟合指标	可容许范围	本研究拟合值	模型拟合判定
χ^2	越小越好	1.085	符合
TLI	>0.90	0.992	符合
IFI	>0.90	0.989	符合
CFI	>0.90	0.989	符合
SRMR	<0.05	0.040	符合

从表 4.103 中可以了解到,所研究对象初始体重的平均值为 21.99 公斤,且体重的增长速度为每两年增长 1.36 公斤,这与一开始的模型图研究结论保持一致。初始体重和体重成长的 P 值都是显著的,表示两年来体重确实呈上升趋势。研究对象的初始体重有 68%(1 个标准偏差)的人在 21.99±1.77 公斤之间;且研究对象在研究期限中,每两年体重的成长 68% 的人在 1.36±0.579 公斤之间,协方差中 P 值不显著,代表初始体重与体重成长率无关,即研究假设 H_2 不成立。

表 4.103　参数估计结果

符号	标签	估计值	显著性
	截距与斜率		
Imean	学生 6 岁时的平均体重	21.989	＊＊＊
Smean	学生 6 年来每两年体重的平均成长	1.362	＊＊＊
	方差及协方差		
Ivar	学生 6 岁时的平均体重差异	3.146	0.013
Svar	学生 6 年来每两年体重的成长差异	0.335	0.113
IScov	学生 6 岁时的初始体重对体重成长的影响	0.143	0.679
	Level 1 测量误差方差		
E1	6 岁时体重的测量误差	2.108	0.027
E2	8 岁时体重的测量误差	1.462	0.007
E3	10 岁时体重的测量误差	2.313	0.003
E4	12 岁时体重的测量课差	0.309	0.710

(4)条件式潜在成长模型

删除斜率和截距之间的相关以及 Mean 和 Variance 参数设定→单击左侧工具栏中的"Draw observed variables"按钮绘画一个变量框→将变量与模型间拉路径关

系→被刺中的变量加残差→两个变量的残差拉相关(是重复测量且被估计的两个变量的残差本身是不独立的且截距一定会和体重成长有关系)→执行数据分析。带入数据运行后得到如图 4.68 所示的条件式潜在成长模型图。

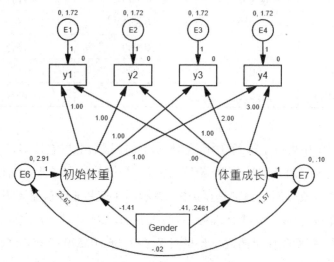

图 4.68 条件式潜在成长模型图

性别对体重成长的 P 值为 0.021<0.05,性别对体重成长说明存在显著差异,但协方差估计值 Estimate 为-0.610。潜在成长模型中,如果是协方差正值而且显著,表示一开始体重愈重的学生,其体重增加愈快;若协方差为负值且显著,表示一开始体重愈重的学生,其体重增加较一开始体重轻的学生慢。本案例的数据分析结果显示,协方差是负数且显著,说明女性成长的体重比男生高(数据分析时是号码大的减去号码低的,0 表示女生 1 表示男生,初始体重是负值,且女性一开始的体重高于男性)。其次,性别与研究对象的初始体重间无显著差异,说明性别对学生的初始体重没有影响,如果是显著的话可解释成一开始的初始体重,女生比男生重。

近年来,国内及国际学术期刊对追踪数据的研究方法论日益重视。随着统计分析方法的快速进步和统计方法与理论的迅速发展,以及统计软件包程序(如 LIS-REL、EQS、AMOS、MPLUS 等)的盛行,为处理追踪研究数据提供许多便利,也使得研究者能快速理解原本需要复杂运算的数学模型,缩短理论与实证应用间的落差。潜在成长模式分析是目前被广泛应用于纵向研究资料的统计方法之一,通过此分析可以让研究者观察重要变项在不同时间点增加的变化情况,并且捕捉变项的动态过程。在潜在成长模式的设定下,截距和斜率在不同时间点的变化相当重要,意指重复测量变项在时间点的增加之下,检测变项的初始状态和变化率的改变或不改变。虽然潜变量增长曲线模型有很多优点,但也有局限性,例如要求相对较大的样本量。纵向研究资料往往会遇到数据缺失的情况,对于缺失值的处理方法、分类变量的潜变量增长曲线模型、潜变量混合增长模型(latent growth mixed model)等都是目前研究的热点。

第5章　教育实证研究进阶应用

5.1　信效度检验

在运用结构方程模型分析研究潜变量之间的结构关系时,需要根据可测量的变量收集相应的数据。如果提前设计好模型,就需要根据问卷设计来调查收集验证模型所需要的数据。当使用问卷回收的数据时,数据是否能够说明调查的结论,就需要对数据的信度、效度进行检验分析。这在一定程度上决定了研究结果的可信度。

5.1.1　信效度检验概念

信度是指检测的结果之间具有内在的一致性度或相对稳定性度的程度。信度一致性试验主要是指通过对检测数据结果之间的信息一致性程度及信息稳定性等进行试验。一致性测量主要是体现被测量的项目数据间存在的某种内在关联,检验项目所测试的特征或内容是否相同。稳定性是指同一批被试在不同时间通过同一检测工具(如问卷)进行重复检测的结果间的信度系数。可靠性系数越高,测量工具的稳定性越好。样本特征、项目数量和量表水平都影响信度测量。

有效性是指测量结果的准确性和有效性的程度。效度检验是指实际测量结果与调查内容的一致性。测量结果与调查内容越一致,效度越高;否则,效度较低。测试有效性应当指定测量的目的和范围,考虑到测量内容和分析其性质和特征,检查测量内容是否符合测量的目的,然后判断测量结果的有效性。

5.1.2　信度检验方法

1）重测信度法

重测信度（test-retest reliability），又叫稳定系数，指对同一研究对象使用同一工具两次或两次以上所得结果的一致性。这往往表明研究工具的稳定性。一致性和重测信度越高，说明研究工具的稳定性越好。

2）复本信度法

复本信度，也叫等值系数，是以两个等值但题目不同的测验（复本）来测量同一群体，然后求得被试者在两个测验上得分的相关系数。复本信度也要考虑两个复本实施的时间间隔。如果两个复本几乎是在同一时间内施测的，相关系数反映的才是不同复本的关系，而不掺有时间的影响。如果两个复本的施测相隔一段时间，则称稳定与等值系数。

3）折半信度法

折半信度（split-half reliability）又称内部一致性系数，指对一组人使用一次工具，根据工具中的每个项目，将每个人的分数分成两组，如奇数问题、偶数问题或组的前半部分、组的后半部分，并计算出两组分数的相关系数。通常用于反映研究工具的内部一致性。两部分之间的相关度越高，相关系数越接近 1，表明测量工具在内部一致性方面具有更高的可靠性。分组方法归纳为前后半法和奇偶半法。重要的是要注意，不同的折半可能会导致不同的结果。根据重测信度中列出的公式计算 r 系数。由于问题减半了，所以问题只剩下原来问题的一半，如果长度减少，可靠性就会降低。然后使用斯皮尔曼-布朗公式进行修正。如果折半信度非常高，则表明问卷中各题项的难度相当，调查结果信度高。

4）Cronbach's α系数法

Cronbach's α系数是测试的内部项目检查相同内容的程度。即评价量表各条目得分之间的一致性，即累积李克特量表的思维信度。α 信度系数法是常用的内部信度系数法。Cronbach 信度的检验公式为：

$$\alpha = \frac{k}{k-1}\left(1 - \frac{\sum \sigma_i^2}{\sigma^2}\right)$$

其中 k 表示题目数, σ_i^2 为第 i 题的调查结果方差, σ^2 为全部测量结果的方差。

在 AMOS 中,比较常使用组成信度(Composite Reliability, CR)来估计多维测验的信度,CR 值是所有测量变量信度的组合,表示构面指标的内部一致性,相当于 Cronbach's α,CR 值越高,表示构面内部的一致性越高。CR 值在 0 ~ 1 之间,越接近 1,信度越高,表示构成这一潜变量之间的指标之间关联度较高。一般来说,在实际应用中,为保证潜变量的可信程度,通常常用 0.7 作为可以接受的标准。

5.1.3 效度检验方法

根据效度的定义,测量工具的效度可以从内容效度(content validity)、效标效度(criterion validity)和结构效度(construct validity)三个方面来度量。

1)内容效度

内容效度是指测验题目对相关内容或行为取样的适用性,即是否反映了测评的全部内容,从而确定测验是否是待测行为领域的代表性样本。内容效度不等于表面效度(face validity),表面效度是由外行对测验作表面上的检查确定的,并不反映实际测量的东西,而只是指测验表面上似乎是测量的内容;内容效度的评价通常采用逻辑分析和统计分析相结合的方法。逻辑分析一般由专家或研究人员进行,判断所选项目是否"看起来"符合测量目标和要求。例如,问卷的内容是否可以涵盖待研究问题的各个方面。如果具体而全面,则具有极好的内容效度。例如,研究学生对上课学习的满意情况,除了需要考虑教师的教学方法、教学内容的丰富与实用性、师生互动情况,还需考虑学习环境与设备情况等。一般认为内容效度是定性的判定,比较主观,可以采用德尔菲法即专家评估的方法。

2)效标效度

效标效度是指用不同的测量方法或指标对同一变量进行测量,其中一个作为标准(criteria),然后将其他方法或指标与该标准进行比较。如果其他方法或指标也有效,则该测量具有标准效度。评价标准效度的常用方法是相关分析或差异显著性检验。效标效度的测定用相关系数表示,称为标准效度系数。运用标准效度系数一是需要注意选用的效标,要找到一个普遍认同的标准比较困难;二是要判断这个效标的可靠性。

3）结构效度

结构效度又称构造效度,是指测验通过反映理论和测量结果的一致性来试图衡量理论结构和特征的程度。结构效度是对测试结构与原始理论的吻合程度的评估。构建效度测量从潜在变量开始,并表示为可测量变量的相关系数。事实上,虽然内容效度和效标效度由于需要专门的定性研究或普遍接受的标准测量而难以操作,但可以通过各种方法获得结构效度。

5.1.4　信效度检验操作

接下来以"顾客对某公司满意度"为例,在 IBM SPSS AMOS24.0 软件构建好假设模型后,进行验证性因子分析,检验结构模型的信度、效度。

首先按照操作步骤建立几个测量模型(具体操作见第 4 章),如图 5.1 所示。

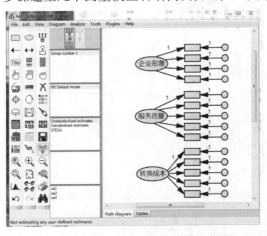

图 5.1　建立初步模型

此时模型只含有潜变量,缺乏指标变量,接下来需要建立潜变量的指标变量。点击左边的绘图工具栏区 ▦ 图标或者快捷键【Ctrl + D】,或者点【File】、【Data files】,在出现的窗口中选择【File Name】,浏览电脑文件,导入已准备好的数据文件,文件格式可以是.xls 或者是.sav 等。如图 5.2 所示,此处选择的数据文件格式为.sav。

选择好文件后,点击【OK】,成功导入数据,如图 5.3 所示。

数据文件含有构建模型需要的指标变量。点击左边的绘图工具栏区 ▦ 图标,会出现【Variables in Dataset】(数据集中的变量)对话窗口,可查看数据文件中所有的变量名称。如图 5.4 所示,在开启【Variables in Dataset】(数据集中的变量)对话窗口状态下,按住数据文件的观察变量直接拖动至模型中的观察变量长方形对象内即导入了指标变量。

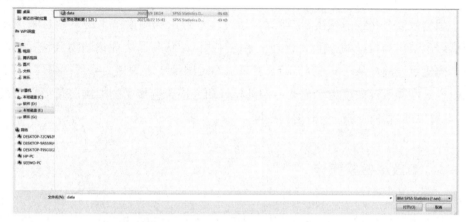

图 5.2　选择数据文件

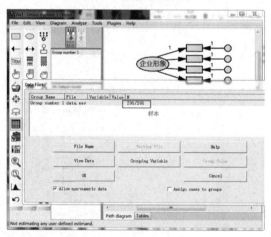

图 5.3　导入数据

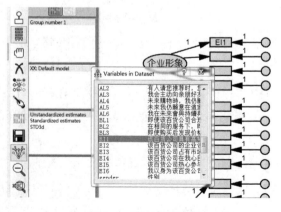

图 5.4　建立指标变量

设置好指标变量后,还需要为指标变量设置误差变量即残差。可以直接双击指标变量旁的误差变量圆形图标，出现【Object Properties】窗口,如图 5.5 所示。在【Variable name】填写误差变量名称,在【Variable label】方格子输入变量的注解,如"误差变量",如果有输入变量的注解,则模型会呈现变量的注解,若是没有输入变量注解,则会直接呈现变量的名称,由于误差变量英文是 error,故通常以简写的 e1、e2 等表示。

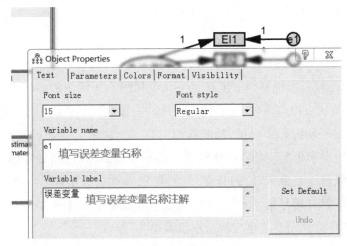

图 5.5　误差变量设置

(1)设置好潜变量的指标变量和误差变量后,按照研究者预先的设想给潜变量拉相关,初步的结构模型就构建完成,如图 5.6 所示。

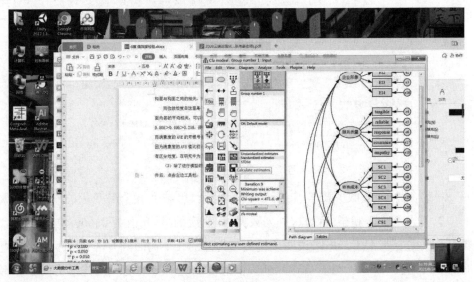

图 5.6　结构模型

(2)在第一步的操作中,已经导入了数据,接下来点击【Plugins】选择【Validity

and Reliability Test】,如图 5.7 所示,进行结构模型的信效度分析。

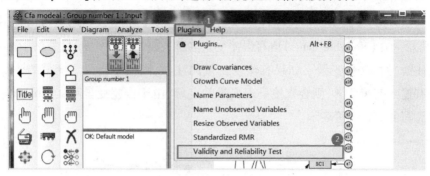

图 5.7　信效度检验

　　然后打开网页,出现界面后出现如图 5.8 和图 5.9 所示的界面。如图 5.8 所示,其中 CR 值代表组合信度,表示构面内部的一致性,一般要求 CR 值要大于 0.7以上。AVE 是平均方差萃取量,反映构面对这一组内所有题项的平均解释能力,一般要求值要大于 0.5。MSV 可称作最大共享方差,代表构面之间相关平方的最大值。对角线粗体字为 AVE 的开根号值,即第一排末数值 0.841 为企业形象的AVE 值 0.708 的开根号值,第二排末数值 0.761 为服务质量的 AVE 值 0.579 的开根号值,以此类推。而下三角为构面皮尔森相关。

Model Validity Measures

Validity Analysis

	CR	AVE	MSV	MaxR(H)	企业形象	服务质量	转换成本	满意度	忠诚度
企业形象	0.906	0.708	0.344	0.918	**0.841**				
服务质量	0.872	0.579	0.512	0.885	0.495***	**0.761**			
转换成本	0.883	0.605	0.214	0.903	0.258***	0.462***	**0.778**		
满意度	0.809	0.459	0.512	0.812	0.505***	0.716***	0.400***	**0.677**	
忠诚度	0.908	0.712	0.344	0.925	0.586	0.542	0.420	0.567	**0.844**

Validity Concerns

[1] Convergent Validity: the AVE for 满意度 is less than 0.50. Try removing CS1 to improve AVE.
Discriminant Validity: the AVE for 满意度 is less than the MSV.
Discriminant Validity: the square root of the AVE for 满意度 is less than its correlation with 服务质量.

图 5.8　信效度分析结果

　　观察企业形象、服务质量、转换成本、满意度、忠诚度五个潜变量的 CR 值均大于 0.7,符合条件。观察 AVE 这一列数据,满意度的 AVE 值为 0.459<0.5 不符合要求。根据要求 AVE>MSV,说明该构面与另外的几个构面就有区分效度。而满意度的 AVE 值 0.459<0.512(MSV),所以满意度缺乏区分效度。而其他构面企业形象、服务质量、转换成本、忠诚度的 AVE 值均大于 MSV,大部分符合要求。图中【Validity Concerns】解释了前面提到的错误信息,并给出建议删除题目以改进 AVE

值。MaxR(H)描述潜变量与指标之间的关系,不受因子载荷量影响,一般在研究报告中很少提到这个系数。

接下来继续观察表格的后半部分也就是下三角区域构面皮尔森相关。收敛效度代表了构面内部的相关,皮尔森相关值代表了构面与构面之间的相关。如果构面内部的平均相关大于构面与构面之间的相关,就代表不同构面之间有区分效度。

而收敛效度在这里是平方值不能直接与皮尔森相关作比较。所以 AVE 的开根号值代表构面内部的平均相关,可以与皮尔森相关值比较。比如企业形象的 AVE 的开根号值 0.841>0.505>0.495>0.258,说明企业形象和服务质量、转换成本、满意度等都是有区别效度的。而满意度的 AVE 的开根号值 0.677<0.716,说明满意度和服务质量之间是缺乏区别效度,因为满意度的 AVE 值比较小。总体来说,大多数构面 AVE 的开根号大于皮尔森相关,代表该模型具有区分效度。在研究中为了更加严谨,需要重新调整构面,使各个指标符合要求。

如图 5.9 所示,呈现了构面的【HTMT Analysis】图表。HTMT 利用观察变量相关系数来计算,它表示了"不同构面题目的平均相关/构面的平均相关",HTMT<0.85 表示构面之间具有区分效度。观察图 5.9,我们可以发现每个构面之间的 HTMT 值均小于 0.85,因此可以说明构面之间是具有区分效度的。

HTMT Analysis

	企业形象	服务质量	转换成本	满意度	忠诚度
企业形象					
服务质量	0.515				
转换成本	0.270	0.453			
满意度	0.512	0.717	0.396		
忠诚度	0.626	0.572	0.436	0.580	

图 5.9　构面 HTMT 分析

(3)除了进行模型的效度分析外,我们还可以进行题目的信度分析。在导入数据文件后,点击左边工具栏 ▦ 图标,进行模型的计算估计。在 Standardlized estimates 状态下观察模型,如图 5.10 所示。

在右边的绘图区已有计算好的模型系数,其中框选中的系数代表了构面对题目的解释能力,即题目的信度。比如 0.75 代表了潜变量企业形象对可测量变量 EI1 的解释能力,0.83 代表了企业形象对 EI2 的解释能力。一般要求题目信度值大于 0.5,不要大于 0.9。如果数值小于 0.5,则题目信度不符合要求,需要重新调整题目。

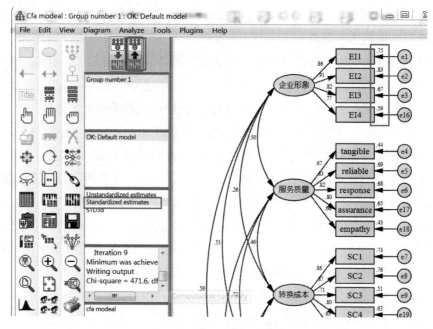

图 5.10　题目信度分析

5.2　因子分析

5.2.1　探索性因子分析

1) 探索性因子分析概念

　　因子分析是指从变量中提取共同因素的统计分析方法。它是一种降维相关分析技术,用于检查变量集之间的协方差或相关系数的结构,以解释这些变量如何与较少数量的其他因素相关联。通过分析变量间相关系数矩阵的内部结构,对原始变量进行重组,利用数学和统计工具将许多原始变量组成独立的新变量。因子分析一般有两种方法:一种是探索性因子分析(EFA),另一种是验证性因子分析(CFA)。探索性因子分析有助于形成新的假设和发展新的理论,当理论框架比较清晰和完整时,验证性因子分析是合适的。探索性因子分析(EFA)是一种用于确定多元观测的内在结构并执行降维处理的技术。因此,探索性因子分析可以将具有复杂关系的变量聚合成几个关键因素。

2）探究性因子分析步骤

（1）判断变量是否适合做因子分析

①KMO（Kaiser-meyer-olkin）检验：KMO 统计量用于比较变量间简单和偏相关系数的大小。该值介于 0 和 1 之间，越接近 1，越适合因子分析。

②巴特利特球形检验：Bartlett 球形检验的原假设 H 是相关矩阵为单位矩阵，即每个变量都是独立的。

③反映相关矩阵检验：是通过对偏相关矩阵的每个元素取反得到的。如果实际上可以从变量中提取公因子，那么反映相关矩阵中某些元素绝对值相对较大的偏相关系数较小，表明这些变量可能不适合进行因子分析。

（2）确定因子个数

①特征根。

特征根可以作为公因子影响力的指标。一般以特征值大于 1 的分量作为主分量，不引入小于 1 的特征根。

②公因子的累积方差贡献率是由累积贡献率的百分比决定的，实际上，累积贡献率是一个次要指标。主要指标是特征值。如果达到第一个指标，即使累计贡献率略低，也是可以接受的。在实际处理中，在完成问卷设计和数据收集过程的前提下，累积贡献率很少会过低。

③碎石图。

在碎石图中，根据特征值的大小排列因素，如图 5.11 所示。横轴表示因子的数量，纵轴表示特征值的大小。从图中陡坡和缓坡之间的明显转折点确定应提取的因子数量。可以看出，在第四个因子之后，边坡线逐渐变平，因此考虑提取四个公共因子是合适的。

（3）公因子提取方法

主成分分析：该方法假设变量是因子的线性组合，第一个主成分的方差最大，后续主成分解释的方差逐项减小，各主成分之间不存在相关性。主成分法常用于计算初始公因子，即使在相关矩阵是非平稳的情况下也适用。应该未加权最小二乘法：该方法忽略对角线元素，并最小化观察到的相关矩阵与重新生成的相关矩阵之间的差的平方和。

集成最小二乘法：最小化观察到的和重建的相关矩阵之间差异的平方和，并通过变量单位值的倒数对相关系数进行加权。

最大似然：如果样本来自多元正态总体，则参数估计过程与计算初始变量的相关矩阵非常相似。相关系数由变量的各个值的倒数加权，并使用迭代算法。

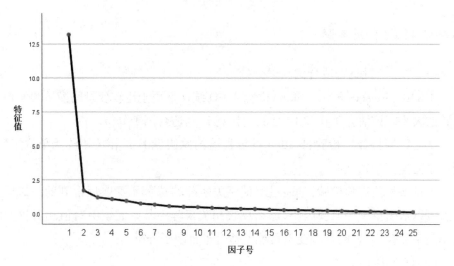

图 5.11 碎石图

主轴分解:从初始相关矩阵中提取公因子,提取对角线上的多个相关系数平方(作为变量进阶的初始估计),然后使用初始估计的因子加载新的变量联合阶(在度而不是初始的),并重复此步骤,直到相邻两个关节的变异度达到迭代变化的临界条件。

Alpha 分解:此方法通过使用当前分析变量作为所有潜在变量的样本来最大化 Alpha 置信度。

图像分解:每个变量的主要部分被定义为其他变量的线性回归,而不是潜在因素的函数,称为部分图像。

(4)因子命名

因子负荷矩阵表示原始变量和主成分之间的相关性。根据各因素的关联度,综合各因素的含义。如果各因素的相关系数与原变量之间没有明显的差异,则很难对各因素进行命名。

(5)因子旋转

因子分析的一个重要目的是对原始变量进行分类和综合评价。如果因子分析的结果保证了因子之间的正交性,但又不容易命名因子,则旋转因子模型可以提供易于解释的结果。旋转是一种坐标变换。因子循环的目的是促进对因子实际含义的理解和解释。因子载荷在新的旋转坐标系中重新分配,以便更容易命名和解释公共因子。

因子旋转一般分为正交旋转和倾斜旋转。正交旋转的基本假设是从因子分析中提取的因子相互独立且不相关。目标是获得一个简单的阶乘结构,即使每个变量对尽可能少的因子施加高负荷。在梯度旋转中,因子之间的角度是任意的,存在相关性。由于这种因子旋转,因子所描述的变量的方差在一定程度上重叠。正交旋转比倾斜旋转更常见。

(6)因子得分

因子得分是每个观察的公共因子的值。基于因子得分系数和原始变量的标准化值,可以计算每个观测值的每个因子得分,并进一步分析观测值。因子得分计算的基本思想是将因子变量表示为原始变量的线性组合。即通过因子得分函数计算得出:因子分析是每个观察值的公共因子的值。

3)探索性因子分析特点

探索性因子分析是一种多元统计分析方法,研究如何将多个原始变量压缩成多个因子变量,以及如何在最小的信息损失的情况下使因子变量更具描述性。对原始变量进行归一化处理和数学变换,消除了由于指标分布和取值本身的差异导致的指标问题的相对影响和不可比性,保证了数据源的评价质量。应用探索性因素分析,既避免了信息内容的重复,又克服了权重确定的主观性。

探索性因子分析法的综合评价权重属于权重信息,通过根据不同的模糊权重从指标中确定权重信息来区分包含的样本,从而确定指标本身的重要性。指数中的关键信息是通过数学变换过程产生的,并受样本收集而不是人为调整的影响。使用信息加权可以客观地反映样本之间的现实关系,提高综合评价的效率,更好地解决评价指标体系的完整性和独立性之间的矛盾。

它使用几个变量(因子)来综合反映原始变量(因子)的关键信息。变量比原始变量少,但包含原始信息的85%以上。因此,即使有很多新的变量,它也是可靠的,可以有效地解释问题。观察,即对原始变量的分解,利用几个公因子来解释观察变量中较复杂的关系,并分析新变量而不是筛选后剩余的原始变量,以消除相互关联的多重共线性描述变量。分为公共因素和特殊因素,公共因素是所有变量共有的因素,特殊因素是每个原始变量单独拥有的因素。为了计算新创建的主变量和因子变量的分数,可以将主成分分数或因子分数替换为原始变量以进行进一步计算。

5.2.2 验证性因子分析

1)验证性因子分析概念

验证性因子分析被使用于检验一组测量变量与一组可以解释测量变量的因素

构念间的关系。一般来说,EFA 使用一组样本来生成测量变量之间的因素结构,而 CFA 使用另一组样本从总体中来检验假设的因素结构的一致性。部分研究者会将样本数一分为二,用 EFA 方法生成一半样本的因子结构,用 CFA 方法对模型和另一半样本进行形式上的比较。

验证性因子分析是利用样本数据,基于一定的理论和先验知识,对因子结构假设进行验证的过程。在验证性因子分析中,根据现有理论建立的因子结构,可以形成估计的协方差矩阵,根据抽样测量理论建立的量表样本数据,可以形成样本协方差矩阵。判断一个验证性因子分析模型是否成立的指标是拟合优度,拟合优度是指由数据得到的模型参数与理论模型的参数值之间的一致性。在实际应用中,因子模型的拟合优度越接近 1,说明样本协方差矩阵与估计协方差矩阵越接近,因子模型的拟合越好。

任何统计方法的合理使用,都需要满足其限度条件,关于验证性因子分析的使用条件有如下四个方面:

(1)因子模型应具有现实性

建构模型的基础是理论框架以及已有的研究知识,而不是纯粹的数据分析,若理论假设不正确,再好的方法、模型也难以发挥作用。在统计结果不理想时,也不能违背原有的理论假设任意修改模型结构。此外,在等同模型的选取中,不应以与数据的拟合程度为标准,而是选择对学科理论最有意义的模型。

(2)样本的容量

样本量将影响统计检验的有效性和参数估计的准确性。在验证性因子分析中,样本量越大,协方差越精确,统计分析结果越可靠。一般而言,在进行验证性因子分析时,样本量不适宜低于 200。事实上,决定样本大小的规则受模型估计方法、模型复杂性和观测变量的度量单位的影响。样本的最小限度应由模型的复杂性决定,其复杂性应至少为自由估计参数数量的四倍,或样本大小与自由参数的比例应达到 10∶1。如果要使统计能力水平达到 0.8,且模型的自由参数量较少,则要求样本量不能低于 200;若模型的自由参数量较多,则要求样本数要达到 1000 左右。

(3)观察变量的数量

验证性因素分析有利于潜在变量的测量,潜在变量通常由多个观察变量测量。那么大多数研究者认为,对于一个潜在变量,选取 3~4 个外显指标为最佳。当观测变量选择超过 4 个时,多个指标的统计优势会逐渐降低;当观测变量小于 3 个时,不利于模型的识别;如果各因素相互关联,则至少应包含 2 个测量指标;在特殊情况下,始终为单个指标的潜在量。在选择观测变量时,最重要的是它们能给因子结构理论意义。

(4)数据的测量尺度

最大似然估计法是验证性因子分析中使用较多的参数估计法,该方法要求被测变量为连续变量。在实际测量中,常采用多级量表进行测量。实践经验和仿真结果表明,当观测变量被划分为至少 5 个层次时,标准估计方法可以获得较好的参数估计结果。

2)验证性因子分析步骤

基本步骤包括模型设置、模型估计、模型评价和模型修正。首先,选择公因子数,设置模型中的固定参数和自由参数。其次,基于多元正态条件,采用最大似然估计(MLE)、广义最小二乘(GLS)和广义加权最小二乘(WLS)进行模型估计。非正态条件下使用分布自由估计(ADF)。再次,数据拟合因子模型时,应选择因子负荷,以最小化模型隐含的相关阵列与实际观测阵列之间的差异,由拟合度指数表示评价数据对因子模型的拟合程度。最后,根据模型合理性检验结果,判断检验模型的优缺点,并根据专业知识和统计标准对模型进行修改,得出合理的因子模型。

3)收敛效度(聚合效度)分析

聚合效度(convergent validity)又称会聚效度、收敛效度,常指一个好的量表应该与测量同一构想的其他工具或方法呈高相关,同时亦指测量相同潜在特质的项目或测验应属于同一维度。前者是计算 Pearson 积差相关系数,后者常见的评估方法则有:①因素负荷量(factor loading,λ),即项目对潜在维度的 λ 应达到显著,并且其值应在 0.5 以上,它常与项目的共同度(Communality,COM)有关,它又称项目变异的被抽取量,指的是项目可以被潜在因素解释的变异程度,其大小等于 λ 的平方。依据经验法则,若 CV 较良好时,则要求共同度大于 50%,即 λ 值>0.7 以上。②平均方差抽取量(Average Variance Extracted,AVE),AVE 越大,潜在因素解释的变化百分比越大,相对测量误差越小。依据 Fornell 等人的研究结果,AVE 大于0.5,表明 CV 良好;若在 0.36~0.5,亦可接受。③组合信度指 CFA 中一组项目的一致性程度。CR 值越高,该组关联度越大,测得的潜在的因素的一致性程度也越高,也就是说 CV 越好。一般地,CR 常需要大于 0.6,值得注意的是,国内近年来将 CR作为一种信度指标,常用于 α 系数过低时的一个替代评价指标,但这并不能掩盖CR 值作为 CV 的一个检验标准,因为测验项目一致性程度的高低就是聚敛强弱的表现。

4)区分效度分析

区分效度又称区别效度,常指与测量不同特质的工具呈低相关。也就是说,测量某个维度的项目不应该在另外的维度上有高负荷,或者说项目不应该具有跨负荷现象。前者概念的评估方法就是传统的相关系数法,而后者的评估方法常称为结构方程模型法,亦可分为 3 种:第一种方法称为卡方差异检验法(Chi-square difference test,$\Delta\chi2$),即限制模型与非限制模型的 χ2 差值的显著性。其限制模型的设置就是将潜变量的方差设定为 1,潜变量间的相关系数固定为 1,而非限制模型即为默认自由估计,然后计算 2 个模型卡方值和自由度的差异。第二种方法就是依据 Torkzadeh、Koufteros 和 Pflughoeft 的方法,利用自助法计算潜变量之间相关系数的 95% 置信区间(Confidence Interval,CI),若区间中没有包含 1,则代表 DV 好。为了保证结果的有效性,可依据两类 Bootstrap 置信区间,即百分位 Bootstrap 置信区间(Percentile Bootstrap CI)和偏差校正的 Bootstrap 置信区间(Bias-corrected Bootstrap CI)。而 Anderson 等人则主张用相关系数的点估计值加减 2 个标准差的 CI 是否包含 1 来评判,若未包含 1,则表明具有 DV 这两者本质是相同的,不过 Bootstrap 方法更为精确。第三种方法就是 AVE 法,它除了评判 CV 以外,还可以依据 AVE 是否大于潜变量的决定系数(Determination Coefficient,r^2)来判断其是否具有 DV,若 AVE 大于决定系数,则表明具有 DV。

5)共同方法偏差(同源方法,CMV)分析

共同方法偏差指由于相同的数据源或评分器、相同的测量环境、项目背景和项目本身的特点,导致预测变量与基准变量之间的人为协变量。这种人为的共变异会严重混淆研究结果,并可能误导结论。在现有研究中,有的研究者并未意识到这个问题,也就不会在研究中采取相应控制措施;有的研究者虽然意识到了这个问题,但控制效果并不理想。

常用控制方法有程序控制和统计控制两种。调查人员应首先考虑程序控制,但受条件限制,在某些研究情境中上述程序控制法无法实施,或无法完全消除共同方法偏差。主要采用的方法有以下几种。

(1)Harman 单因素检验

Harman 单因素检验的最大优点是简单易用,但它只是一种评估常用方法变化严重性的诊断技术,在控制方法效果方面没有作用。只有当单个因素从因素分析中分离出来并解释了变量的大部分变化时,才有理由认为存在严重的共同方法偏差。然而更可能的情况是有多个因子从因素分析中析出,但这并不能证明测量中

没有共同方法变异。

（2）偏相关法

用偏相关法控制共同方法偏差的原理是在统计分析中把方法偏差的来源作为协变量。常用的这类方法有三种：

①分离出可测量的方法变异来源

该方法直接测量方法中的变异源，并将其用作统计分析中的协变量，从而将其影响与预测变量和标准变量分离，并控制这些偏差。例如，可以通过这种方式控制响应者两种常见的方法变化来源（情绪状态和社会期望）。

②分离出一个标签变量

如果一个变量在理论上与其他变量不相关，则可以将其视为一个"标签"，与之相关的其他变量可以归结为常用方法的偏差。以标签变量为协变量，比较预测变量与标准变量的偏相关和零阶相关的差异，可以检验方法偏差的影响。此外，将标签变量与研究中其他变量的平均相关性分离，可以让研究者控制方法偏差的影响。这种方法的主要优点是，它易于使用，无须确定共同方法偏差的具体来源。

③分离出第一公因子

该方法的理论假设是从探索性因子分析中提取的第一个非旋转因子包含常用方法偏差的最佳估计值。在 SPSS 中可以配置将提取的因子另存为新变量，然后在控制第一个因子变量后找到预测与标准变量之间的偏相关。

（3）潜在误差变量控制法

这种方法有以下两种技术，取决于它测量方法偏差的常见原因的能力。

①无可测方法的方法因素效应的控制

如果研究人员无法准确识别或有效衡量共同方法偏差的原因，则将共同方法偏差作为潜变量输入结构方程模型，以便将所有识别的变量加载到该方法的潜变量中，通过检验模型拟合度，测试共同方法偏差的影响，并控制了估计预测变量与参考变量之间关系的共同方法偏差。

②直接测量的方法因素效应的控制

这种技术将其作为一个潜在变量进入结构方程模型，在这个方法潜在变量上不仅其自身的标识变量，而且所要研究的所有标识变量也有负载。通过检查模型的拟合优度来检验共同方法偏差的影响，而对标准变量与包括方法潜变量在内的模型预测变量之间关系的估计控制共同方法偏差。测量方法的偏差系数是研究者确定的对研究影响最大的偏差原因。为了控制常见的方法偏差，应首先考虑程序控制方法，并通过程序控制尽可能消除造成方法偏差的原因。

5.2.3 探索性因子分析和验证性因子分析的异同

1)相近之处

这两种因子分析都是基于一般因子模型,其基本思想是通过研究相关系数矩阵的内部结构,找到几个可以控制所有变量的随机变量来描述多个变量之间的相关系数,相关度高的观测值以公共因子为主,各观测值对自身因子的负荷高于其他因子。通过寻找公共因子以达到降维的目的,可以简化复杂问题。

2)区别之处

探索性因素分析和验证性因素分析的根本区别在于使用的是理论还是先验知识。探索性因子分析是完全基于数据,在没有先验假设的情况下,利用统计软件按照一定的原则进行因子分析,最终得到因子结构的过程。其主要目的是找出影响观察变量的因素的数量以及每个因素与观察变量之间的相关性;而验证性因子分析则充分利用了已有的理论或知识。当因子结构已知时,检验采集的数据是否按照预定的结构工作。其主要目的是确定预定义因子模型对实际数据的拟合能力。两者主要应用范围不同,也是最大的区别之处。

探索性因子分析主要应用于三个方面:

①寻求基本结构,解决多元统计分析中的变量间强相关问题;

②数据化简;

③发展测量量表。

验证性因子分析主要应用于以下三个方面:

①验证量表的维度或面向性(dimensionality),或者称因子结构;

②验证因子的阶层关系;

③评估量表的信度和效度。

两者的基本思想是不同的,因子分析的基本思想是找到共同的因子,以达到降维的目的。探索性因素分析主要包括找出影响观察变量的因素的数量以及每个因素与每个观察变量之间的相关程度,研究人员的假设是,每个指标变量对应一个因子,数据的因子结构只能从因子载荷中感知推断出来。验证性因子分析的主要目标是确定具有预设因子的模型与实际数据的拟合度,并检验观察变量的因子数量和因子载荷是否与基于预设理论的预期一致。

理论假设也不同,探索性因子分析的假设主要包括:

①所有的公共因子都相关(或都不相关);

②所有的公共因子都直接影响所有的观测变量;

③特殊(唯一性)因子之间相互独立;

④所有观测变量只受一个特殊(唯一性)因子的影响;

⑤公共因子与特殊因子(唯一性)相互独立。

验证性因子分析克服了探索性因子分析假设条件约束太强的缺陷,其假设主要包括:

①公共因子之间可以相关,也可以无关;

②观测变量可以只受一个或几个公共因子的影响,而不必受所有公共因子的影响;

③特殊因子之间可以相关,还可以出现不存在误差因素的观测变量;

④公共因子与特殊因子之间相互独立。

探索性因子分析主要用于寻求基本结构,解决多元统计分析中变量间的强相关性问题,简化数据,设置测量量表。验证性因子分析允许研究人员根据理论或之前的假设模型评估因子结构与理论定义的样本数据之间的一致性。因此,它主要用于测量量表的维度效度,验证各因素的层次关系,评价量表的信度和效度。

除了上述差异外,探索性因子分析和验证性因子分析的步骤和分析工具也不同。在实际应用中,为了保证科学研究的严谨性和科学性,通常将探索性因素分析与验证性因素分析相结合。

5.3　路径分析

5.3.1　路径分析发展背景

1)路径分析发展背景

20 世纪初,"Pearson 原理"主导了生物遗传学。该原理认为,不必寻找变量之间的因果关系,只需计算相关系数即可。对这种变量结构进行思考,遗传学家 Sewall Wright 提出路径分析(path analysis),用来分析变量间的因果关系。路径分析是一种用以探讨多重变量之间因果结构模式的统计技术,不仅在心理学、教育或社会学等传统社会科学领域有重要的地位,在商学研究或经济计量学上,路径分析也受到相当的重视。

路径分析的目的建立因果解释模型,也是社会科学领域得以用来检测因果模式的重要策略。然而,由于因果关系所依赖的基本前提大多难以建立,路径分析的结论往往受到质疑。例如因果关系的两个变量应具有明确的前后时间关系,即 X 发生在前,Y 发生在后,X 与 Y 的共变方可以被推导为因果关系。理论上,这种 X 先于 Y 发生的资料仅存在于追踪(longitudinal)研究,但多数的社会与行为科学研究却是以同时性(concurrent)测量来收集各观察变量的数据,也就是变量的数据的发生时间相同。因此,因果关系的假设,有赖研究者提出清楚、合理、明确的逻辑与推理程序说明假设存在的基础,或征引理论与文献支持确立假设的合宜性与合理性。

另一个重要的问题是如何排除和控制其他变量的影响,使因果关系的存在具有显著的内部关系稳定性和有效性。传统上,实验研究的优点即是可以精确控制其他变量,借以观察 X 变量对于 Y 变量的影响。但是多数的社会与行为科学研究所探讨的变量数目多、关系复杂,许多变量因为基本性质或伦理考虑无法在实验室中操作,使得实验研究无法执行,大量使用统计控制程序的回归分析、路径分析或 SEM 即成为复杂的共变关系分析的重要替代方案,但同时也是这类技术共同问题的根源。统计控制的程序往往因为不同的处理方式造成数据的变异,在分析过程当中常常因为控制变量的调整造成估计结果的改变,甚至扭转研究的结论。因此,从技术层面追求一个稳定的、具有统计检验力(power)的参数估计程序的路径分析达成真相的发掘,其效果实属有限。根本的解决之道仍是建立在适切的理论基础与严谨的假设建构过程,并时时注意统计技术本身的限制与问题。

从上述的分析中可以看出,路径分析与其他的 SEM 技术需要强而有力的理论基础作为统计检验过程的支撑。虽然技术上,路径分析与 SEM 技术提供了各种应对方案处理各种问题,配合计算机优越的数据处理能力可以协助处理繁复的运算,但是根本的关键取决于知识基础。深度的文献检阅、扎实的理论内涵与缜密的逻辑推论是提出假设模型的必要前提,这些研究执行的工作落实是研究成败的关键。

2)路径模型的建立

路径分析的首要步骤是建立一个有待检验的路径模式(path model)。模式的建立,除了基于研究者所关心的变量与关系,也必须掂酌相关研究与过去文献的观点,提出一个适当的模型以待验证。但是要如何选择适当的变量与安排适当的假设关系,是路径模型建立的两大挑战。以变量的选择来说,对于某一因变量 Y(如学业表现)的影响因素除了研究者所关心的变量(如动机因素)之外,可能存在其他重要的变量(例如智力),在模型中是否纳入重要的其他变量,考验着研究者的智慧。

从技术的观点来看,纳入越多的变量可以有效提升模型的拟合度,但是从研究的观点,纳入过多的变量对于现象的解释不但没有帮助,反而容易造成概念上的混淆。因此,研究者无不希望提出一个精简的模型而能解释最大的变异,太多的信息反而造成判断的困扰。相反,有时候研究者对于因变量具有影响力缺乏足够的信息,尤其对于一些较为冷门或新兴的议题,过去文献与既有理论可能相当缺乏,造成研究者不知如何选择变量,或是无法提出有力的论证以支持模式的意义。过多或过少的信息,对于模型的建立都带来困扰,最后的解决方案还是有赖研究者自行透过归纳、推理与主观的分析决定。

其次是变量关系的决定,如表5.1所示,表中列举了路径模型中可能存在的变量关系,除了↔代表没有方向性的相关之外,其他的关系类型都与因果关系有关。相关代表着变量间的共变关系,当研究者获得观察数据之后,任何两个变量的共变可以直接计算出来,所以相关可以说是具体存在而可以估算的变量关系,是整个路径分析的基础。其他所有关系的检验,则建立在研究者的假设之上,需要适当的理论依据作为基础。

表5.1　路径分析的各种变量关系

变量与符号	代表意义	关系类型
$X \leftrightarrow Y$	相关 Correlation	X 与 Y 为共变关系
$X \rightarrow Y$	单向因果关系 Direct causal effect	X 对 Y 为直接效应
$X \rightarrow Y_1 \rightarrow Y_2$	单向因果关系 Direct causal effect	X 对 Y_1 为直接效应,X 对 Y_2 为间接效应,Y_1 为中介变量
X　Y	回溯因果关系 Reciprocal causal effect	X 为 Y 互为直接效应,X 与 Y 具有回馈循环效果
$X \rightarrow Y_2 \rightarrow Y_3 \rightarrow Y_1$	循环因果关系 Indirect loop effect	Y_1 对 Y_2、Y_2 对 Y_3、Y_3 对 Y_1 均为直接效应,Y_1、Y_2、Y_3 为间接回馈循环效果

综上所述,建构一个路径模型时,对于变量的选择与关系的拟定具有高度艺术性。除了根据理论文献的查阅与个人主观的判断推导之外,还须考虑模型可识别性等技术层次的问题,避免造成参数无法估计的窘境。

5.3.2 递归模型与非递归模型

根据变量关系的安排,路径分析有两种不同的基本类型,递归(或不可逆)模型与非递归(可逆)模型,这两种模型的区别主要在于是否具有回溯性或循环因果关系。一般回归模型由于明确的 IV 与 DV 两种变量,IV 对 DV 的影响有一定的次序位阶,所以不会有可逆或不可逆问题。但是在路径分析中,变量数目至少会超过三个,因此"因"变量与"果"变量之间关系就相对复杂(这也就是为什么路径分析不再使用 IV 和 DV 来描述预测变量与被预测变量,而改以外源或内生变量来描述变量间关系,因为有时被预测变量却会变成另一变量的预测变量)。

假设现有四个变量,两个是解释其他的自变量(以 X_1 与 X_2 表示,即外源变量),另外两个变个是被 X_1 与 X_2 解释的因变量(以 Y_1 与 Y_2 表示,即内生变量)。Y_1 与 Y_2 之所以被称为内生变量,是因为这两者一定会被其他变量解释,即 Y_1 与 Y_2 的变异量将被任何其他变量解释,解释不足之处被称为干扰(disturbabce),在回归分析中称为残差方差(error variance of the estimation),相对的 X_1 与 X_2 之所以称为外源变量,是因为这两者可以解释其他变量,自身的变异量不被任何变量所解释,因此 X_1 与 X_2 不会有干扰项。

在回归分析中,残差方差是因变量不能被自变量解释的部分,利用公式计算得到非标准化残差方差(若不乘以的话内生变量方差则是标准化的方差):

$$W = a_o + a_1 X + a_2 U + a_3 Ux + e_2$$

虽然 Y_1 与 Y_2 一定会被其他变量所解释,但这里所谓的"其他变量"除了指外源变量(X_1 与 X_2)之外,也有可能是内生变量,换言之,Y_1 除了被 X_1 与 X_2 解释之外,也可以去解释 Y_2;同样的 Y_2 除了被 X_1 与 X_2 解释之外,也可以去解释 Y_1。然而为了维系模型的稳定性与可解释性,Y_1 若作为 Y_2 的解释变量时,不宜"同时"作为被 Y_2 解释的内生变量,此时即是路径分析所谓的递归模型,如图 5.12 所示。在递归模型中,任何 IV 与 DV 的配对都是不可逆的。

有时,有些研究无可避免会触碰到 Y_1 作为 Y_2 解释变量,Y_2 又返回作为 Y_1 的解释变量,例如经济学中的供给与需求之间的关系,或是管理学中的成就与动机之间的关系。此时会形成路径分析中所谓的非递归模型,在非递归模型中,如图 5.13 所示,IV 与 DV 的配对是可逆的。

可逆性的回溯因果关系是一种特殊的因果关系。假设两个变量之间互为因果,或是一群变量之间具有循环式的间接关联,则造成了两个变量的直接回溯效果。一般在横断研究中,两个变量互为因果的假设不容易在理论与概念层次获得清楚的界定,因为在同一个特定时间点下,某一个自变量不太可能又成为他所解释的因变量。因此一般社会科学中的研究均不建议采用此种模型,以免造成解释上的混淆(interpretational confounding)。

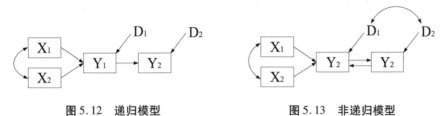

图 5.12　递归模型　　　　　　　　图 5.13　非递归模型

5.3.3　延宕模型

在具有时间落差的纵贯性或重复数(repeated measures)的研究中,因为存在有限因果性延宕(finite casual lag),两个变量互为因果的假设模型比较可能被接受。因为互为因果的两个变量,在经过一段时间的延宕后,成为彼此的果与因,两个时间点的距离不论长短,都提供了"因""果"两变量成为他人"果""因"所需的时间落差,如图 5.14 所示。

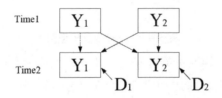

图 5.14　具有时间延宕的非递归模型

图 5.14 又称为延宕模型(lag model)或跨因果模型(cross-causal model),其重要价值在于解决了干扰具有相关的问题。从图 5.14 中可以看出,除了两个实线说明了研究者所主张的互为因果的关系之外,还存在着两个关系更强的因果关系(由第一个 Y_1 到第二个 Y_1、由第二个 Y_2 到第二个 Y_2),即变量本身的前后期关系。但由于它并非研究者所关心,因此以虚线表示。变量的前后期的自我相关(auto-correlation)如果没有纳入估计,很显然会影响整个模型的参数估计,而这也就是为什么非递归模型(图 5.13)中会有 D_1 与 D_2 的相关设定。可以有效处理残差相关的问题是延宕模式优于可逆模式的主要理由。

Maruyam[1]认为可逆模式经常会有无法收敛的问题,即是因为干扰项的关系太

① Maruyama G. Basics of structural equation modeling[M]. Sage Publications, 1997:45-49.

强,参数不容易得到唯一解,甚至因为低度识别而无解。从非递归模型(图5.13)中也可以看出,干扰项 D_1 与 D_2 如果不设定相关,那么也存在一种可能的影响关系:$D_1 \rightarrow Y_1 \rightarrow Y_2$,$D_2 \rightarrow Y_2 \rightarrow Y_1$ 造成参数估计的不稳定性。相对之下,不可逆的递归模型则容易被有效识别、获得终解,亦具有解释明确与理论清晰的优势。

5.3.4 工具变量模型

互为因果的回溯变量关系在概念上不易解释,在统计上更有识别不足而无法得解的窘境。为了让模式得以识别,可以增加一些条件协助参数的有效估计。例如在模型中增加变量解释互为因果的两个变量。如图5.15所示,模型中外源变量共有 X_1、X_2 与 X_3,互为因果的变量仍为 Y_1 与 Y_2,此时共有5个变量,共能产生 $(5 \times 6)/2 = 15$ 个数据点。模型中有12个待估计参数(包含实线与虚线、D_1 与 D_2),因此模式得以识别。

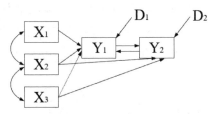

图5.15 工具变量模型图

对 Y_1 而言,三个外源变量都解释 Y_1,因而缺乏工具变量澄清回溯关系。对 Y_2 而言,X_1 并没有解释 Y_2,因而可作为 Y_1 与 Y_2 的工具变量,换言之,由于 X_1 仅能解释 Y_1,而与 Y_2 无关,因此透过 $X_1 \rightarrow Y_1 \rightarrow Y_2$ 的关系说明 $Y_1 \rightarrow Y_2$ 的影响(X_1 作为 Y_2 的工具)。

如果把图5.15当中的虚线移除后,那么就获得 $X_3 \rightarrow Y_2 \rightarrow Y_1$ 的关系说明 $Y_2 \rightarrow Y_1$ 的影响合理性(X_3 作为 Y_1 的工具),如此一来自由度增加1,也强化了模式的解释力,就是纳入工具变量的优点。外源变量之间相关不能太高,除了解释上的困难,也将造成共线性问题,进而使得工具变量的"工具"角色失效。

5.3.5 路径分析的步骤

结构方程模型可以表示涉及一组自变量和一个或多个因变量的因果关系,并可以建立变量之间的因果关系模型。多元回归、因子分析和路径分析等方法只是结构方程建模的特例。路径分析的主要目的是判断变量之间是否存在因果关系。

变量之间直接因果关系的大小和通过参数的间接因果关系。由于路径分析可以说是 SEM 的一种特例,只有观察变量,没有潜在变量,所以 SEM 可以被认为是多变量类型的路径模型,路径模型也可以被称为单变量类型的 SEM。

在路径分析中,通常用路径图表示内生变量与外生变量间的因果关系。一般来说,路径分析要经过五个步骤:模型设定、模型识别、模型估计、模型评价和模型调试及修改。

1)模型设定

路径分析是使用观察数据与理论值的比较来建立一组假设的因果模型。零假设 H_0 是观测数据理论模型。路径分析是探索因果关系的一种统计方法。在因果关系模型中,自变量和因变量设置明确,通过模型分析确定自变量对因变量的方向、强度和解释力。您还可以使用因果模型进行预测。原假设和相反假设如下:

H_0:观察数据=理论模型

H_1:观察数据≠理论模型

SEM 模型的两大功能:

衡量模型(Measurement Model):以 CFA 将可观测变量连接到潜在变量,经由 CFA(验证性因素分析模型)的衡量模型,探讨可观测变量与潜在变量间的因素分析模型是否成立。

结构模型(Structural Model):通过 SEM 去确认潜在变量间关系是否成立。

(1)路径图的绘制

路径图帮助研究人员阐明变量之间的关系。SEM 的建立模型可以通过多种方式建立,其中一种最简单、最直接的方式是通过路径图(pathdiagram)来描述模型。图中,可观察变量为矩形框,潜变量或因子为椭圆框,变量之间的关系用线条表示,如果变量之间没有联系,则表示变量之间没有直接关系。线条可以用单箭头或双箭头。

(2)验证性因素分析模型的建构

根据研究因素分析的目的,路径图可分为 EFA 和 CFA,前者是在一组杂乱无章的变量中寻找共同因素,以建立新的假设或创建新的理论框架,后者是验证研究已有的要素结构。

不论是 EFA 模型或 CFA 模型,其基本形式:

$$X = \wedge_x * \zeta + \delta$$

其中 X 表示可挂测变量向量,表示 $\wedge_x$ 因素负荷矩阵,ζ 表示潜在变量(共同因素)向量,δ 表示衡量误差(独特因素)向量。

（3）结构方程模型的方程式

SEM 的三个基本方程式：

$\eta = B\eta + \Gamma\xi + \zeta$（6.3）潜在外生变量与潜在内生变量的结构模型

$y = \wedge_y\eta + \varepsilon$（6.4）内生变量的衡量模型

$x = \wedge_x\xi + \delta$（6.5）外生变量的衡量模型

SEM 模型一共有 8 个参数矩阵需要估计，包括 $\wedge_y$、$\wedge_x$、B、Γ、Φ、Ψ、ε、δ 其中 Φ 为外生潜变量 ξ 的共变系数矩阵，Ψ 为结构方程误差项 ζ 的共变系数矩阵，ε 为内生变量对 y 的误差测量的共变系数矩阵，δ 为内生变量对 x 测量的共变系数矩阵。

2）模型识别

根据识别任务主要考虑模型中的每个未知（自由）参数是否可以从观察到的数据中获得唯一解作为估计。对于自由参数，如果无法将该参数表示为样本方差和协变量的对数函数，则该参数不被识别（未识别）。如果未知参数可以表示为观测变量的方差与协变量矩阵的一个或多个元素（通常表示为 S）的对数函数，则称其为可识别的。

（1）参数识别模型的种类

当一个模型中的每个参数都是可识别的，且没有一个参数是过度识别的，这个模型就是恰好识别的（just-identified）。否则为不可识别的（under-identified）。

模型的识别有：

恰好识别（just-identified）

可以识别（identifiable）

过度识别（over-identified）

模型能否识别不是样本量的问题，而是 SEM 模型侧重于过度识别结构方程模型。在这种情况下，模型中自由参数的数量少于观察到的变量的总数，即数据点中的变量和协变量。数据点个数与自由参数个数之差就是验证模型拟合优度所需的自由度，刚识别的模型总是与观察到的数据完全吻合，卡方检验值和自由度始终为零。

（2）参数识别的技巧

第一，数据点的数量不能少于自由参数的数量。数据点的数量是观察变量的数量和协变量的数量，等于 $(p + q(p + q + 1)/2$，其中 p 是观测变量 y 的数量，Q 是观察变量 x 的数量。

第二，在模型中，我们需要为每个潜在变量设置一个测量尺度（measurement scale）。首先，我们可以将潜在变量的方差设置为 1。也就是说，用于标准化潜在变量的第二种也是更常用的方法是将潜在变量的观察指针之一的因子加载设置为常数(通常为1)。

(3)如何避免非识别模型的发生

解决识别问题的最好方法是避免它的发生。通常,可以向潜在变量添加更多标签,因此可以添加更多数据点。模型识别实际上依赖于自由、固定和约束参数的设置。自由参数是必须是未知的需要被估计的参数,固定参数不是自由的并且固定为设定参数。例如,将测量模型中每个潜在变量标识的因子载荷之一设置为1。受约束的参数是未知但指定为等于另一个参数的值的参数。

如果之前的多组研究表明男孩和女孩对因变量值的影响相同,我们可以在初始结构方程模型中将代表两个性别组的虚拟变量的路径系数设置为相同。可以通过固定或限制某些参数来减少自由参数的数量。递归或非递归结构方程建模通常是识别问题的另一个来源。如果模型中指定的变量之间存在循环或双向关系,例如两个因变量之间的反馈回路,则结构模型是非递归的。此外,在最初构建模型时,可以尽可能减少自由参数,只保留那些绝对必要的参数以简化模型。确定此模型后,考虑将其他感兴趣的参数添加到随后修改的模型中。

3)模型估计

SEM 中的估计过程寻求最小化样本的方差和协变量值与模型估计的方差和协变量值之间的差异。通过将固定参数值和自由参数的估计值代入结构方程中,然后推导方差和协变量矩阵(称为 SIGMA),取矩阵 SEM 估计过程中的每个元素来最小化样本。方差和协变量值与模型估计的方差和协变量值之间的差异。将固定参数值和自由参数的估计值换成结构方程,然后导出一个方差和协变量矩阵(称为 SIGMA),使矩阵的每个元素尽可能接近方差和协变量。样本中观察到的变量矩阵 S 的对应元素。如果模型设置正确,E 非常接近 S,并且估计过程使用特殊的拟合函数来最小化与 S 的差异。其中最常用的估计方法还是最大似然法(maximum likelihood, ML)和一般化最小平方法(generalized least squares, GLS)。

4)模型评估

LISREL 程序的首要任务是用样本数据对所设定的模型参数进行估计。再根据这些参数估计来重建(reproduce)变异数与共变量,然后尽可能地将重建的变异数与共变量矩阵(用>表示)与观察变异数与共变量矩阵 S 相匹配。当模型重建的变异数与共变数矩阵非常接近于观测的变异数与共变数矩阵时,残差矩阵各元素就接近于 0,这样,就可以认为模型配合数据了。

（1）卡方值衡量

L-fitness 配合度检验希望能容纳 H_0,较大的卡方值是较差的拟合,较低的卡方值是较好的拟合。SEM 模型需要大样本才能获得合理的估计值,但大样本导致卡方值大,导致模型拟合不佳。相反,建立了 SEM 模型。卡方检验的假设是多元正态性(Multinormality)和大样本,所以在实践中这个假设很难满足,而且卡方值对样本量非常敏感,所以还有其他衡量指标。

（2）GFI 与 AGFI

GFI（Goodness of Fit Index）此指针不受样本的大小及样本是否符合多元常态的困扰。其值在 0 与 1 之间,越大表示适合度越佳。

AGFI（AdjustedGoodness-of-Fit Index）,AGFI 与 GFI 不同之处是后者经自由度调整。

$$AGFI = 1 - GFIGFI = \frac{(p+q)(p+q+1)}{2*df}$$

注:p 与 q 为外生与内生观测变数的总数,df 是模型的自由度

RMR（Root-Mean-Square Residual）是推估后所剩下的残差,其值大于零,越小表示适合度越佳,RMR 可以比较两个不同模型对相同数据的适合度。

此外,还有很多配合指数,如 AIC、SBC 与比较配合指数(comparative fit indexes)。

$$NFI = \frac{X^2_{indep} - X^2_{moedl}}{X^2_{moedl}}$$

（3）配合度指标的选择

指数上有很多模型,但没有一个指标可以作为完全具体的标准。"理想"拟合指数并不真正存在,与其只依赖一个,不如谨慎报告多个拟合指标的结果。如果所有指数都得出类似的结论,那么模型的拟合度是可以确定的。即使一个模型拟合了数据,也并不意味着该模型是正确的或不是最好的,如果一个简单的模型和一个复杂的模型一样好,那么一个简单的模型应该被接受。研究人员必须建立一个基于令人信服的理论的结构方程模型。

5）模型修正

模型修订有助于识别初始模型中的缺陷,也可以启发其他替代模型。要改进拟合不佳的模型,可以更改测量模型、添加新的结构参数、建立特定的误差项相关性或限制特定的结构。AMOS 工具通过修改指数找到了重置模型的方法,增加了模型的拟合度。研究人员的目标是找到一个理论模型,该模型不仅可以在统计上很好地拟合数据,而且还可以将每个参数描述为现实的理论模型。

5.3.6 路径模型的分析

路径分析是对一组可观测变量间线性系统方程组的因果关系式,也可看成是多组复回归方程式组合而成。

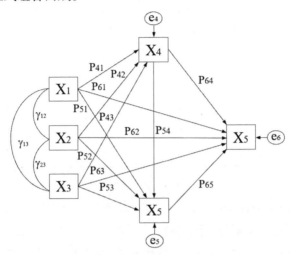

图 5.16 六个变量的路径分析假设图

图 5.16 可以利用下列三组线性回归方程式表示:

$$X_4 = b_{40} + b_{41}X_1 + b_{42}X_2 + b_{43}X_3 + b_4 e_4$$

$$X_5 = b_{50} + b_{51}X_1 + b_{52}X_2 + b_{53}X_3 + b_{54}X_4 + b_5 e_5$$

$$X_6 = b_{60} + b_{61}X_1 + b_{62}X_2 + b_{63}X_3 + b_{64}X_4 + b_{65}X_5 + b_6 e_6$$

路径分析可以分成直接效果(direct effect)、间接效果(indirect effect)与总效果(total effect),总效果为直接效果与间接效果之和,如表 5.2 所示。

路径模型既可以用结构方程组的形式来表示,也可以用路径图来表示。

表 5.2 直接效果与间接效果的分解

因变量	X_4	X_5	$X_5 X_6$
直接效果	$X_1 \rightarrow X_4$, $X_2 \rightarrow X_4$, $X_3 \rightarrow X_4$	$X_1 \rightarrow X_5$, $X_3 \rightarrow X_5$, $X_2 \rightarrow X_5$, $X_4 \rightarrow X_5$	$X_1 \rightarrow X_6$, $X_4 \rightarrow X_6$, $X_2 \rightarrow X_6$, $X_5 \rightarrow X_6$, $X_3 \rightarrow X_6$

续表

因变量	X_4	X_5	X_5X_6
间接效果		$X_1 \rightarrow X_4 \rightarrow X_5,$ $X_1 \rightarrow X_4 \rightarrow X_5,$ $X_1 \rightarrow X_4 \rightarrow X_5,$ $X_1 \rightarrow X_4 \rightarrow X_5$	$X_1 \rightarrow X_4 \rightarrow X_6,$ $X_2 \rightarrow X_4 \rightarrow X_6,$ $X_3 \rightarrow X_4 \rightarrow X_6,$ $X_1 \rightarrow X_5 \rightarrow X_6,$ $X_2 \rightarrow X_5 \rightarrow X_6,$ $X_3 \rightarrow X_5 \rightarrow X_6,$ $X_4 \rightarrow X_5 \rightarrow X_6,$ $X_1 \rightarrow X_4 \rightarrow X_5 \rightarrow X_6,$ $X_2 \rightarrow X_4 \rightarrow X_5 \rightarrow X_6,$ $X_3 \rightarrow X_4 \rightarrow X_5 \rightarrow X_6$

路径模型的修正与检定:

①饱和模型、独立模型与预设模型

路径模型的修正和分析一般从建立饱和度模型开始。但饱和模型(即所有变量由单向或双向弧形箭头连接,或任意两个变量由路径线连接)往往不是真正想要的最终模型。饱和模型通常仅作为起点或参考点,最终找到不饱和模型。除了饱和模型,还有一个独立模型(Independent Model),就是说你的路径图中的两个变量之间没有线连接。

在 AMOS 中,还有所谓的预设模型(Default Model),指研究者设定欲分析的模型,饱和模型的适合度100%,而独立模型的适合度最差,预设模型通常介于两者之间。路径模型回顾的目的:社会科学观测数据往往来自调查数据,因此变量之间的因果关系不明确。解决方案是一方面取决于理论基础,另一方面取决于统计结果的实际重要性。

②路径模型的检定

第一种情况:虽然事先没有明确的理论假设,但我们完全依靠统计学来获得拟合度更高的模型。这些测试本质上是探索性研究,旨在形成更接近事实的统计模型。

第二种情况:已有根据理论假设预先建立的模型,有必要验证修改后的模型是否与原始假设模型不同,其统计验证将解释当前验证模型与假设模型之间协调性的评价。如果统计检验显著,则表明模型修订中所做的修改偏离了原始模型假设。

③路径模型的识别

因为路径分析是 SEM 模型的特例,故模型识别的结果可以分为两种情形,包括不可识别与可以识别(又分为恰好识别与过度识别)。饱和递归模型是精确识别的模型,因为精确识别的模型可以完全再现实际的相关系数值,所以不存在模型验证问题。真正的验证是辨识模型,它是通过从精确辨识模型中删除一些路径而形成的。验证的目的不是找到一个能在统计上与数据最匹配的模型,而是验证模型背后的理论。

5.3.7　案例分析

本章以"硕士研究生科研绩效的评价与影响因素探究"为例进行案例分析。分析操作步骤一共分为八个步骤:确定研究问题、设定理论模型、建立研究假设、构建评价指标、设计问卷进行调查、利用 AMOS 进行分析、得出研究结论以及研究建议。其中利用 AMOS 进行分析包括:开启数据文件、绘制结构方程模型、输入变量名称、建立因果关系图、设定输出结果与执行计算、显示 SEM 运算结果。

1)确定研究问题

据教育部数据统计,近几年我国硕士研究生规模持续扩大,2020 年研究生招生人数 110 余万,在校研究生数量突破 300 万。研究生科研绩效是衡量研究生培养的重要指标,研究生科研成果的创造不能完全满足创新型社会建设的需要,针对研究生科研绩效的评价往往以直觉、经验作为评价依据,科研绩效影响因素的相关研究也以定性研究为主,缺乏准确的量化与相关实证分析。进而导致相关政策的制定含有一定程度的经验成分,教育管理者所做的决策在一定程度上缺乏科学的理论和数据支撑。因此探索和把握硕士研究生科研绩效影响因素,积极回应当前研究生创造高质量科研成果所面临的新问题、切实提高学生科研绩效水平,无疑成为高校研究生管理及培养部门亟须思考和解决的重要课题。

纵观国内外学术文献,针对科研绩效评价研究大多是以高校或者教员为主体的理论探索和方法论证,缺乏以研究生为主体的系统性研究和以实证分析为方法的实证性研究。而结构方程模型能根据已有的理论建立假设,构建反映变量间相互关系的模型,通过实证分析处理数据变量关系复杂的情况,为研究硕士生科研绩效影响因素的内部作用关系提供良好的支撑。因此构建科研绩效影响因素结构方程模型,挖掘各个因素之间的影响路径,分析各指标影响效应系数,反映指标间的内部作用关系。以期从学界广泛认可的研究视角探究影响研究生科研绩效的关键因素,为提升硕士研究生的绩效管理提供参考,同时也为教育管理部门制订研究生培养方案提供相关依据。

2)设定理论模型

社会认知理论(Social Cognition Theory,SCT)是 20 世纪 70 年代末美国心理学家 Bandura 提出的教育理论。如图 5.17 所示,在这一理论框架中,个体因素如自身兴趣、创新能力等,以及外界环境如学术氛围、合作氛围等会共同影响到科研成果的产出,行为也会反作用个体因素与环境因素。此外,其他因素如导师指导等会对研究生产生正向的激励作用,引导他们积极参与科研活动。例如李会炎[①]根据社会认知理论构建了知识共享氛围与科研绩效影响的理论模型,并探讨了知识共享对成员科研绩效的直接影响。涂萍萍[②]认为社会认知理论适用于科研活动的研究,并在社会认知理论中衍生出自我效能感,将自我效能感作为影响学术型硕士研究生的一个重要因素。张敏等人[③]整合社会认知理论等相关理论探究科研工作者的引文行为内在认知过程。文献分析表明,社会认知理论为研究生科研绩效影响因素与评价研究提供了强有力的理论支撑。

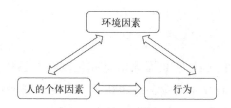

图 5.17　社会认知理论框架

3)建立研究假设

根据社会认知理论为假设模型的构建依据,设定 4 个潜变量对研究生科研产出的内容进行界定,研究测量框架及假设如图 5.18 所示。

通过解释四个潜变量对科研产出的影响及其之间的相互影响关系提出硕士研究生科研绩效影响因素假设:

H1:科研指导对科研产出产生积极的正向影响;

H2:科研能力对科研产出产生积极的正向影响;

① 李会炎.高校科研团队知识共享氛围对成员科研绩效影响的研究[D].哈尔滨:哈尔滨工业大学,2018.

② 涂萍萍.“双一流”高校学术型硕士研究生科研绩效及其影响因素研究[D].上海:华东师范大学,2020.

③ 张敏,刘盈,严炜炜.科研工作者引文行为的影响因素及认知过程——基于情感结果预期和绩效结果预期的双路径分析视角[J].图书馆杂志,2018,37(6):74-84.

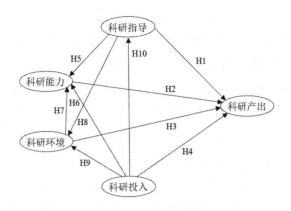

图 5.18　研究假设模型

H3：科研环境对科研产出产生积极的正向影响；

H4：科研投入对科研产出产生积极的正向影响；

H5：科研指导对科研能力产生积极的正向影响；

H6：科研投入对科研能力产生积极的正向影响；

H7：科研环境对科研能力产生积极的正向影响；

H8：科研指导对科研环境产生积极的正向影响；

H9：科研投入对科研环境产生积极的正向影响；

H10：科研投入对科研指导产生积极的正向影响。

4）构建评价指标

德尔菲(Delphi)法又称专家咨询法，是一种成熟、公认的指标筛选方法，近年来被广泛运用于教育领域中评价指标的筛选。研究运用德尔菲法确立研究生科研绩效评价指标，首选编制专家咨询问卷，开展第一轮专家咨询；再收集并分析专家意见，根据其意见修改评价指标，得出第二轮专家咨询问卷并开展第二轮专家咨询，收集并分析专家意见，若专家意见一致，则确定评价指标。由于德尔菲法要求遴选的专家为相关领域内具有权威性、代表性的专业人员，数量以 15～50 名为佳。因此为了保证评价指标具有较高的信度和效度，研究对相关领域资深专家组成的专家组进行咨询，其中第一轮邀请 44 位，第二轮邀请 28 位专家。研究领域涉及教育管理、教育评价、研究生培养、教育心理学、特殊教育学、教师教育学等；职称涵盖教授、研究员、副教授；工作年限多在 10～35 年，工作时间较长、管理经验丰富，对研究生科研绩效具有较好的理解，在研究生管理领域具有较成熟的见解。

首先编制专家咨询问卷开展第一轮专家咨询。第一轮发放专家咨询问卷 44

份,回收有效问卷 44 份,回收率及有效率均为 100%。何宇等人①认为,有效回收率在 70% 以上,可认为专家积极性较高。本研究有效回收率均大于 80%,且部分专家对研究生科研绩效评价指标提出相关建议,表明绝大部分专家认真完成问卷调查,对本次咨询的积极性较高。经过整理、分析和综合专家意见,研究生科研绩效评价指标的雏形框架得到专家的基本认同。

其次根据第一轮的专家意见将部分指标进行删除、替换、增加和拆分,完善指标后开展第二轮专家咨询。第二轮发放专家咨询问卷 28 份,回收有效问卷 25 份,回收率为 89%,有效率为 100%。按照专家的建议,对研究生科研绩效评价指标进行适当调整,得到经专家咨询后的研究生科研绩效评价指标,包含 4 个一级指标、22 个二级指标,如表 5.3 所示。

表 5.3 专家咨询后研究生科研绩效影响因素指标体系

一级指标	二级指标	一级指标	二级指标
科研能力	知识获得能力	科研环境	合作氛围
	科研创新能力		学术氛围
	科研实践能力		资源共享
	辩证分析能力		师生氛围
	逻辑思维能力		生生氛围
科研指导	学术水平	科研投入	资源平台
	指导规模		师资队伍
	指导方式		纵向经费总量
	指导频率		横向经费总量
	科研项目支持		专项投入
	学术会议支持		科研管理

5）设计问卷进行调查

（1）问卷调研

为了抽取能够为研究问题提供最大信息量的研究对象,研究采用目的性抽样对 15 所高校进行抽样调研,调查对象为全日制在读学术型硕士研究生,调查方式

---

① 何宇,杨小丽.基于德尔菲法的精神卫生服务可及性评价指标体系研究[J].中国全科医学,2018,21(3):322-329.

为随机抽样。共发放问卷 700 份,回收 663 份,有效问卷 663 份,有效回收率为 94.7%。如表 5.4 所示,有 50.7% 的学生在研究生入学考试中取得了较好的成绩,非常好的有 10.1%,非常差的有 2.0%,表明研究生整体入学成绩处于中上水平。36.8% 的学生本科专业与研究生专业完全一致,但也有 10.9% 的学生专业完全不相关,专业相关的人数多于不相关的人数。

表 5.4　样本描述统计

类别		样本数	百分比/%	总数
性别	男	160	24.1	663
	女	503	75.9	
入学成绩	非常好	67	10.1	663
	较好	336	50.7	
	一般	209	31.6	
	较差	37	5.6	
	非常差	14	2.0	
专业相关程度	完全一致	244	36.8	663
	比较相关	192	28.9	
	一般	78	11.8	
	比较不相关	76	11.6	
	完全不相关	73	10.9	

(2)信效度检验

①信度检验

研究利用 SPSS24.0 统计分析软件检验问卷的可信程度,$0.5 <$ Cronbach's $\alpha < 0.7$ 时,认为该调查问卷测量结果可以被接受,Cronbach's $\alpha > 0.7$ 时,认为该问卷测量的结果处于高信度水平。如表 5.5 所示,对 663 份有效问卷进行检验,总体 Cronbach's α 为 0.901 大于 0.7,表明问卷的总体信度较高,可以用来测量研究生科研绩效影响因素。

表 5.5　问卷的可靠性检验

Cronbach's α	基于标准化项的 Cronbach's α	项数
0.907	0.901	35

如表 5.6 所示,该问卷各一级指标如科研能力(0.861)、科研指导(0900)等指

标的测量结果均大于 0.7,一级指标总的 Cronbach's α(0.912)也大于 0.7,表明问卷各维度信度较高。

表 5.6 维度的可靠性检验

维度	指标数量	Cronbach's α	基于标准化项的 Cronbach's α	整体 Cronbach's α
科研能力	5	0.861	0.866	
科研指导	6	0.900	0.902	
科研环境	5	0.906	0.906	0.911
科研投入	6	0.887	0.887	
科研产出	5	0.855	0.856	

②效度检验

对问卷的数据进行效度检验,结果如表 5.7 所示。问卷的 KMO 值为 0.961 > 0.9,Bartlett 的球形度检验计量的观测值为 13044.998,其显著性为 0.000 < 0.01,说明各变量之间并非对立、具有共同因素,样本数据之间相关性较高。

表 5.7 维度 KMO 和 Bartlett 检验

		科研能力	科研指导	科研环境	科研投入	科研产出
KMO		0.839	0.866	0.903	0.883	0.849
Bartlett 的球形度检验	近似卡方	1682.815	2479.359	2491.078	2084.193	1440.521
	Df	10	15	10	15	10
	Sig	0.000	0.000	0.000	0.000	0.000

通过上述调查问卷信效度分析,表明该问卷的信效度良好,从侧面验证了所构建的测量研究生科研绩效维度的科学性和可靠性,为进一步开展研究生科研绩效影响因素实证分析奠定坚实基础。

6)利用 AMOS 进行分析

将调查数据匹配后导入 AMOS24.0 软件,运行 Calculate Estimates 计算,得到初始结构方程模型图,如图 5.19 所示。

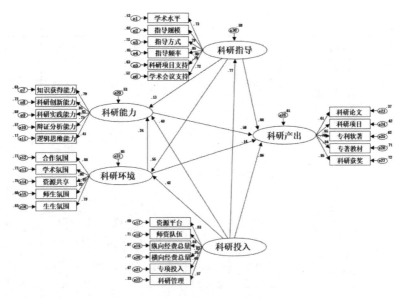

图 5.19 科研绩效影响因素模型

（1）模型适配度及修正

如表 5.8 所示，研究首先对各项指标的拟合度进行检验分析，其次对模型进行修正。模型卡方差异值会因数据违反多元正态膨胀，导致模型拟合度不佳，因此参考 Bollen-Stine 提出的模型修正方法对科研绩效影响因素结构方程模型进行修正。

表 5.8 模型适配度及修正表

绝对适配度指数	适配的标准或临界值	检验值（修正前）	适配判断（修正前）	检验值（修正后）	适配判断（修正后）
RMR	<0.05	0.043	是	0.041	是
RMSEA	<0.08	0.07	否	0.037	是
GFI	>0.90	0.860	否	0.901	是
AGFI	>0.90	0.835	否	0.903	是
CMIN/DF	1~3	4.278	否	1.209	是
TLI	>0.90	0.911	是	0.941	是
CFI	>0.90	0.919	是	0.947	是

（2）研究假设验证

研究的假设路径分析结果如表 5.9 所示，研究假设的 P 值均小于 0.05，表示模型假设均成立。

表 5.9　假设路径检验结果

研究假设	路径	路径系数	S.E.	C.R(Z)值	P 值	检验结果
H1	科研指导→科研产出	0.08	1.521	17.476	＊＊＊	成立
H2	科研能力→科研产出	0.58	1.149	8.736	＊＊＊	成立
H3	科研环境→科研产出	0.14	1.084	8.700	＊＊＊	成立
H4	科研投入→科研产出	0.07	1.081	8.718	＊＊	成立
H5	科研指导→科研能力	0.15	1.034	8.678	＊＊＊	成立
H6	科研投入→科研能力	0.31	0.906	8.534	＊＊	成立
H7	科研环境→科研能力	0.28	2.289	18.190	＊＊	成立
H8	科研指导→科研环境	0.55	2.456	16.766	＊＊＊	成立
H9	科研投入→科研环境	0.43	2.214	8.463	＊＊＊	成立
H10	科研投入→科研指导	0.78	2.157	7.942	＊＊＊	成立

＊＊表示 P<0.05,＊＊＊表示 P<0.001,→表示单向影响关系。

7)得出研究结论

(1)潜变量间影响效应系数

如表 5.10 所示,科研能力对科研产出的总影响效应系数为 0.548,大于科研环境对科研产出的总影响效应系数(0.408),表明在进行科研活动时,自身因素如科研实践能力、创新能力和知识获得能力等对科研产出的影响较为显著,而科研环境作为外界因素对科研产出有影响但不是决定性因素。科研投入对科研产出的总影响效应系数为 0.581,且科研投入对科研产出的间接影响效应大于直接影响效应,表明科研投入是通过平台或者科研项目、奖助学金支持等对研究生科研绩效产生影响。科研指导对科研产出的总影响效应系数为 0.353,其间接影响效应大于直接影响效应,说明导师对学生的指导大多是通过一些间接的方式,如指导论文、竞赛等对学生科研产出产生影响。同时各项因素存在交叉影响关系,如科研环境对科研能力的总影响效应系数为 0.281,表明科研能力主要是自身平时在参加学术活动或科研项目形成的一种能力受环境的影响不大。

表 5.10　潜在变量间影响效应系数

潜变量之间的关系	直接影响效应	间接影响效应	总影响效应
科研能力→科研产出	0.305	0.243	0.548
科研环境→科研产出	0.197	0.211	0.408
科研投入→科研产出	0.233	0.348	0.581
科研指导→科研产出	0.169	0.184	0.353
科研指导→科研环境	0.547	0.000	0.547
科研指导→科研能力	0.154	0.154	0.308
科研环境→科研能力	0.281	0.000	0.281
科研投入→科研环境	0.426	0.426	0.852
科研投入→科研指导	0.778	0.000	0.778
科研投入→科研能力	0.306	0.204	0.510

(2)各指标影响效应系数

通过研究生科研绩效各影响因素指标变量的分析可以得出,如图 5.20 所示,科研投入中师资队伍(0.834)和资源平台(0.849)影响效应系数较高,说明优质的教师梯队以及数据资源对研究生的科研产出具有十分重要的作用。学术氛围(0.886)在科研环境中的系数最高,表明在科研活动中,良好的科研氛围有助于科研难题的共同解决,进而提升研究生的科研创新能力。指导方式(0.85)和指导规模(0.809)在科研指导中影响效应系数较高,导师需与学生保持有效的沟通,给予学生充分的指导,采取多种指导方式,如 Seminar 形式、兴趣小组、创新团队等,同时注重指导频次和指导规模对于学生科研能力提升的影响,不断改善指导质量,帮助学生快速成长,从而顺利开展科研实践活动。研究生的科研实践能力(0.853)对其科研产出十分关键,科研创新能力较强的学生在未来发展道路上能够深入研究、不断开拓创新。

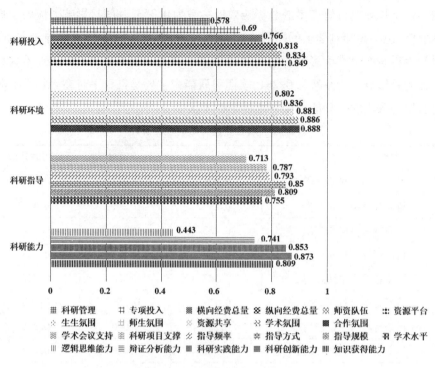

图 5.20　各指标影响效应系数

5.4　中介分析

5.4.1　三种中介效应检验方法简介

中介效应是如果自变量 X 通过影响变量 M 而对因变量 Y 产生影响,则称 M 为中介变量。例如,上司的归因研究:下属的表现→上司对下属表现的归因→上司对下属表现的反应,其中的"上司对下属表现的归因"为中介变量。

中介作用的检验模型可以用以下路径图来描述:

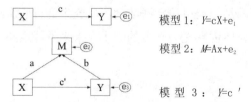

模型 1：$Y = cX + e_1$

模型 2：$M = Ax + e_2$

模型 3：$Y = c'$

图 5.21　中介效应检验模型路径图

方程(1)的系数 c 为自变量 X 对因变量 Y 的总效应；

方程(2)的系数 a 为自变量 X 对中介变量 M 的效应；

方程(3)的系数 b 是在控制了自变量 X 的影响后,中介变量 M 对因变量 Y 的效应；

方程(3)的系数 c′是在控制了中介变量 M 的影响后,自变量 X 对因变量 Y 的直接效应；

系数乘积 a ∗ b 即为中介效应等于间接效应。

1)因果逐步回归检验法(The Baron and Kenny's Approach,B-K method)

因果逐步回归法由 Baron 和 Kenny 于 1986 年提出,其检验步骤分为三步：

第一,分析 X 对 Y 的回归,检验回归系数 c 的显著性(即检验 $H0:c=0$)；

第二,分析 X 对 M 的回归,检验回归系数 a 的显著性(即检验 $H0:a=0$)；

第三,分析加入中介变量 M 后 X 对 Y 的回归,检验回归系数 b 和 c′的显著性(即检验 $H0:b=0$、$H0:c'=0$)。

根据检验结果按图 5.22 进行判断。

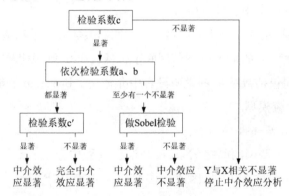

图 5.22　变量判断

2)乘积系数法(Product of coefficients)

第一种因果逐步回归检验法简单易懂、容易理解和解释,因而受到广泛的应用,但有学者认为其检验效能较低,有时候本身有中介作用但却显示没有中介作用。有学者提出乘积系数法的统计功效优于因果逐步回归法,因此,系数乘积法逐渐受到研究者的青睐,如图 5.23 所示。其原理是检验 a ∗ b 是否呈现出显著性。系数乘积法分为两类,一类是基于中介效应的抽样分布为正态分布的 Sobel 检验法,另一类是基于中介效应的抽样分布为非正态分布的 Bootstrap 抽样法。

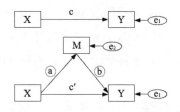

图 5.23　中介作用检验模型

（1）Sobel 中介效应检验法

Sobel 检验的前提假设是中介效应 a 和 b 是正态分布且需要大样本。使用 Sobel 系数乘积检验法存在的主要问题是,检验统计量依据的正态分布前提很难满足,特别是样本量较少时。因为即使 a、b 分别服从正态分布,a、b 的乘积也可能与正态分布存在较大差异。

Sobel 中介效应检验法的优点:改善了 B-K method,提供 a * b 的显著性检验;可以计算 a * b 的置信区间。缺点是:间接效果的抽样分配必须是正态分布,但抽样分配 a * b 为非对称分布,不是正态的,95% 的对称分布会有偏误,z 值>1. 96 也未必一定显著,统计检验力只略高于 B-K method。

（2）Bootstrapping 中介效应检验法

Bootstrap 抽样法检验是指回归系数 a 和回归系数 b 的乘积项（a * b）95% 置信区间是否包括数字 0;如果 95% 置信区间不包括数字 0,则说明具有中介作用;如果说 95% 置信区间包括数字 0,即说明没有中介作用。Bootstrap 法能适用于中、小样本和各种中介效应模型。

（3）empirical M-test

该方法只能做两两的间接效果,没办法做远程中介(三条线相乘的检验),且一般的软件都没有这个方法,因此大多数情况下都用 Bootstrapping 来检验中介效果。

3）蒙地卡罗模拟（Monte Carlo, MC）

蒙地卡罗模拟为一参数估计的自助法[1],有比较对称的 a * b 置信区间。MC 不一定要用和样本数一样多的样本,数据因为参数估计产生,所以,a * b 分配会比较平滑。MC 比 bootstrap 运算速度快而且比较准确,MC 也适用较小的样本,MC 只需协方差矩阵,不需原始数据。

---

[1]　Preacher, Kristopher J, & Selig, James P. (2012). Advantages of Monte Carlo confidence intervals for indirect effects. Communication Methods and Measures, 6(2):77-98.

4）Monte Carlo 法与 bootstrap 法的区别

Bootstrap：假设共有 300 个数据样本，以抽出放回的方式一次性抽取 300 个（抽 1000 次），接着运行这个模型，运行一次就会出现一次 a＊b，运行 1000 次就会出现 1000 次，将这 1000 个 a＊b 从小到大排序就会得到 25% 和 975% 两个值（作为其置信区间）。将这 1000 个 a＊b 相加/1000，就会得到平均值。然后计算其方差，方差开根号就会得到标准误（最终得到置信区间、方差、标准误）。

Monte Carlo：假设 a 符合正态分布，b 符合正态分布，利用之前输出的点估计值将 a 与 b 分别做正态分布（a、b 分别 1000 次），再用 a 与 b 相乘，乘出 1000 个 a＊b 的值，然后从小到大排序得出置信区间以及标准误。两种方法有略微区别，Monte Carlo 运算速度较快，Bootstrap 稍慢，但差别很小。

5.4.2　案例分析

在中介检验中，最常用的方法为 Bootstrapping 法和 Monte Carlo 法，因此相关案例分析时以 Bootstrapping 法和 Monte Carlo 法为例进行讲解。第一个案例以 Bootstrap 检验方法为主。以"探究某企业中员工的服务质量、满意度以及忠诚度之间的关系"为例。

1）理论基础

服务质量（SERVQUAL）理论是依据全面质量管理（Total Quality Management，TQM）理论在服务行业中提出的一种新的服务质量评价体系，其理论核心是"服务质量差距模型"，即：服务质量取决于用户所感知的服务水平与用户所期望的服务水平之间的差别程度（因此又称为"期望-感知"模型），用户的期望是开展优质服务的先决条件，提供优质服务的关键就是要超过用户的期望值。其模型为：Servqual 分数＝实际感受分数-期望分数。

SERVQUAL 将服务质量分为五个层面：有形设施（Tangibles）、可靠性（Reliability）、响应性（Responsiveness）、保障性（Assurance）、情感投入（Empathy），每一层面又被细分为若干个问题，通过调查问卷的方式，让用户对每个问题的期望值、实际感受值及最低可接受值进行评分。并由其确立相关的 22 个具体因素来说明它。然后通过问卷调查、顾客打分和综合计算得出服务质量的分数。其理论模型如图 5.24 所示。

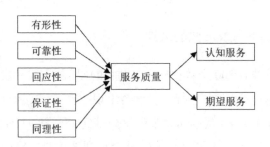

图 5.24 服务质量理论模型

从图 5.24 可知,可靠性、有形性、响应性、保证性、移情性为自变量,认知服务、期望服务为因变量。有形性(Tangibles)包括实际设施,设备以及服务人员的列表等。可靠性(Reliability)是指可靠的,准确地履行服务承诺的能力。回应性(Responsiveness)指帮助顾客并迅速地提高服务水平的意愿。保证性(Assurance)是指员工所具有的知识、礼节以及表达出自信与可信的能力。同理性(Empathy)是指关心并为顾客提供个性服务。认知服务(Service Perceived)是指个人对被服务的感觉。期望服务(Service Expected)是指个人对被服务的期望。

2)建立研究假设

H1:员工的服务质量对用户的满意度有显著的正向影响;

H2:员工的服务质量对用户的忠诚度有显著的正向影响;

H3:用户满意度在员工服务质量与在员工忠诚度间存在中介作用。

3)构建模型

构建模型如图 5.25 所示。

数据运行步骤:

构建模型框架-导入数据-单击(左下角)Not estimating any user-definedd estimand-单击 Define new estimands-输入"间接效果=a * b/直接效果=c/总效果=a * b+c"(用英文写的时候字母间不可以有空格)-单击 file-单击 check syntax-命名 single mediation 存档。

单击 analysis properties-output-勾选 Indirect,direct & total effects(勾选 minimization history/standardized estimates/all implied moments,其他的可以不勾选)

单击 analysis properties-Bootstrap-勾选 perform bootstrap,将值改为 1000 或者 2000-勾选 percentile confidence intervals 值为 95-勾选 bias-corrected confidence intervals 值为 95-单击运行。

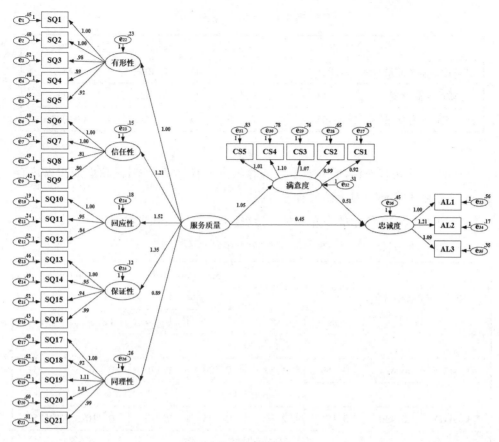

图 5.25　结构方程模型图

注：

总效果：Total Effect＝TE

直接效果：Direct Effect＝DE

间接效果：Indirect Effect＝IE

间接效果计算公式：DE＝a＊b

总效果计算公式：TE＝IE+DE

TE＝a＊b+c（a＊b 为间接效果，c 为直接效果），主要的目的是看 a＊b 有没有显著。

4）数据分析

通过 AMOS 操作运算，得到如表 5.11 所示的数据分析结果。

表 5.11　路径分析表

	Estimate	S. E.	C. R.	P
满意度←服务质量	1.021	0.136	7.409	***
忠诚度←满意度	0.417	0.107	3.853	***
忠诚度←服务质量	0.405	0.139	2.775	0.003

　　由表 5.11 可以看出,服务质量对顾客满意度有显著影响,满意度对忠诚度存在显著关系,服务质量对忠诚度有显著影响。

　　得到如表 5.12 所示的中介变量统计表。

表 5.12　bootstrap 中介检验表

变量	点估计值	Product ofCoefficients		Bias-Corrected 95% CI		Percentile 95% CI	
		SE	Z	Lower	Upper	Lower	Upper
Total Effects							
SQ →LOY	0.824	0.169	4.89	0.530	1.179	0.539	1.231
Indirect Effects							
SQ →LOY	0.430	0.171	2.39	0.145	0.818	0.110	0.759
Direct Effects							
SQ →LOY	0.412	0.245	1.58	−0.138	0.831	−0.057	0.907

注:5000 bootstrap 样本。

　　通过表 5.12 可以看出服务质量对满意度的 Z 值为 4.89>1.96,表明其总效果显著,二者的间接效果 z=2.39>1.96 存在显著关系,Z=1.58<1.96 表明服务质量对满意度的直接效果不显著。该模型直接效果不显著,间接效果显著,表明该模型为完全中介模型。

　　第二个案例以 Monte Carlo 检验为主。

　　本节中 Monte Carlo 检验与 Bootstrap 检验所用数据源于同一个案例,因此其研究背景、研究假设以及构建的结构方程模型一致,仅在数据分析这一步骤不一致,以下为 Monte Carlo 检验的数据分析步骤。

　　步骤:构建模型框架-导入数据-单击(左下角)Not estimating any user-definedd estimand-单击 Define new estimands-输入"间接效果=a * b/直接效果=c/总效果=a * b+c"(用英文写的时候字母间不可以有空格)-单击 file-单击 check syntax-命

名 single mediation 存档。

单击 analysis properties–output–勾选 Indirect, direct & total effects(勾选 minimization history/standardized estimates/all implied moments, 其他的可以不勾选)

单击 analysis properties–Bootstrap–勾选 Monte Carlo–perform bootstrap, 将值改为 1000 或者 2000–勾选 percentile confidence intervals 值为 95–勾选 bias–corrected confidence intervals 值为 95–单击运行。

5)报表解读

利用 AMOS 中的 Monte Carlo 检验法进行中介的检验, 如表 5.13 所示。

表 5.13　Monte Carlo 中介检验表

变量	点估计值	系数相乘积 Product of Coefficients				Monte Carlo			
		SE	Z	Lower	Upper	Bias–Corrected 95% CI		Percentile 95% CI	
						Lower	Upper	Lower	Upper
Total Effects									
SQ →LOY	0.836	0.125	3.65	0.591	1.081	0.609	1.105	0.604	1.104
Indirect Effects									
SQ →LOY	0.429	0.121	2.88	0.192	0.666	0.233	0.697	0.216	0.687
Direct Effects									
SQ →LOY	0.408	0.155	1.05	0.104	0.712	0.128	0.727	0.109	0.711

如表 5.13 所示, Lower 与 upper 都没有包含零(包含零不成立), 且 Z-value 大于 1.96, 代表间接效果成立, 直接效果 Z 值小于 1.96, 也没有包含零, 代表直接效果不成立, 所以本模型是完全中介。如果直接效果也显著的话称为部分中介模型。

5.5　调节分析

在本书第四章第一节中已经介绍过调节变量的相关定义, 因此这里不再赘述, 通过实例进行讲解。

5.5.1 调节变量实务内涵

调节变量又称干扰变量,其本质为外生变量,调节变量会产生交互作用,X 和 Y 两个变量的关系依靠第三个变量,如图 5.26 所示。

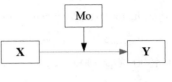

图 5.26 中介变量示意图

1)调节变量影响的是"斜率"(调节变量不同值时,对 X →Y 斜率的影响)

ANOVA 影响的是"平均值"(自变量在不同组别时,平均值的差异比较)。

例如用开车速度与酒醉程度来解释调节变量,开快车(X)会随着酒醉程度(Mo)的增加进而让驾驶增加危险性(Y)。

2)连续型调节变量的关系

如图 5.27 所示,当第三个变量(醉酒程度)加进来的时候斜率就越来越高,最后的斜率和最开始的斜率相比,有显著差异的话,代表调节效果存在。调节效果就是在检查斜率的改变有没有影响显著程度。

3)调节效果与交互作用

从统计的角度来看,调节效果与交互作用是等值的,因为都是交乘项。从理论上来看,交互作用可以互换,而调节作用不行,因为调节变量是有先后顺序的,如图 5.28 所示。

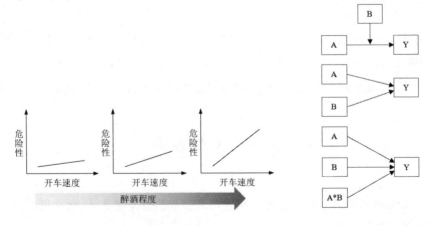

图 5.27 醉酒程度与危险性关系   图 5.28 调节效果与交互效果

5.5.2　类别调节分析

如图 5.29 所示,调节变量为类别变量,如性别、年级、血型等。

1)调节变量为类别变量

该案例以性别为调节变量进行分析,做群组比较,看回归系数有无差异,如图 5.30 所示。

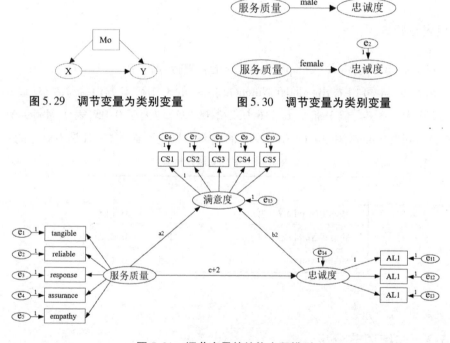

图 5.29　调节变量为类别变量　　　图 5.30　调节变量为类别变量

图 5.31　调节变量的结构方程模型

2)操作步骤

将性别这个变量放到群组中:

①导入数据:点击 Group number 1 重命名为 Male-点击 new-将 Group number 1 重命名为 Female-点击该按钮▥-点击 male-File name-选择相应的数据库-点击 Grouping Variable-gender-再点击 Female-File name-选择相应的数据库(与 male 是同一数据库)-点击 Grouping Variable-gender-点击 Group Value-male(Data File 窗口)-点击 1(Group Value 窗口)-点击 OK。

②数据分析:点击群组中的 male-双击服务质量与满意度中间的横线箭头-取消勾选 all group-在 regression weight 中输入 a1-双击满意度与忠诚度中间的横线箭头-在 regression weight 中输入 b1-双击服务质量与忠诚度中间的横线箭头-在 regression weight 中输入 c$^+$1。同样地,点击点击群组中的 Female 依次将其改为 a2、b2、c+2。

③检验二者是否有显著差异:双击 XX: Default model-点击 New-将 Model Name 改为 moderation-双击 a1-双击 a2,在 Parameter Constraints 中就会出现 a1 = a2。同样的,点击 New-双击 b1-双击 b2,在 Parameter Constraints 中就会出现 b1 = b2,C$^+$1 = C$^+$2,与上述操作一致。a1 = b1 是为男女之间的斜率是否一致,如果一致代表性别对其没有调节效果;如果不一致表明性别对其有调节效果。

3)报表分析

点击 Estimate-Model Comparison 打开报表进行分析。

由表 5.14 可以看出,Model Number2、3、4 的 CMIN 卡方值为 2.473、1.209、2.235 均大于 3.84,但 P 值为 0.116、0.272、0.135,均大于 0.05,表明 Model Number2、Model Number3 和 Model Number4 的调节效果是不显著,三者是不成立的。

表 5.14　中介变量分析表

Model	DF	CMIN	P
Model Number2	1	2.473	0.116
Model Number3	1	1.209	0.272
Model Number4	1	2.235	0.135

5.5.3　连续调节分析

调节变量为连续变量。

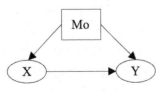

图 5.32　调节变量为连续变量

该案例的调节变量为交互项(图 5.32),运用 Ping's 的方法进行操作,也就是将交互作用项简化成一个指标。其分析步骤为首先估计主效果的因素负荷量及残差;将第一步所求得值经过 Ping 的方法对交互作用项的因素负荷量及残差加以固定;分析结果若交互作用项显著则交互作用存在。

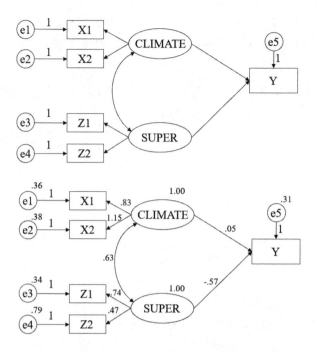

图5.33 连续变量的结构方程模型

模型解读:CLIMATE 有两个题目,SUPER 有两个题目,SUPER 为调节变量将 CLIMATE 和 SUPER 乘为一个单一题目,但需要算出整合以后单一题目的 factor loading 和残差。

第一步操作步骤:(仅分析主效果)将图 5.33 的 1 去掉,将 1 放到 CLIMATE 做标准化设定-导入数据-PING95(Excel.8.0)(相应数据即可)-工作表 1-运行-会出现如表 5.15 所示的数据。

表5.15 运行之后的结构方程模型

变量路径	Estimate	S. E.	C. R.	P
X1 ←CLIMATE	0.832	0.060	13.845	***
X2 ←CLIMATE	1.149	0.077	14.989	***
Z2 ←SUPER	0.473	0.063	7.544	***
Z1 ←SUPER	0.741	0.066	11.303	***
Y ←CLIMATE	0.049	0.092	0.533	0.594
Y ←SUPER	-0.566	0.099	-5.729	***

由表 5.15 可以看出 CLIMATE 对 Y 的 P 值为 0.594 大于 0.05，不显著，而 SU-
PER 对 Y 的 P 值小于 0.05，显著，表明 CLIMATE 对 Y 不成立，SUPER 对 Y 是不成
立的。

估计潜变量交互作用的方法有三大类：回归分析、亚组分析和潜在交互作用分
析。交互作用和二次模型如图 5.34 所示。

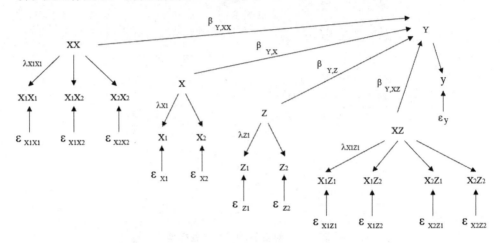

图 5.34　交互作用项和二次模型

这三种方法有其优势也有其劣势，因此 Ping 在其基础上提出将交互作用项简
化成一个指标来分析潜在变量的调节效果。

式 1：
$$Var(x_1 z_1) = Var[(\lambda_{x1}X + \varepsilon_{x1})(\lambda_{z1}Z + \varepsilon_{z1})]$$
$$= \lambda_{x1}^2 \lambda_{z1}^2 Var(XZ) + \lambda_{x1}^2 Var(X)\theta_{\varepsilon Z1} + \lambda_{Z1}^2 Var(Z)\theta_{\varepsilon X1} + \theta_{\varepsilon X1}\theta_{\varepsilon Z1}$$

式 2：
$$\lambda_{x:z} = (\lambda_{x1} + \lambda_{x2})(\lambda_{z1} + \lambda_{z2})$$
$$\theta_{\in x:z} = (\lambda_{x1} + \lambda_{x2})^2 Var(X)(\theta_{\in z1} + \theta_{\in z2}) + (\lambda_{x1} + \lambda_{x2})^2 Var(Z)(\theta_{\in z1} + \theta_{\in x1} + \theta_{\in x2})(\theta_{\in z1} + \theta_{\in z2})$$
$$\lambda_{x:x} = (\lambda_{x1} + \lambda_{x2})^2$$

Ping 提出运用公式 1 和 2 转换 Loading 值和残差值。通过上面的公式转换得
到下面的模型：X 和 Z 分别有两个题目，X 乘 Z 之后只转出一个题目，最后只需要
用一个题目解决显著性的问题，Ping 利用如图 5.34 所示的模型计算残差值和
Loading 值。

根据图 5.35 就可以开展第二步，其操作步骤如下：需要新建立一个构面，并赋
予"适当的值"。这里"适当的值"即运用公式 1 计算出 XZ 的 λ、θ 值。该案例中 λ 的
值为 2.396，θ 的值为 6.35。单击▓将"XZ"拉到与"C ×S"对应的椭圆中构建为下面

的模型,通过图 5.36 的模型来分析交互作用存不存在。

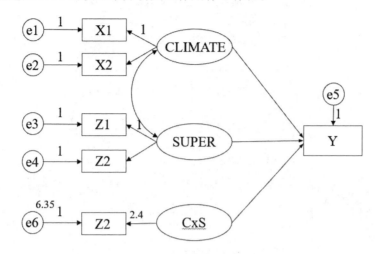

图 5.35　交互作用项和二次模型

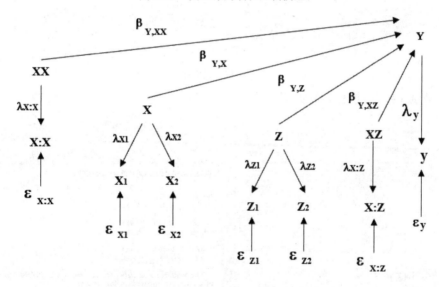

图 5.36　添加新构面后的交互作用模型

上图中箭头线是 λ,小圆圈是 θ。双击箭头线输入值"2.396",步骤如图 5.37、图 5.38 所示。

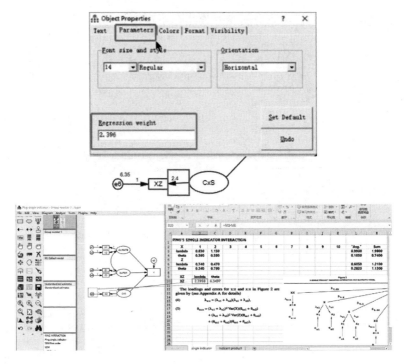

图 5.37 λ赋值

Theta(残差)操作步骤如下:

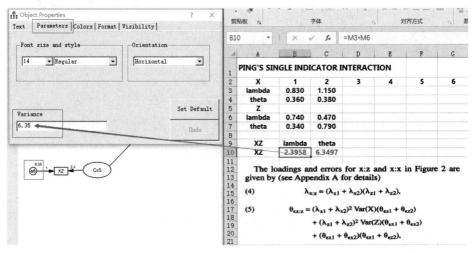

图 5.38 θ赋值

运行模型得到以下(图 5.39):

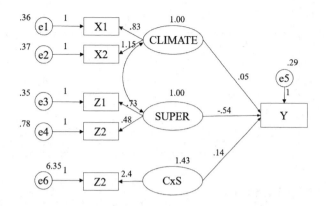

图 5.39　赋值后运行的结构方程模型图

表 5.16　交互作用分析表

路径关系	Estimate	S. E.	C. R.	P
X1 ←CLIMATE	0.831	0.60	13.822	***
X2 ←CLIMATE	1.150	0.077	15.000	***
Z2 ←SUPER	0.479	0.63	7.598	***
Z1 ←SUPER	0.733	0.066	11.135	***
Y ←CLIMATE	0.049	0.090	0.546	0.585
Y ←SUPER	−0.538	0.097	−5.560	***
XZ ←C ×S	2.396			
Y ←C ×S	0.145	0.41	3.525	***

由表 5.16 可以看出, Y ←C ×S 是显著的,表明交互作用是存在的。

5.5.4　有调节的中介作用

调节中介作用同时考虑中介变量和调节作用,其核心是中介作用,在中介作用基础上再进一步讨论调节作用。

1)案例背景

当前有一个研究(样本量为 540),自变量有 1 个,中介变量共有 2 个,调节变量 1 个,因变量 1 个,希望研究自变量 X 对于因变量 Y 的影响时,并且在有 2 个中介变量前提下,Z 是否有调节中介作用。

表 5.17　变量介绍

变量类型	名称
自变量	X
中介变量	M1，M2
调节变量	Z
因变量	Y

检验的模型如图 5.40 所示。

本案例想分析 X 对于 Y 的影响时，2 个中介变量是否会起中介作用，并且分析 X 对于 2 个 M 的影响时，是否会受到调节变量 Z 的干扰，即 X 对 2 个 M 的影响时，Z 是否会起着调节作用。

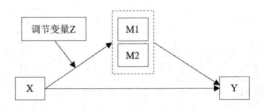

图 5.40　检验理论模型

2）理论基础

该部分从两个角度说明调节中介作用，第一是调节中介作用的检验模型；第二是调节中介作用的操作及分析。

（1）调节中介作用检验模型

涉及调节中介作用的常用模型共有 7 个，接下来针对该 7 个调节中介模型分别进行说明，包括模型结构和检验模型进行说明。

图 5.41 中，W 即为调节变量。调节变量仅针对 X →Y 这一条路进行调节（准确说 Model 1 并不是调节中介作用，只是模型中已经考虑了中介作用而已）。

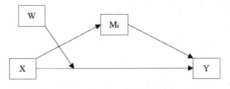

图 5.41　理论模型 1

图 5.42 中，W 即为调节变量。调节变量仅针对 X →M 这一条路进行调节。

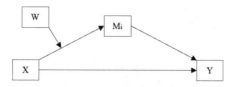

图 5.42　理论模型 2

图 5.43 中,W 即为调节变量。调节变量针对 X →M 和 X →Y 这 2 条路进行调节。

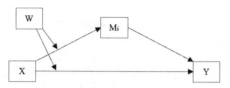

图 5.43　理论模型 3

图 5.44 中,V 即为调节变量。调节变量仅针对 M →Y 这一路进行调节。

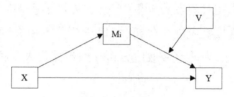

图 5.44　理论模型 4

图 5.45 中,V 即为调节变量。调节变量针对 X →Y 和 M →Y 这 2 路进行调节。

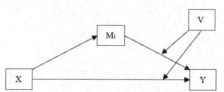

图 5.45　理论模型 5

图 5.46 中,W 即为调节变量。调节变量针对 X →M 和 M →Y 这 2 路进行调节。

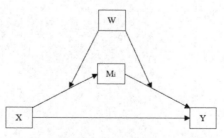

图 5.46　理论模型 6

图 5.47 中,W 即为调节变量。调节变量针对 X →M,X →Y 和 M →Y 这 3 路进行调节。

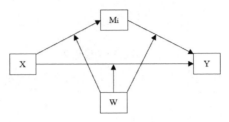

图 5.47   理论模型 7

(2)调节中介作用剖析

在分析中介效应时,首先分析中介效应,即 Bootstrap95% 置信区间是否包含数字 0,如果不包含数字 0,则表示存在中介作用,如果数字 0 包含数字 0,则表示不存在中介作用。然后分析中介效应(条件间接效应),分析调节变量处于不同水平时的中介效应。事实上,在对两者的分析中,上下文并不是绝对的,而是比较全面的。

此外,还需要对直接效应进行分析,但由于侧重于中介和调节中介,而对中介的分析不需要直接效应,因此直接效应分析一般不需要太多解释。

第6章 基于 SEM 的教育实证研究案例

6.1 基于 SEM 的教育硕士职业胜任能力的评价研究

6.1.1 研究思路、内容和方法

1)研究思路

根据职业胜任能力的背景、意义等,通过对已有的教育硕士职业胜任能力的相关研究成果进一步理解与分析,将定性分析与定量分析相结合,筛选与确定教育硕士职业胜任能力的模型变量,以构建教育硕士职业能力评价模型。教育硕士职业胜任能力评价研究的具体研究线路如图 6.1 所示。

2)研究方法

本节基于国内外教师胜任能力的发展现状,运用统计学、教育学、计算机技术与科学等多学科的理论和方法,从理论创新和实践研究入手,基于 SEM 对教育硕士职业胜任能力评价进行了定性与定量相结合的研究。拟采用的方法如下:

(1)文献研究与问卷调查相结合

搜集大量的国内外关于教育硕士职业胜任能力评价研究的文献资料,并在此基础上进行比较、分析和归纳总结,提炼出文献的基本论点。同时,结合研究的问

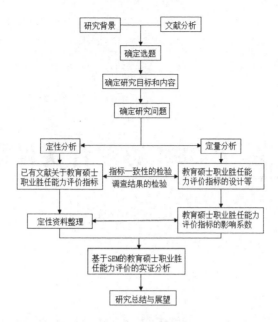

研究背景 → 文献分析

确定选题

确定研究目标和内容

确定研究问题

定性分析 ← → 定量分析

已有文献关于教育硕士职业胜任能力评价指标 ← 指标一致性的检验调查结果的检验 → 教育硕士职业胜任能力评价指标的设计等

定性资料整理 ←------→ 教育硕士职业胜任能力评价指标的影响系数

基于SEM的教育硕士职业胜任能力评价的实证分析

研究总结与展望

图6.1 研究线路

题,采用问卷调查的形式对教育硕士进行职业胜任能力调查,为教育硕士职业胜任能力评价模型构建和应用提供基本的数据支撑。

(2)德尔菲法

德尔菲法也称作专家咨询法。通过征询教育硕士培养和从事教育硕士职业方面的专家意见,制订专家咨询表,收集教育硕士职业胜任能力的要素及测评项。通过多轮专家匿名咨询的形式,直至专家意见趋向一致性。最终得出较为科学的教育硕士职业胜任能力评价指标。

(3)结构方程模型

采用结构方程模型法,构建教育硕士职业胜任能力评价模型。基于 SEM 对教育硕士胜任能力进行因子分析并展开实证分析。对教育硕士职业胜任能力评价假设模型进行检验,以探索和验证教育硕士职业胜任能力各要素间的关系。

(4)数理分析法

借助 SPSS 软件对教育硕士职业能力测试问卷的数据进行分析,对问卷的信效度进行分析,以及根据 AMOS 软件构建的教育硕士职业胜任能力结构方程模型的拟合度进行验证,并着重分析各教育硕士职业能力评价指标的影响权重。

6.1.2 基本理论概述

1）教育硕士的相关概念界定

（1）教育硕士

我们常说的教育硕士是专业学位的研究生,其专业学位的设置要求研究生要具备具体的教师职业背景。其目的是加强建设基础教育教师队伍,培养一批高素质的管理人员和基础教育教师。全日制教育硕士作为专业学位研究生教育的一种类型,其与"农村学校师资培养计划"教育硕士、"免费师范生"攻读教育硕士学位和在职教师攻读教育硕士学位一样,其培养目标都是培养中小学老师。要求能熟练掌握教育教学实践、熟练掌握现代教育理论和教育教学研究能力。主要面向基础教育管理工作和教学工作。几种不同类型的教育硕士的不同之处,主要在于全日制招生对象不同,全日制硕士研究生招生对象主要是本科应届毕业生。招收方式主要是通过每年 12 月的全国研究生统考,培养方式为学历教育,攻读方式为全日制学习方式,就业方式为自主择业。教育硕士学制一般为两年,历经该学位的考核与评价,才会授予所学教育硕士专业方向的毕业证书,以及教育硕士专业学位的学位证书。

教育硕士总计包含了 19 个专业,根据学科相关性教育硕士可分为学科型和非学科型两个类别。所谓学科型教学,就是结合教学理论与教学实际能力的硕士专业,以与具体专业对应的学科教学为主,含 12 个专业;非学科型教育硕士主要是教育的支持部门或学前教育及特殊教育,非学科型教育硕士包括了 7 个专业。教育硕士专业及代码列表如表 6.1 所示。

表 6.1 教育硕士专业及代码列表

教育硕士专业（学科型）	专业代码	教育硕士专业（非学科型）	专业代码
学科教学（思政）	045102	教育管理	045101
学科教学（语文）	045103	现代教育技术	045114
学科教学（数学）	045104	小学教育	045115
学科教学（物理）	045105	心理健康教育	045116
学科教学（化学）	045106	科学与技术教育	045117
学科教学（生物）	045107	学前教育	045118

续表

教育硕士专业 (学科型)	专业代码	教育硕士专业 (非学科型)	专业代码
学科教学(英语)	045108	特殊教育	045119
学科教学(历史)	045109		
学科教学(地理)	045110		
学科教学(音乐)	045111		
学科教学(体育)	045112		
学科教学(美术)	045113		

(2)教育硕士与教育学硕士

教育硕士是属于专业学位的硕士研究生,其与学术学位研究生教育有所不同,主要把研究生的能力以及研究生的职业发展视为教育的核心,从而反映大学理念的变化。通过区分教育硕士与教育学硕士,来了解教育硕士自身的专业学位特征。教育硕士是专业学位,教育学硕士是学术学位。两种学位都以教育学、心理学为学科基础,且属于同一层次的研究生教育。这两类学位研究生的攻读都需要系统地学习教育类知识,都要求掌握教育学,并且要掌握学科教学的基本能力与理论。这两类学位在考试方式、培养过程、招生人群以及授位方式方面有许多相似之处。但这两类学位所对应的社会的需求不同,两者培养规格侧重也不一样。两类学位有不同的研究生招生计划和研究生录取标准。它们有很多区别,如培养理念、设置依据、指导思想、培养方式和培养目标等。

①教育硕士的培养目标是教育行业应用型人才

教育硕士专业学位研究生根据基础教育发展的实际,强调教育理论与教学实践应用相结合,主要面向社会教育行业的需求。教育硕士的培养目标更注重教育行业应用性。培养教师职业需要的高素质人才,要求具有运用理论解释的能力、具备总结和提升教学实践的能力,同时也要具备解决实际问题的能力。综合素养、专业能力要好,也要具备教师职业道德,为培养教学实践型教育应用型人才。

②教育硕士的职业价值是满足未来教育行业的实际需求

教育硕士的服务对象主要是中小学,服务基础教育。通过提升教育硕士的教师胜任能力来优化教育教学的质量。设置教育硕士专业学位的主要依据,是教师教育行业的本质要求,以及优质基础教育师资的需求。

③教育硕士的培养方式为教师教学理论与实践相结合

教育硕士不同于教育学硕士以培养研究生的学术能力研究为核心,教育硕士培养的主体为基础教育,基本很少涉及研究机构或者高校。教育硕士教育的培养方式主要是为基础教育培养高素质教师,其职业胜任能力的培养也显得尤为重要。教育硕士需要参加实际教学实践训练,其核心为培养教师职业的素养与能力。教育硕士培养过程主要以教师教育实践和教师职业需要作为培养基础。教育硕士注重教师教学知识素养和教学技能的培养,需要突出教学的专题性、教学的针对性以及教学的现实性,尤其强调教育硕士教师教育能力和实践教学能力的培养。可通过案例分析、教学设计、调查报告等多种形式来进行教育硕士学位考察或考核。教育硕士重在教学实践的学习与研究,其培养更强调教学理论与实践的结合。

　　总之,教育硕士不同于教育学硕士。教育硕士为专业学位,而教育学硕士毕业被授予的是学术学位。一个侧重于知识的应用和实践能力的培养,另一个侧重于科学和理论研究。一个是为了满足市场紧缺专业人才需要,另一个重在满足社会基础研究人才的需要。因此,教育硕士相对于教育学硕士,其培养方案更为适合中小学教师职业教学工作,而且时间成本低,教育实习的阶段也较长,专业的特质决定了理论与实践相结合的重要性。

2)胜任能力相关理论概述

(1)胜任能力

　　胜任能力(Competency)是个“舶来品”,来源于拉丁语“Competentiae”,意为适当(Suitable)。国内在胜任能力(Competency)与胜任能力模型(Competency Model)方面的提法很多,如资质与资质模型、能力与能力模型、胜任能力与胜任能力模型等,而且对含义的诠释也不尽相同。实际上,从其源头上来讲,“素质”“胜任力”“胜任能力”和“胜任特征”都是“Competency”的不同中文译法。

　　美国心理学家麦克利兰(Mclelland)于 1973 年首次提出了胜任能力的概念。麦克利兰将胜任能力的定义界定为能够区分在特定工作岗位和组织环境中的绩效水平个人特征。两位斯潘塞(Spencer Jr. LM 和 Spencer SM)于 1993 年提出,胜任能力是区分优秀绩效与一般绩效个体的特征。胜任能力主要包括六个层面的特征:一是知识层面,胜任能力指个体在某职业领域所拥有的理论型及经验型的知识;二是技能层面,胜任能力指个体掌握某种技术的能力和运用技术的能力;三是社会角色层面,胜任能力指个体对社会规范的认知与理解;四是自我认知层面,胜任能力即个体对自己身份的知觉和评价;五是特质层面,胜任能力指由职业者的个性以及心理特征等对环境等所表现出来的反应;六是动机层面,胜任能力指为推动个体达到一定的目标而采取行动的内驱力。

　　随着对胜任能力研究的不断深入,对胜任能力的研究也产生了多个学派,但对于"胜任能力"概念的总体特征基本趋于一致,可概括为以下 4 点:①胜任能力包括知识、技能、特质或动机等显性或隐性的能力,是在一定的条件和环境下产生的能够胜任某项工作的一种能力;②胜任能力是针对个人具体工作岗位的研究,一旦脱离了具体实际的职业工作,也就无法测评其胜任能力;③胜任能力能够提前预测个人从事某项职业的工作绩效;④胜任能力是测评个人在某种工作岗位中表现的有效手段,可以用来作为测定、评价个人职位胜任能力优异或平庸的方式方法。

(2)胜任能力模型理论

从 20 世纪 90 年代后期,对胜任能力模型的研究开始不断地深入。专家学者们以胜任能力理论作为基础,产出了许多胜任能力和胜任能力模型的研究成果。尽管研究者们对胜任能力的定义不完全相同。实际上,只是在语言的详尽程度上阐述不同,但对胜任能力模型定义的核心理解却是统一的。胜任能力模型是指个体在从事某一社会职务时,所必须具备的职业胜任能力特征。胜任能力模型的胜任能力特征通常包含 3 ~ 6 个关键要素,如个体间不同的个人特质、知识、技能、动机表现、价值观等。这些胜任能力特征对个人工作绩效能产生重大影响,并且这些技能和行为必须要能通过观察、测评和指导而获得。胜任能力模型可用下式表示:

$$CM = \{CI_i \mid i = 1, 2, 3, \cdots, n\}$$

n 表示胜任能力项目的数目,CI_i 表示第 i 个胜任能力项目,CI 表示胜任能力项目,CM 表示胜任能力模型。

目前胜任能力模型的建立方法已存有很多种,由麦克利兰提出的行为事件访谈法是得到大家公认的且最为有效的方法,除此之外还有观察法、专家系统数据库、问卷调查法、工作分析法、专家评定法等。构建胜任能力模型应选取适合该项职业胜任能力的研究方法,保证职业胜任能力评价更科学有效。胜任能力模型用于职业胜任能力的评价已成为胜任能力研究关注的热点。

胜任能力模型是区分优秀绩效者与一般绩效者之间差异的所有特征的集合,当前最常见的两大胜任能力模型为冰山模型和洋葱模型。

①冰山模型

"冰山模型"将所有种类的胜任能力特征的总和描述为漂浮在水中的一座冰山,它用冰面将胜任能力分隔开。个体的胜任能力将一个人的胜任能力分为显性与隐性两种。知识和技能是居于冰山水面之上的,评价时可以较为准确地判断。表面的、显性的胜任能力可以通过短时间运用某种方式来获得或者加以改变。而内隐的胜任能力潜藏在冰山水面之下,往往是决定个体行为能力的重要特征,可以作为胜任能力预测的要素,如价值、标准、道德、特质、动机、内驱力等胜任能力特征等,不容易随外界的因素而发生改变,相对知识与技能更难以准确测量,是较难改变的。胜任能力冰山模型如图 6.2 所示。

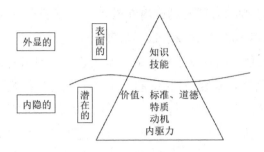

图 6.2 胜任能力冰山模型

②洋葱模型

"洋葱模型"由表及里地将个人胜任能力特征分为了三个部分。表面的胜任能力是相当容易发展的,如知识与技巧。中间层的自我概念、态度以及价值观等是相对不容易发展的特征。而核心的胜任能力,如特质、动机等,是较为复杂的且较难以获得的胜任能力特征。胜任能力特征的洋葱模型如图 6.3 所示。

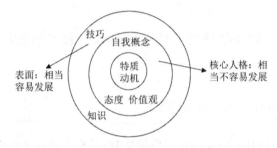

图 6.3 胜任能力特征洋葱结构模型图

从上述两个模型中可知,知识、技能是属于表层的特征,能够感知和观察到,可以改进或提高。而社会角色、自我概念、人格特质和动机等则是属于深层的特征,无法直接识别,很难去改变或发展。衡量一个人的职业胜任能力需要从表层特质与深层特征两个层面去分析和评价。

(3)教育硕士职业胜任能力

①职业能力

职业能力,是指个体从事某职业的综合能力,是知识和技能运用到具体的职业中的能力。

在关于人的全面发展学说中,马克思主义提到,结合教育和生产劳动是培养人全面发展的唯一途径。培养职业能力要先扎实掌握职业理论知识,并能将理论知识与实践操作相结合。专业型硕士生要求要具备较强的从事相关工作的特色研究的能力、新技术革新的能力、动手实践的能力、解决问题的能力、开发研究新产品的能力等。

②教育硕士职业胜任能力的界定

综合绪论部分教师胜任能力的国内外现状,结合教育硕士的学位性质,可知教育硕士是属于定向培养的,但并没有正式从事教育职业,仍然属于学生群体。教育硕士是未来的教师,研究教育硕士职业胜任能力也就是对教育硕士的教师职业胜任能力的研究。丁洁①在研究中认为,硕士研究生胜任特征是在硕士阶段的学习和生活中,能够区分优秀研究生与普通研究生的特征,涉及的特征包括掌握某职业的相关知识与技能、动机意愿、自我素养、价值观、态度、人生观、价值观等。本研究以教育硕士为评价研究对象,教育硕士职业胜任能力的优劣使教育硕士成为合格且优秀的毕业者、能胜任教师职业的特征。针对教育硕士的职业特征,教学能力是职业胜任能力的关键,研究教育硕士职业胜任能力着重从教学胜任能力出发。教育硕士职业胜任能力也就是教育硕士从事教育相关工作的能力,是教育硕士在求职前对教师职业的一种准备,包括教师素质修养、师德师风、教学技能、教学水平等。教书育人是教育硕士未来的工作。

6.1.3 教育硕士职业胜任能力评价的结构方程模型构建

1)教育硕士职业胜任能力的构成分析

通过整理国内外有关职业胜任能力的文献,结合教育硕士的职业特点,以麦克利兰提出的胜任能力理论为指标设定依据。首先,从高校培养的教育硕士入手,随机选取在校教育硕士进行关于职业胜任能力的访谈;其次,根据高校对教育硕士制订的培养方案并结合分析教育硕士专业相关工作、岗位的胜任能力要求,以中小学和高校以及教育培训机构三类用人单位为访谈对象,统计相关胜任能力的要求;最后,根据教育硕士自身、高校培养方案及用人单位三方面的调查,初步设定评价指标,设计调查问卷,再经过专家咨询法确定最终评价指标。

教育硕士职业胜任能力主要指从事教育相关工作的能力,有具体对应的学科岗位。从已有研究成果来看,胜任能力在内涵和结构上表现为个体知识、技能、素质和个人特质等。对于教育硕士来讲,其职业胜任能力主要有显性胜任能力和隐性胜任能力两方面:

一是能够体现教育硕士专业特色方面的显性胜任能力,主要体现在教育硕士

---

① 丁洁.基于胜任力的心理学研究生培养思考[D].武汉:华中师范大学,2014.

的教师知识素质、教师教学胜任能力和教师科研胜任能力三个方面。体现了教育硕士胜任对口专业的教师职业能力,即教育硕士在从事学科教学工作或在相关教育部门工作时,运用教学知识、方法、技能和经验进行教学实践以及科学研究的能力。

二是决定教育硕士在学科教学中或者相关教育岗位中知识和能力发挥程度的隐性胜任能力,主要体现在教育硕士的人格特质、师风师德方面,即教师特质胜任能力方面。根据麦克利兰提出的胜任能力模型("冰山"模型),知识和技能是处于水面之上的因素,是可以看得见的冰山,是外在的、容易测量和最容易改变的部分;而潜藏在冰山水面之下的特质、价值观等则属于内在的、难以测量的部分,不容易改变却是决定教育硕士职业胜任能力的深层特质。特质是教育硕士职业胜任能力获得和发展的基本心理条件和品质,主要包括个人的心理倾向和特点,如情感、态度、价值观等,这些对教育硕士职业胜任能力的发挥都起着关键的作用。

因此,结合胜任能力理论从显性和隐性胜任能力素质两方面,可基于"K-T-R-F"四维要素框架来分析教育硕士职业胜任能力,从教师知识素质(Knowledge Competency)、教师教学胜任能力(Teaching Competency)、教师科研胜任能力(Researching Competency)和教师特质胜任能力(Feature Competency)4 个方面分别探讨教育硕士职业胜任能力。教育硕士职业胜任能力评价的要素框架如图 6.4 所示。

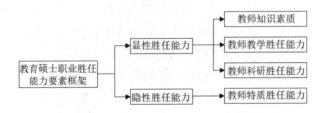

图6.4　教育硕士职业胜任能力评价的要素框架

教学与科研是教育硕士毕业后从事教育最基本的工作。教育硕士的职业胜任能力包括教师知识素质(K)、教师教学胜任能力(T)、教师科研胜任能力(R)和教师特质胜任能力(F)这四个方面的能力。对这 4 类胜任能力按各自的特点可以进行归纳,教师知识素质反映教育硕士职业胜任能力的基础学科知识掌握的程度,教师教学胜任能力反映教育硕士职业胜任的教学运用的熟练程度,教师科研胜任能力反映教育硕士职业胜任的科研能力,教师特质胜任能力反映了教育硕士职业胜任的师德师风、价值观等。

2)教育硕士职业胜任能力评价指标的初步选取

在建立正式的问卷量表之前需首先确定合理的指标,既要真实反映变量之间的关系,又要具有一定的实际意义。教育硕士职业胜任能力采用访谈法来确定二级指标,对选取的 19 名教育硕士采用半结构化访谈调查。从教育硕士自身职业胜任能力的认识与了解,以麦克利兰的胜任能力理论为基础,结合"K-T-R-F"四维要素框架来确定各个能力要素的二级指标。

为了使教育硕士职业胜任能力的评价指标更加全面,防止遗漏其他可能出现的影响因素,笔者随机选取了教育硕士各个专业中的一名研究生进行深入访谈,这19 名教育硕士经笔者说明情况后均愿意配合进行访谈,主要访谈内容如下:

问题1:你的专业课程成绩如何,是否达到教育硕士研究生应有的水平?

问题2:你是否接受过学校教育硕士就业指导? 多久一次?

问题3:学校是否开设计算机基础课程?

问题4:对目前开设教育硕士课程是否满意?

问题5:你清楚自己具备何种教师职业胜任能力吗?

问题6:教育硕士期间你有对未来明确的职业生涯规划吗?

问题7:在校期间是否有过教育实习经历? 什么时候开始实习的,对实习环境有何评价?

问题8:你清楚满足什么条件才能顺利硕士毕业吗?

问题9:学校或者导师对你采取培养模式是怎么样的呢?

问题10:你认为用人单位比较看重教育硕士的哪些能力?

问题11:你认为教育硕士应该具备哪些教师知识素质?

问题12:你认为教育硕士应该具备哪些教师教学胜任能力?

问题13:你认为教育硕士应该具备哪些教师科研胜任能力?

问题14:你认为教育硕士应该具备哪些教师特质胜任能力,换句话说,也就是在人格特质、师风师德方面应具备的能力有哪些?

根据访谈结果整理,同时参照关于教师教育胜任能力的相关文献,初步筛选指标。二级指标的确定参照的关于教师胜任能力的相关文献包括:刘兴凤[①]从特质胜任力(善于钻研技术、事业心、责任心)、教学胜任力(语言文字表达能力、工程技术与教学相结合的能力、学生工程实践能力的培养)、科研胜任力(主动获取知识、创新探索、团队合作)、工程实践胜任力(数理思维能力、实验实践能力、工程设计

---

① 刘兴凤.基于胜任力的高校工科教师绩效评价研究[D].武汉:武汉理工大学,2016.

能力)来评价高校功课教师的胜任能力;张琼[1]在对教育硕士研究生胜任力存在的问题及对策中提到,从三个维度来测量研究生的胜任能力,包括相关学科知识(相关学科知识专、业知识、人文素养)、能力与技能(资料收集能力、专业灵敏度、分析判断能力、沟通能力、组织协调能力、执行力、表达能力、数据处理能力、团队合作能力、计划、创造力、批判思维专业实践能力、时间管理能力、专业差异性、社会责任感、去功利性)、人格与特质(成就动机、主动性、乐观、助人、责任心、专业承诺、好奇心)等;王妍妍[2]在全日制教育硕士的职业准备的研究中提到,全日制教育硕士职业准备的内容从三个维度划分,包括专业知识准备(普通科学文化知识、学科专业知识、教育专业知识)、专业能力准备(教学能力、语言表达能力、组织管理能力、科研能力、运用现代信息技术能力)、身体和心理准备(身体没有疾病,各个功能正常;要有较强的社会适应能力,正确认识评价自己;能善待自己,善待他人;情绪乐观稳定,热爱生活;心胸开阔,理解并尊重他人);胡丽园[3]在教师胜任力评价的影响因素与指标体系构建的研究中提到,将教师胜任能力测量分为教师教学胜任能力(包括人格特质、专业知识、教学态度、专业价值观、教学技巧)和科研胜任能力(包括专业知识、追求目标、研究能力及创新精神);许安国等学者[4]通过问卷调查法和行为事件访谈法构建了研究型大学的教师胜任力模型,包括基本素质、专业知识、教学能力和科研能力共 4 个维度;等等。

笔者结合访谈内容并阅读大量职业胜任能力评价的相关文献,结合麦克利兰的胜任能力理论的特征、"K-T-R-F"四维要素框架以及对教育硕士的半结构化访谈情况初步选取教育硕士职业胜任能力的评价指标,为评价量表的设计做好准备。

3)教育硕士职业胜任能力评价量表的设计

(1)评价指标的构建原则

评价指标体系是由多个具有互相关系的指标构成的集合体,能够较好地反映教育硕士职业胜任能力的内涵特征,以及内部各要素之间的关系。因此,为了使所构建的教育硕士职业胜任能力评价指标更加科学、规范,在建立教育硕士职业胜任能力评价指标时,应遵循以下几个原则:

①遵循科学性的原则

教育硕士职业胜任能力评价指标的构建,遵循教育硕士职业胜任能力需求规

---

[1] 张琼. 教育学硕士研究生胜任力存在的问题及对策[D]. 桂林:广西师范大学,2018.
[2] 王妍妍. 全日制教育硕士的职业准备研究[D]. 扬州:扬州大学,2015.
[3] 胡丽园. 教师胜任力评价的影响因素与指标体系构建[J]. 中国成人教育,2017(9):36-39
[4] 许安国,叶龙,郭名. 研究型大学教师胜任素质模型构建研究[J]. 中国高教研究,2012(12):65-68.

律,反映教育硕士职业胜任能力的内在特征要具有客观性,使教育硕士指标的构建具有科学性。

②遵循系统性的原则

教育硕士职业胜任能力评价指标之间既要互相独立,又要彼此联系,需要逐渐地形成一个整体。因此,教育硕士职业胜任能力评价指标的设定,不仅要体现教育硕士职业胜任能力的内在特征和一定的逻辑关系,而且要反映胜任能力组成要素之间的内在联系。

③遵循可操作性的原则

在构建评价体系时,要在文献研究和数据分析的基础上,既要充分考虑教育硕士职业胜任能力、构建评价指标之间的影响效应系数,也要衡量所选取的指标能够被操作,数据更易采集,具有较好的可比性。计算方法简便实用,要达到简单易懂的目的。要量化与定性研究相结合,可通过数据验证得出结论。

④遵循客观与主观相结合的原则

为保证评价工作的科学与公正,应选择客观指标作为评价的依据,但对于不易量化的指标,则需要借助专家的经验进行主观评判。为减小主观评价的误差,采取德尔菲法即专家咨询法进行,并进行相应的实证研究以检验评价体系的科学性,以使评价体系更易操作,也更具有示范作用。

(2)教育硕士职业胜任能力指标体系设计的基本思路

本研究主要在文献分析和对教育硕士访谈结果的基础上,初步制定评价指标体系,并借鉴德尔菲法构建教育硕士职业胜任能力的评价的最终指标体系。德尔菲法充分利用专家的经验和知识。其主要采用匿名的方式,使每位专家独立地、不发生横向沟通的情况下做出判断。通过多轮反馈,专家意见逐渐趋同。德尔菲法的教育硕士职业胜任能力评价步骤如图6.5所示。

通过对所研究的问题进行确认,选择15位教育硕士教育方面的专家进行咨询。包括某高校研究生院院长、某高校教育科学学院院长、某高校教育科学学院副院长以及多位教育硕士生导师。通过设计问卷并采用纸质和电子档问卷结合的形式发放,对问卷回收数据进行分析处理。根据看专家意见,如专家没有达成一致意见,就继续分析团体意见,再次进行专家咨询,最终整理分析结果。若专家意见是一致的,就可进一步整理分析最终结果。

(3)结构模型评价指标量表设计

通过分析文献以及关于教育硕士职业胜任能力的构成分析,设计教育硕士职业胜任能力的访谈问卷和专家咨询问卷,以确定教育硕士职业胜任能力评价指标。根据麦克利兰胜任能力理论模型,在访谈中设置了教育硕士职业胜任能力的四个

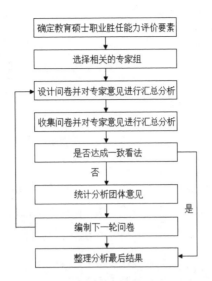

图 6.5　德尔菲法的基本步骤

维度的相关问题,每个问题设置了显变量。表后可补充填写,以确保收集的答案更全面。专家咨询问卷主要设计了专家基本情况部分、一级指标确定部分和二级指标确定部分。在一、二级指标确定时,有同意、不同意及意见指标三个选项和需添加的指标。通过线上和线下相结合的方式进行深度访谈,结合德尔菲法,进行修改。最终确定 4 个一级指标和 18 个二级指标,构建完整的教育硕士职业胜任能力评价指标体系。

在结构方程模型构建中,不能准确、直接测量的变量称为潜变量,需要通过外显指标间接地去测量。该模型中教育硕士职业胜任能力的四个维度由相应的外显指标展开测量。依据评价指标的可操作性和导向性原则,结合麦克利兰提出的胜任能力理论,最终确定教育硕士职业胜任能力评价量表为 4 个一级指标(即潜变量)18 个二级指标(即显变量),形成的教育硕士职业胜任能力评价量表,如表 6.2 所示。

表 6.2　教育硕士职业胜任能力评价量表

一级指标	二级指标	操作性定义
教师知识素质（K）	学科知识 C1	掌握所学学科专业直接相关的知识,如数学、语文等
	教育知识 C2	掌握与教育学相关学科的知识,如教育学、心理学等
	信息素养 C3	能够确定何时需要信息,具有检索、评价和有效使用所需信息的能力

续表

一级指标	二级指标	操作性定义
教师教学胜任能力(T)	教学设计技能 C4	能根据学生学情、教学目标进行教学设计的能力
	课程教学技能 C5	掌握语言运用、设疑提问、板书设计、教学总结等课堂教学技能
	教学评价技能 C6	能综合运用多种教学评价方法对教学进行评价反思的能力
	教学辅导技能 C7	作业布置、课后辅导学生的能力
	信息化教学技能 C8	能综合运用现代教育技术设备或平台开展信息化教学
教师科研胜任能力(R)	科研基础 C9	学科研究能力强,已具备相关学科研究基础
	目标追求 C10	能够保持终身学习的热忱,主动学习知识,并通过各种途径和手段获取知识
	团结协作 C11	团结协作,善于与他人一起完成任务
	创新探索 C12	具有较强的创新意识,并乐于探索和挖掘新课题
教师特质胜任能力(F)	爱岗敬业 C13	对教育工作充满兴趣,敬爱自己的岗位,有责任心
	为人师表 C14	诚信正直、处事公平、以身作则、严于律己
	教书育人 C15	遵循教育规律,实施素质教育,培养学生良好品行
	终身学习 C16	树立终身学习理念,勇于探索创新,不断提升自身的教学水平
	自信乐观 C17	相信自己能很好地完成任务
	组织管理 C18	具备组织管理的能力,能够在团队中扮演组织管理者的角色

4)教育硕士职业胜任能力评价的模型构建

(1)研究假设

对于教育硕士职业胜任能力潜变量之间的关系,在分析国内外专家学者的研究文献、实证资料、理论经验和探索性研究等的基础上做出假设。通过四个潜变量之间的相互影响关系做出如下基本路径分析假设,也就是结构理论模型假设。

假设1:教师特质胜任能力(F)正向影响教师教学胜任能力(T);

假设2:教师知识素质(K)正向影响教师教学胜任能力(T);

假设3:教师科研胜任能力(R)正向影响教师教学胜任能力(T);

假设 4：教师特质胜任能力(F)正向影响教师知识素质(K)；

假设 5：教师特质胜任能力(F)正向影响教师科研胜任能力(R)；

假设 6：教师知识素质(K)正向影响教师科研胜任能力(R)。

根据以上假设,建立建构方程模型如下:

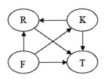

图 6.6　教育硕士职业胜任能力评价结构框架

(2)教育硕士职业胜任能力评价结构模型构建

为了进一步验证指标模型的合理性以及各指标的影响情况,根据上述评价量表和研究假设,构建教育硕士职业胜任能力结构方程模型,如图 6.7 所示。

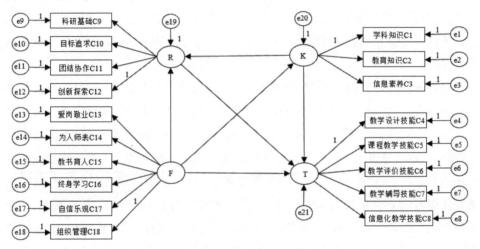

图 6.7　教育硕士职业胜任能力假设模型

5)小结

本章主要通过对教育硕士职业胜任能力的要素进行分析,构建教育硕士职业胜任能力评价指标体系,并列出了教育硕士职业胜任能力评价指标体系构建的四个原则。通过德尔菲法等方法得出评价指标,构建评价指标体系 4 个一级指标和 18 个二级指标,基于 SEM 构建教育硕士职业胜任能力结构模型,为下一步结构方程理论模型的构建和实证研究做铺垫。

6.1.4 基于 SEM 的教育硕士职业胜任能力评价实证分析

1)数据采样与分析

（1）问卷设计

研究采用问卷调查的方法完成教育硕士职业胜任能力的评价工作,依据教育硕士职业胜任能力评价量表,编制"教育硕士职业胜任能力现状调查"问卷。

为保证问卷最终数据的有效性与可用性,本问卷在设计时主要遵循以下几个原则:①以研究主体为中心;②结合调查对象群体特点;③问题设置尽量客观;④不设置意义含糊不清的问题;⑤不设置具有引诱性的问题。在确定了问卷的主要指标之后,为各个指标设置测试题目。为提高问卷的可靠性,笔者多方位参考了国内外成熟优秀的前人问卷量表题目设置,并结合本量表的测量需要,对部分测试题目进行修改。

初始编制的调查问卷共 25 个题项。在请教专家,对问卷每个项目的可读性和适宜性评定后,增加了题项 8(从事教师职业的意愿),并对部分项目的语言表达进行了优化,最终问卷共设置了 26 个题目,包括两个部分:第一部分是样本的人口统计特征,基本信息设置了 7 个题项,包括性别、年级、学校类别等;第二部分是职业胜任能力测评,由教师知识素质、教师教学胜任能力、教师科研胜任能力和教师特质胜任能力 4 个维度 18 个测量项组成,职业胜任能力部分设置了 18 个题项,主要采用李克特(Likert)5 点量表测评方式呈现,题目的选项有五个,分别是"完全不符合""基本不符合""不确定""基本符合"和"完全符合",根据对教育硕士职业胜任能力描述问题的符合程度,在数据处理时分别用数字 1-5 从弱到强进行赋值。为防止不认真作答并使被试结果更加科学,对部分题目进行了反向提问,设置 14、19、22、25 四道题目为反向提问,在 SPSS 中做数据处理时,将分值进行转换。问卷内容详见附录。

（2）调查数据描述性统计分析

本研究首先借助 SPSS 软件对收取的样本数据进行描述性统计,对样本数据的分布特征等客观规律进行统计分析,结果如表 6.3 所示。

表 6.3 为调查问卷各个题项的数据统计分析结果。数据是否服从正态分布是进行后续分析的必要条件,所以用表 6.3 中的各指标数据来验证调查所回收的有效问卷的数据是否服从正态分布。

根据样本数据的偏度和峰度可以判断样本的分布情况。当峰度绝对值小于

10,偏度绝对值小于 3 时,表明样本基本上服从正态分布。由表 6.3 中的数据可知,问卷胜任能力评价指标对应的题项均符合条件,服从正态分布,问卷的样本数据可以直接用于后续统计学分析。

由表 6.3 可计算出,调查的 480 名教育硕士的职业胜任能力的总平均分为 3.88,分值高于理论中值 3,这表明教育硕士职业胜任能力的总体水平还是较高的。而相应一级指标总分值分别为:教师知识素质能力得分为 3.92、教师教学胜任能力得分为 3.82、教师科研胜任能力得分为 3.80、教师特质胜任能力得分为 4.00,其中教育硕士职业胜任能力平均值最高的为教师特质胜任能力,其次是教师知识素质能力,而教师教学胜任能力和教师科研胜任能力的得分相差不多,且教师科研胜任能力评价得分最低。

表 6.3　描述性统计分析

指标	N	最小值	最大值	均值	标准偏差	方差	偏度	峰度
C1	480	1	5	3.88	0.834	0.696	−0.839	1.169
C2	480	1	5	3.95	0.748	0.559	−0.944	2.098
C3	480	1	5	3.94	0.707	0.499	−0.555	0.821
C4	480	1	5	3.99	0.793	0.628	−0.681	0.598
C5	480	1	5	3.88	0.809	0.654	−0.521	0.204
C6	480	1	5	3.15	1.155	1.333	−0.026	−1.056
C7	480	1	5	4.06	0.737	0.544	−0.846	1.663
C8	480	1	5	4.01	0.697	0.486	−0.465	0.604
C9	480	1	5	3.57	0.820	0.672	−0.192	−0.243
C10	480	1	5	4.10	0.737	0.544	−0.659	0.839
C11	480	1	5	3.85	1.049	1.101	−0.863	0.083
C12	480	1	5	3.68	0.820	0.672	−0.156	−0.380
C13	480	1	5	4.20	0.760	0.578	−0.925	1.235
C14	480	1	5	3.99	1.083	1.173	−1.043	0.300
C15	480	1	5	4.29	0.649	0.421	−0.728	1.356
C16	480	2	5	4.28	0.594	0.353	−0.243	−0.250
C17	480	1	5	3.23	1.258	1.582	−0.207	−1.156
C18	480	1	5	3.74	0.821	0.674	−0.367	−0.068

2)查数据的信度、效度分析

(1)信度分析

信度分析的主要目的是检验所使用的测量工具在测量相关变量时是否具有稳定性和一致性。信度,是指问卷的可信程度,主要表现检验结果的一贯性、一致性、再现性和稳定性。通过信度可以了解量表由于误差而造成数据变异的大小,评价量表的准确性、一致性和稳定性。常用的信度指标有分半信度、重测信度和Cronbach's α系数。当采用李克特量表获取调查数据时,常用 Cronbach's α来测量同一维度下不同条目的观测一致性水平。信度的估计主要由 Cronbach's α系数的大小来检验。当 Cronbach's α<0.6 时,量表存在很大问题不可信;当 0.6< Cronbach's α<0.7 时,表明该调查问卷测量结果可以被接受;而当 Cronbach's α>0.7 时,则认为该问卷测量的结果具有较高水平信度。

将480 份有效问卷的数据导入统计分析软件 SPSS25.0 中,进行信度分析。信度分析结果如表6.4 所示。由表6.4 的分析结果可知,问卷的整体 Cronbach's α系数为0.854,大于0.7 的,说明问卷整体具有可信度且达到高信度水平。

表6.4 问卷的可靠性检验

Cronbach's α	基于标准化项的 Cronbach's α	项数
0.854	0.833	26

教育硕士职业胜任能力评价指标中,各一级指标总的 Cronbach's α和一级指标 Cronbach's α检验分析结果如表6.5 所示。

表6.5 教育硕士职业胜任能力各维度的可靠性检验

维度	指标数量	Cronbach's α	基于标准化项的 Cronbach's α	整体 Cronbach's α
教师知识素质 K	3	0.763	0.767	
教师教学胜任能力 T	5	0.742	0.788	0.906
教师科研胜任能力 R	4	0.635	0.671	
教师特质胜任能力 F	6	0.728	0.783	

表6.5 分析的结果,去除了问卷中基本信息统计的数据,仅对教育硕士职业胜任能力的4 个潜变量和18 个观察变量,进行了总信度分析和各维度的信度分析。整体 Cronbach's α为0.906>0.9。教师科研胜任能力维度的信度系数为0.635,该

维度的信度测量结果可以被接受。另外三个维度的 Cronbach's α 系数值均大于
0.7,可以判断教育硕士职业胜任能力调查问卷的各变量分量表可信度较好,各维
度的测量结果也处于高信度水平。

(2)效度分析

通过 KMO 检验与 Bartlett's 球状检验可以判断出问卷数据的效度,才能得知是
否能进一步做因子分析。KMO 检验统计量是对比不同变量之间相关系数与偏相
关系数的重要指标。取值范围为 0-1。越趋近于 1,表明变量之间的相关性越强,
表明可以进行因子分析;若趋近于零时,直接表明变量间的相关性并,原变量不能
进行因子分析。通过 KMO 检验统计量的值的大小,可以直接判断原变量是否适合
做因子分析。当 KMO 值大于 0.9 时,为非常合适;大于 0.8 为合适;大于 0.7 为一
般合适;大于 0.6 为不太合适;大于 0.5 为非常不合适。

Batlett's 球状检验经常用在检验数据的分布中、变量间的独立性。对于调查问
卷的结果,将全体数据都分布于球体的内部。假如对数据分布不执行球形检验,直
接进行因子分析,将会严重违背因子分析必须遵循的原则,所有变量必须独立存
在。一般来说,Bartlett's 球状检验的卡方统计值 χ^2(chi-square)的显著性概率 P
值<0.05 时,问卷才有结构效度,才能进行因子分析。

运用 SPSS 对问卷的 18 个测量项数据进行 KMO 检验和 Bartlett's 球状检验效
度检验,结果如表 6.6 所示。

表6.6　问卷测量项的 KMO 和 Bartlett 检验

取样足够度的 Kaiser-Meyer-Olkin 度量		0.921
Bartlett 的球形度检验	近似卡方	4111.782
	df	153
	Sig	0.000

从表 6.6 可以看出,以 18 个条目进行因子分析,得到的 KMO 值为 0.921,
Bartlett 球形检验的 P 值小于 0.05,差异具有统计学意义,可以认为变量之间存在
相关性,适合进行因子分析。

基于上述的信度和效度分析,结果表明该问卷的信效度良好,非常适合做因子
分析,并从侧面验证了所构建的教育硕士职业胜任能力评价指标体系的科学性和
可靠性,为下文进一步开展结构方程模型的构建和实证研究奠定了坚实的基础。

3)结构方程模型的检验与改进

(1)假设模型的检验

将调查数据匹配后导入 AMOS 软件,点击 Calculate Estimates 进行模型估算。得到教育硕士职业胜任能力评价初始结构方程模型标准化路径图,如图 6.8 所示。

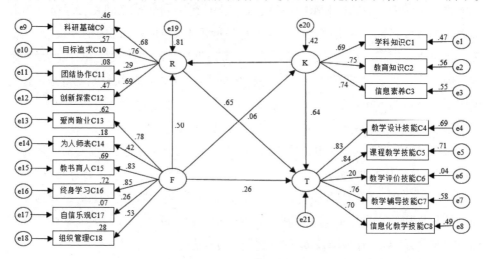

图 6.8　初始结构方程模型标准化路径图

在 AMOS24.0 中成功导出路径系数后,对整体模型拟合情况进行分析,检验模型是否适配。常用的拟合度指数分析包括绝对适配指数分析、增值适配度指数分析及简约适配度指数分析。

在绝对适配度指数分析中,卡方值与自由度的比值(χ^2/df 值)是指差异除以自由度,其值越接近于 0,表示模型与数据的适配度越好,一般临界标准为 3.0;RMR 值为"残差均方根",其值越接近于 0 表示模型拟合度越好,通常采用 RMR<0.05;RMSEA 值为"平均平方误差平方根",其值小于 0.08 时,可以判断模型的拟合度较好;GFI 值为"拟合优度指数",其值越接近于 1 表示模型适合度越好,通常采用 GFI>0.9;AGFI 值为"调整后的拟合优度指数",临界标准为 AGFI>0.9;CN 值表示在统计检验的基础上,接受虚无模型的最大样本数,适配的标准是 CN>200。由表 6.7 可知,显著性卡方值与自由度的比值(χ^2/df 值)、RMR、RMSEA、GFI、AGFI 的值未在标准范围之内,即该模型未达到可接受的范围。

在增值适配度指数分析中,NFI 为"标准适配指数",RFI 为"相对适配指数",IFI 为"增量适配指数",TLI 为"Tueker-Lewis 指数",CFI 为"比较适配度指数",当值大于 0.9 时,拟合度较好。由表 6.8 可知,NFI、RFI、IFI、TLI、RFI 的值均小于 0.9,表明该模型未达到可接受的范围。

表 6.7　绝对适配度指数分析

绝对适配度指数	适配的标准或临界值	检验值	模型适配判断
卡方值与自由度的比值（χ^2/df 值）	<3.000	4.791	否
RMR 值	<0.050	0.079	否
RMSEA 值	<0.080	0.089	否
GFI 值	>0.900	0.860	否
AGFI 值	>0.900	0.814	否

表 6.8　增值适配度指数分析

增值适配度指数	适配的标准或临界值	检验值	适配判断
NFI 值	>0.900	0.852	否
RFI 值	>0.900	0.824	否
IFI 值	>0.900	0.879	否
TLI 值	>0.900	0.856	否
CFI 值	>0.900	0.878	否

在简约适配度指数分析中,PNFI 为"简约性已调整基准化适合度指标"、PCFI 为"简约性已调整比较适合度指标",当值大于 0.5 时,拟合度较好。由表 6.9 可知,PGFI、PNFI、PCFI 的值均大于 0.5,表明该模型达到可接受的范围。

表 6.9　简约适配度指数分析

简约适配度指数	适配的标准或临界值	检验值	适配判断
PGFI 值	>0.500	0.649	是
PNFI 值	>0.500	0.718	是
PCFI 值	>0.500	0.741	是
CN 值	>200.000	122.000	否

根据拟合指数分析结果可知,模型的拟合指数未达到理想状态,但距临界值相差不多,可根据修正提示进一步对模型进行修正。

（2）模型的修正

通过结构方程软件 AMOS 进行估算,根据修正指标,我们可以对模型进行修正。通过选取将残差间构造共变关系来修正模型,可以快速达到拟合效果,如图

6.9 所示。

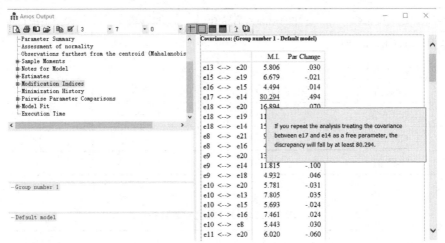

图 6.9 修正指标参数图

研究参考 Bollen-stine 法来进一步修正模型拟合度，再次修正后的结构方程模型路径图，如图 6.10 所示。

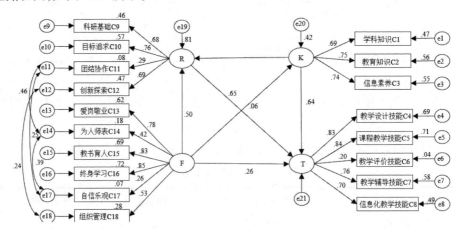

图 6.10 修正后的结构方程模型标准化路径图

经过多次修正最后得到的结构方程标准化模型路径图如图 6.10 所示，其适配度指数如表 6.10 所示。

经过多次修正后的结构方程模型图，模型适配度有了大幅改善，结构方程的拟合效果的检验值，均达到参考的适配标准，构建的各个模型适配度良好，均可以被接受。

表 6.10 修正后结构方程模型拟合效果

统计检验量		适配的标准或临界值	检验值	适配判断
绝对适配度指数	卡方值与自由度的比值（χ^2/df 值）	<3.000	2.591	是
	RMR 值	<0.050	0.035	是
	RMSEA 值	<0.080	0.058	是
	GFI 值	>0.900	0.930	是
	AGFI 值	>0.900	0.903	是
增值适配度指数	NFI 值	>0.900	0.924	是
	RFI 值	>0.900	0.905	是
	IFI 值	>0.900	0.952	是
	TLI 值	>0.900	0.939	是
	CFI 值	>0.900	0.951	是
简约适配度指数	PGFI 值	>0.500	0.669	是
	PNFI 值	>0.500	0.743	是
	PCFI 值	>0.500	0.765	是
	CN 值	>200.000	226.000	是

4）模型的解读与研究结论

（1）验证性因素分析

修正的教育硕士职业胜任能力的结构方程模型中,潜在变量间的影响效应系数如表 6.11 所示。

表 6.11 各潜在变量之间的影响效应系数

潜在变量之间的关系			直接影响效应	间接影响效应	总影响效应
T	←	F	0.256	0.730	0.986
T	←	K	0.639	0.031	0.670
T	←	R	0.063	0.000	0.063
K	←	F	0.651	0.000	0.651
R	←	F	0.498	0.320	0.818
R	←	K	0.491	0.000	0.491

注:直接效果就是模型中的路径系数。

由表 6.11 可知,①教育硕士教师特质胜任能力 F 对教育硕士教师教学胜任能力 T 的影响最大,总影响效应(即直接影响效应与间接影响效应之和)为 0.986;教育硕士教师特质胜任能力对教育硕士教师教学胜任能力的直接影响效应为 0.256,也就是说,在其他条件不变的情况下,教育硕士教师特质胜任能力每提升一个单位,则教育硕士教师教学胜任能力直接提升 0.258 个单位;教育硕士教师特质胜任能力对教育硕士教师教学胜任能力的间接影响效应为 0.730,也就是说,在其他条件不变的情况下,教育硕士教师特质胜任能力每提升一个单位,则教育硕士教师教学胜任能力将间接提升 0.730 个单位(后面的潜在变量之间的影响效应解释同理);②教师特质胜任能力 F 对教师科研胜任能力 R 的影响次之,总影响效应为 0.818,直接影响系数为 0.498,间接影响系数为 0.320;③教师知识素质 K 对教师教学胜任能力 T 的总影响效应系数为 0.670,直接效应为 0.639,间接效应为 0.031;④教师特质胜任能力 F 对教师知识素质 K 的总影响效应为 0.651,直接影响效应系数为 0.651;⑤教师知识素质 K 对教师科研胜任能力 R 的总影响效应系数为 0.491;⑥教师科研胜任能力 R 教师教学胜任能力 T 的总影响效应系数最小为 0.067。

基于教育硕士职业胜任能力评价的实证分析结果,教育硕士职业胜任能力各影响因素指标变量标准化路径系数,如表 6.12 所示。

表 6.12　教育硕士职业胜任能力各影响因素指标变量标准化路径系数

显变量	路径	潜变量	标准化路径系数
学科知识 C1	←	K	0.686
教育知识 C2	←	K	0.754
信息素养 C3	←	K	0.743
教学设计技能 C4	←	T	0.832
课程教学技能 C5	←	T	0.841
教学评价技能 C6	←	T	0.204
教学辅导技能 C7	←	T	0.759
信息化教学技能 C8	←	T	0.700
科研基础 C9	←	R	0.682
目标追求 C10	←	R	0.760
团结协作 C11	←	R	0.290
创新探索 C12	←	R	0.678
爱岗敬业 C13	←	F	0.788

续表

显变量	路径	潜变量	标准化路径系数
为人师表 C14	←	F	0.392
教书育人 C15	←	F	0.827
终身学习 C16	←	F	0.853
自信乐观 C17	←	F	0.231
组织管理 C18	←	F	0.529

根据表 6.12 教育硕士职业胜任能力各指标变量间的标准化路径系数可知:教育知识对教师知识素质能力的影响最为显著,值为 0.754;课程教学技能对教师教学胜任能力的影响最为显著,值为 0.841;目标追求对科研胜任能力的影响最为显著,值为 0.760;而终身学习对教师特质胜任能力的影响最为显著,值为 0.853。

(2)假设验证

通过模型的路径系数,我们可以得到教育硕士职业胜任能力各维度的影响关系,修正模型检验结果摘要表如表 6.13 所示。

表 6.13　修正模型检验结果摘要表

潜在变量之间的关系			标准化路径系数	未标准化路径系数	S. E.	C. R.	P
K	←	F	0.651	0.858	0.098	8.766	* * *
R	←	K	0.491	0.472	0.068	6.956	* * *
R	←	F	0.498	0.631	0.087	7.261	* * *
T	←	F	0.256	0.388	0.126	3.090	0.002
T	←	R	0.063	0.076	0.160	0.473	0.636
T	←	K	0.639	0.736	0.117	6.303	* * *

注: * * * P<0.001; * * P<0.01; * P<0.05。

表 6.13 给出了模型各潜变量间的标准化路径参数、未标准化路径系数、S. E.(标准误)、C. R.(临界值)和 P 值。根据 P<0.05,C. R. >1.96 的原则来检验各潜变量间的路径假设关系,发现 R 到 T 路径的 P>0.05、C. R. >1.96,证明 R 到 T 路径不显著,即教师科研胜任能力对教师教学胜任能力关系不显著。其他假设路径均达到显著,即说明除了假设 3(教师科研胜任能力正向影响教师教学胜任能力)不成立,其他假设均成立。

表6.14　模型假设路径参数及验证结果

假设	参数	标准化路径系数	未标准化路径系数	S. E.	C. R.	P	验证结果
假设1:教师特质胜任能力(F)正向影响教师教学胜任能力(T)	γ1	0.256	0.388	0.126	3.090	0.002	成立
假设2:教师知识素质(K)正向影响教师教学胜任能力(T)	γ2	0.639	0.736	0.117	6.303	＊＊＊	成立
假设3:教师科研胜任能力(R)正向影响教师教学胜任能力(T)	γ3	0.063	0.076	0.160	0.473	0.636	否定
假设4:教师特质胜任能力(F)正向影响教师知识素质(K)	γ4	0.651	0.858	0.098	8.766	＊＊＊	成立
假设5:教师特质胜任能力(F)正向影响教师科研胜任能力(R)	γ5	0.498	0.631	0.087	7.261	＊＊＊	成立
假设6:教师知识素质(K)正向影响教师科研胜任能力(R)	γ6	0.491	0.472	0.068	6.956	＊＊＊	成立

注:＊＊＊ P<0.001;＊＊P<0.01;＊Pp<0.05。

潜变量之间的箭头表示直接正向影响,即一个变量对另一个变量的直接效果。由图6.10修正后的验证模型及标准化路径系数结果显示,箭头上的数字表示标准化路径系数,数字越大其影响越大。根据图6.10和表6.13中数据,结合理论知识,对路径假设1—6进行验证,可得出如表6.14所示的验证结果。根据P<0.05,C. R. >1.96的原则,有五条假设通过显著性检验,仅有一条假设未能通过显著性检验。

①γ1(路径1)的标准化参数值为0.256,t值(即C. R.)为3.090,达到统计学的显著水平。表示教师特质胜任能力与教师教学胜任能力有直接性的正向影响,即假设1教师特质胜任能力(F)正向影响教师教学胜任能力(T)成立。

②γ2的标准化参数值为0.639,t值为6.303,达到统计学的显著水平。表示教师知识素质与教师教学胜任能力有直接性的正向影响,即假设2教师知识素质

(K)正向影响教师教学胜任能力(T)成立。

③γ3 的标准化参数值为 0.063,t 值为 0.473,未达到统计学的显著水平。表示教师科研胜任能力与教师教学胜任能力无直接性的正向影响,即假设 3 不成立。

④γ4 的标准化参数值为 0.651,t 值为 8.766,达到统计学的显著水平。表示教师特质胜任能力与教师知识素质有直接性的正向影响,即假设 4 教师特质胜任能力(F)正向影响教师知识素质(K)成立。

⑤γ5 的标准化参数值为 0.498,t 值为 7.261,达到统计学的显著水平。表示教师特质胜任能力与教师科研胜任能力有直接性的正向影响,即假设 5 教师特质胜任能力(F)正向影响教师科研胜任能力(R)成立.

⑥γ6 的标准化参数值为 0.491,t 值为 6.956,达到统计学的显著水平。表示教师知识素质与教师科研胜任能力有直接性的正向影响,即假设 6 教师知识素质(K)正向影响教师科研胜任能力(R)成立。

6.2 基于 SEM 的研究生学习力评价与实证研究

6.2.1 研究背景

随着高等教育规模的不断扩大、层次的不断提升,研究生已经成为高等学校教学科研、社会服务、人才培养的主要力量。《教育部 2018 年工作要点》强调"提升高校人才培养能力,提高高等学校科学研究和社会服务水平"。《国家中长期教育改革和发展规划纲要(2010—2020)》中强调要提高高校人才培养质量,牢固确立人才培养在高校工作中的中心地位,要大力推进研究生培养机制改革,不断提高研究生的培养质量。研究生是我国国民高等教育的最高层次,是国家培养高素质创新型人才的主要途径,而硕士研究生作为研究生最大的群体和重要组成部分,对国家和社会的发展有着至关重要的影响力。研究生的培养质量不仅能体现学校办学的水平,也是我国高等教育和研究生教育发展的核心与关键。

本科生的学习是中小学生学习的进阶,而研究生的学习又是本科生学习的再次进阶,研究生的学习是更加高级且复杂的,有其自身的属性,不管是在学习的目标还是学习的方式、过程及环境都有别于其他个体的学习,研究生的学习更强调自主地、自发地去开展相关的学习活动及科研活动,而学习力在其中是核心的关键点,研究生的学习力不仅决定了研究生在校期间的学业成败,而且也为其以后的职业生涯和终身学习都奠定了基础。

6.2.2 研究相关概述

1)学习力内涵

陈维维①从学习力的整体到局部都做了相关详细而又较全面、系统的分析,并得到一个普适性结果,即学习力客观存在于个体的学习和生活当中,并在个体不断地学习前进的过程中生成与发展。同时学习力也具备抽象的特征,它是实实在在地存在于客观世界中,但是需要依附于人而存在,就像信息一样具有载体依附性,而人就是学习力存在的载体,因此本研究在学习力的内涵方面主要主张陈维维的观点,即认为学习力是学习主体在学习过程中产生并作用的某种能力/素质/品性/能量/力量,产生于个体获取知识与技能的学习活动过程,持续作用并转化表现为不同形式的实践(即"力"的展示),对个体学习发展具有本质推动作用。在学习力的建构方面,本研究引入英国学者克莱斯顿教授等人提出的构建学习力(BLP)的理念,即通过发展学习者的学习动力、学习能力、自我管理能力、学习成果转化与创造力,来帮助学习者学会学习并实现有效的终身学习。在教育信息化 2.0 时代背景下,学习者的学习不仅要能适应当下的信息技术的发展,而且也要能使用今后的学习,即学习者拥有终身学习的能力,在某种程度上学习力是为适应未来的发展而存在的。

简而言之,学习力就是一个较复杂的综合体,其会影响个体学习的方方面面,学习力水平的高低是衡量个体是否具备较强综合能力的一个标尺,同时也是衡量个体是否成功的一个重要标尺。在学习力的内涵及构建理念上本研究主张如上所述的观点及态度,而关于学习力的评价是一个较难开展的工作,这一点毋庸置疑,因此,本研究采用定性与定量相结合的方式,开展对学习力的评价及实证分析,试图从学习力的构成要素入手,解构学习力,建立评价指标体系,逐一去测量、评价、分析研究生学习力。

2)研究生学习力内涵

研究生学习力是研究生与学习力二者的整合,既要考虑学习力自身带有的属

---

① 陈维维,杨欢. 教育领域学习力研究的现状和发展趋势[J]. 开放教育研究,2010,16(2):40-46

性,同时也要考虑到研究生作为一个特殊的学习群体呈现的不同之处。基于此,本研究在研究生学习力内涵方面主张 2014 年成立提出的观点,即研究生学习力是一个动态、渐进的,是一种获取并整合所学知识,将知识资源转化为知识资本的衍生能力,即培养研究生如何获取、选择、掌握、运用以及创新知识,学会学习,适用于终身学习。研究生学习力包括研究生的学习动力、学习持久力、学习的方法与策略、学习中的创新能力等方面,是一个复杂的综合体,其对研究生学习、工作、生活都能产生重要的影响,只有充分了解研究生学习动态,充分发挥研究生学习的主观能动性,培养和提升研究生的学习力才能从根本上提升研究生的学业质量,为其以后走上工作岗位及实现终身学习打下良好的基础。

研究生学习的特征主要体现在学习的动力主要来源于内部的驱动力及外在的压力,即学习的动力是由内部驱动力,包括学习的兴趣、态度、价值观等与外部的压力,包括就业压力、同伴影响等二者共同作用下的产物。研究生的学习是围绕科研而开展的一系列活动,其学习能力更加倾向于问题的发现、分析、解决和创新,需要具备一定的信息获取、信息加工的能力,并且具备一定的数据素养也是研究生开展学习、科研的基础。研究生是心智较成熟的学习群体,研究生有较强的学习自主性,研究生学业的特点、学习环境及学习的方式赋予了研究生必须要有较好的自我管理的能力,其体现在对学习、生活及情绪的管理,具备良好的自我管理能力是研究生是否能收获美满的研究生学业生涯的一个重要衡量指标。研究生学习成果直接指向科研成果的多少,所获荣誉的等级等可以被直接量化的成果,但是否学会了学习往往是最不能被忽略的,因为这部分正是研究生走向职业生涯的宝贵财富,也是今后开展终身学习的基础。

6.2.3 研究设计

本研究旨在已有的研究基础上,第一,运用知识图谱梳理总结归纳出学习力相关研究的发展历史与脉络,并以此通过对专家及一线教师开展访谈,总结归纳出研究生学习力内涵、特点、构成要素,来构建研究生学习力评价指标雏形框架;第二,采用专家咨询法,收集专家意见和建议,确定最终的研究生学习力评价指标体系;第三,设计研究生学习力评价调查问卷,开展预调查,根据预调查问卷的分析结果,修订及确定研究生学习力评价调查问卷;第四,开展正式的问卷调查,依据问卷数据,评估研究生学习力现状及构建基于 SEM 的研究生学习力结构方程模型并开展实证分析;第五,得出结论,从而提出精准的培养和提升研究生学习力的具体举措。研究的主要内容如图 6.11 所示。

图 6.11　主要研究内容

6.2.4　理论基础

1) 终身学习理论

终身学习是教育信息化学习环境下一个重要的学习态度,人类的学习必须是贯穿于个体的一生。生命不息,学习不只应该是现代人才持有的学习理念,而应该是每个人都要学会及时完善、更新自己的知识体系,以转化为适用终身的能力。法国教育家 P. Lengrand 指出教育并非单单是针对人生某个年龄段的教育,而是持续整个人的生命历程中的教育,学习生涯不因为学校教育的终止而终止,每个个体应该要做到生命不息学习不止,并持有活到老学到老的学习态度,树立好终身学习的理念,并根据自己的需要,在一生中的任何时间、任何阶段、任何地点开展相应的学习活动。

研究生群体是高学历、知识体系丰富的代表,学习的内容在不断发生变化,知识体系在不断迭代更新,相比较而言,其学习更是持续一生的事业。因此,更需要不断地加强自身的终身学习理念,学会学习,与时俱进,构建完善自身的知识体系,以适应这个知识呈爆炸性增长的社会。本研究遵循终身学习理论来评价研究生学习力,从而构建出更加适用、合理、科学的研究生学习力评价指标体系。

2) 建构主义学习理论

建构主义理论是在 20 世纪八九十年代经由认知理论发展而成的学习理论,该理论最早由心理学家皮亚杰提出,后期经过科恩伯格等人研究探索,不断地发展壮大,流派较多,但是总体来看这一理论的主要观点是一致的,建构主义学习理论认为,知识不是老师讲出来的,而是要学生自己去探寻,并在符合自身问题情景的引导下,通过老师、同学的协助,运用信息技术手段和学习资源的帮助,自发地去发现问题,分析、解决问题,深刻体会了解到从旧知到新知识的过渡,及时发现知识之间的逻辑联系,从而促进个体知识的有意义构建,逐步更新、丰富和完善个体的知识体系。

研究生的学习更加强调个体的主观能动性。其学习的高级复杂性不仅体现在学习思维的发散性、知识体系的庞大全面性,还体现在学习方式的灵活性及学习成果的丰富及多样性。研究生的学习属于更加高级的学习,主要体现在对学科、专业研究的内在驱动力,包括学习兴趣、态度等的推动下,并在原有的知识储备和生活经历上自主地去开展有意义的建构,收获新知,以此来逐步丰富、完善、优化自身的知识体系。建构主义学习理论的观点与研究生学习的理念相一致,因此,本研究依据建构主义学习理论的观点来分析、衡量、评价研究生的学习力。

6.2.5　研究生学习力评价指标体系构建

1)构建评价指标体系的原则

指标体系的科学与否直接影响和决定了评价结果的可靠性与可信性,而研究生学习力是一个较综合复杂的概念,如何从科学的视角,较全面分析出其影响因子,并对其进行评价,也存在一定的困难。根据相关文献的分析,了解到关于评价指标体系构建的原则较多且零散,少有研究较详细、全面、综合地叙述综合评价指标体系的设计与构建流程。因此,本研究采用彭张林[①]提出的综合评价指标体系设计的 O—C—W—I—S—D 六个原则来构建研究生学习力评价体系,如图 6.12 所示,以保证本研究评价指标体系设计的可靠性与可信性,详细描述如下。

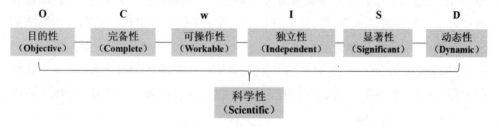

图6.12　评价指标体系设计的"O-C-W-I-S-D"原则

2)选择指标的依据

(1)文献分析

科比教授从总体说角度认为学习力是学习动力、学习态度、学习方法、学习效

---

① 彭张林,张爱萍,王素凤,白羽.综合评价指标体系的设计原则与构建流程[J].科研管理,2017,38(S1):209-215

率、创新思维和创造力的总和。颜缘认为学习力主要由目标要素、经验要素、意志力要素和成就要素构成。钟志贤①认为学习力是学习动力、学习毅力、学习能力、学习效率、学习转化力的总和。应方淦②认为研究生学习力应该包含以下几大要素:学习动力、学习毅力、学习能力、学习转化与创新。赵蒙成③认为研究生的学习力是研究生的学习动力、学习持久力、学习的方法与策略、学习中的创新能力等方面的总和。李海燕④认为学习力是对于知识及信息的高效提取、整合、转化、运用、再创造的能力,是解决问题所具备的核心素质,主要包括学习动力、学习能力、学习毅力和学习创新力四个方面。管珏琪⑤认为学习力由知识与经验、思维品质、数字化学习内驱力、技术驾驭力、信息加工力、学习关系协调力、自我管理力、学习反思力和学习创新力九个要素构成。

虽然国内外各专家学者的观点或者研究角度不尽相同,但是总体而言,专家学者们都认为学习力的构成要素是一个较多元的综合体,评价学习者学习力时不单单是要评估学习者学习能力的强弱,学习效果是否高效,学习成果是否丰富,还应该考虑到学习者学习的态度、价值观、情感、意向和动机以及是否能很好地管理自身的学习和生活的方方面面。

(2)专家、一线教师访谈

为了更好地了解研究生学习的现状,把握研究生学习力内涵、特点、构成要素,使所建构的研究生学习力评价指标体系更加合理、科学。研究者进行了一系列调研、访谈工作,共访谈了 5 位专家和 15 位一线教师。专家基本情况如表 6.15 所示,学历均为博士且有 3 位专家为博士生导师、两位专家为硕士生导师,职称均为教授且工作年限最高有 36 年,最低有 25 年,可见 5 位专家工作经验和人生阅历都比较深厚;一线教师基本情况如表 6.16 所示,有 12 位教师的学历背景均为硕士研究生,3 位教师的学历背景为博士研究生,职称为正高的教师有 1 位,职称为副高的教师有 6 位,职称为中级的教师有 5 位,职称为初级的教师有 3 位,工作年限最少为 5 年,最多的为 18 年。

① 钟志贤,林安琪.赛伯人际管理:提升远程学习者的学习力[J].远程教育杂志,2008(5):44-50.
② 应方淦.论研究生学习力的培养[J].学位与研究生教育,2008(2):12-14
③ 赵蒙成,朱苏.研究生学习力的特点与养成策略[J].学位与研究生教育,2010(8):39-44.
④ 李海燕,仲彦鹏,孙玉丽.核心素养视角下学生学习力的培养[J].教学与管理,2019(3):17-19.
⑤ 管珏琪,祝智庭.技术丰富环境下学习力构成要素:一项探究设计研究[J].中国电化教育,2018(5):1-7.

表 6.15　专家基本情况

序号	学历/导师	职称	工作年限
1	博士/博士生导师	教授	36
2	博士/博士生导师	教授	30
3	博士/博士生导师	教授	28
4	博士/硕士生导师	教授	25
5	博士/硕士生导师	教授	25

表 6.16　一线教师基本情况

序号	学历	职称	工作年限
1	博士	高级	16
2	博士	副高级	8
3	博士	中级	5
4	硕士	中级	10
5	硕士	中级	12
6	硕士	副高级	15
7	硕士	副高级	13
8	硕士	初级	6
9	硕士	初级	6
10	硕士	副高级	15
11	硕士	副高级	12
12	硕士	副高级	18
13	硕士	中级	8
14	硕士	中级	7
15	硕士	初级	6

（3）指标体系的遴选与研究生学习力评价体系雏形框架

通过文献分析，与专家访谈、一线教师访谈结果及课题组讨论后，本研究主张研究生学习力的衡量和评价可以从学习动力、学习能力、自我管理能力、学习成果转化与创造力这四个方面着手。本研究结合专家访谈与文献分析的结果，基于研究生学习特点、研究生学习力各要素之间的关联，形成了研究生学习力评价体系雏形框架，详见表 6.17。即由学习动力、学习能力、自我管理能力、学习成果转化与创造力 4 个一级指标;内驱力、外压力、基本素质、学习技能、学习发展等 14 个二级指标,学习目标、学习兴趣、学习需要、学习态度、学习价值观等 48 个三级指标组成。

表 6.17　研究生学习力评价指标体系雏形框架

一级指标	二级指标	三级指标
学习动力	内驱力	学习目标
		学习兴趣
		学习需要
		学习态度
		学习价值观
	外压力	毕业条件
		工作就业
		同伴影响
学习能力	基本素质	知识与经验
		思维品质
	学习技能	资源获取
		技术驾驭
		信息加工
	学习发展	实践与活动
		协作与交往
		学习关系协调
		批判质疑
		学习反思
自我管理能力	健康	情绪管理
		心态调节
		锻炼活动
	技能	人际关系
		问题解决
		激励竞争
	行动	时间分配
		学习计划
		计划执行

续表

一级指标	二级指标	三级指标
自我管理 能力	角色	自我认知
		自我定位
		首要任务
学习成果转化 与创造力	学术论文	论文级别
		论文数量
		作者排名
		论文引用率
	项目课题	主持项目数
		主持项目级别
		参研项目数
		参研项目级别
		参研项目排名
	专利著作	专利数目
		专利类别
		著作数
	专业竞赛	比赛级别
		奖项级别
		获奖数目
	社会活动	担任职务
		荣誉奖项级别
		荣誉奖项数量

3）究生学习力评价指标内容的筛选与确定

本研究以德尔菲法的原理为依据，筛选确定研究生学习力评价指标。编制专家咨询问卷，开展专家咨询，收集并分析专家意见，根据其意见删除修改完善各级指标。

（1）专家咨询意见分析

依据初步形成研究生学习力评价指标体系雏形框架，设计专家咨询问卷，并选择 15 名相关领域的专家进行问卷咨询，经过整理、分析和归类专家的意见和建议后发现，专家们一致肯定了研究生学习力评价指标体系的雏形框架，但部分专家也

提出了不少的建议,具体的建议有:

一级指标上,增加一项生活能力指标。

二级指标上,将角色指标的名称改为元认知。

三级指标上,合并学习目标和学习需要(两者意义相近)、增加自学能力和发现问题解决问题能力指标、增加自我评估能力指标、自我认知指标名称改为自我了解指标、删除参研项目排名指标、增加学习习惯指标、删除思维品质指标、删除著作数指标。

(2)研究生学习力评价指标

按照专家的建议,对研究生学习力评价指标体系进行适当的调整,在一级指标和二级指标上均无修改,因为仅有一名专家在此提出意见,且生活能力已被归入本研究的自我管理能力当中。在其他方面整合了专家意见和建议,在三级指标上删除学习需要指标、增加学习习惯指标、删除思维品质指标、将认知定位改为元认知、删除首要任务指标、增加专著级别指标,最终确定的研究生学习力评价指标体系如表 6.18 所示,共有 4 个一级指标、14 个二级指标、47 个三级指标。

表 6.18　研究生学习力评价指标体系框架

一级指标	二级指标	三级指标
学习动力	内驱力	学习目标
		学习兴趣
		学习态度
		学习价值观
	外压力	毕业条件
		工作就业
		同伴影响
学习能力	基本素质	知识与经验
		学习习惯
	学习技能	资源获取
		技术驾驭
		信息加工
	学习发展	实践与活动
		协作与交往
		学习关系协调
		批判质疑
		学习反思

续表

一级指标	二级指标	三级指标
自我管理能力	健康	情绪管理
		心态调节
		锻炼活动
	技能	人际关系
		问题解决
		激励竞争
	行动	时间分配
		学习计划
		计划执行
	元认知	自我了解
		自我定位
学习成果转化与创造力	学术论文	论文级别
		论文数量
		作者排名
		论文引用率
	项目课题	参研项目数
		参研项目级别
		参研项目排名
	专利著作	专利数目
		专利类别
		著作级别
		著作数目
	专业竞赛	比赛级别
		奖项级别
		奖项数目
	社会活动	担任职务
		荣誉奖项级别
		荣誉奖项数量

6.2.6 研究假设

根据前期所构建的研究生学习力评价体系,并在文献分析及与教师交流讨论的基础上,选取变量指标,并做相关研究假设。本研究主要设定了 4 个潜变量对研究生学习力的内容界定,分别是学习动力、学习能力、自我管理能力、学习成果转化与创造力,每个潜变量由若干个观测变量表示。从文献分析及现实生活中了解到,一般而言,研究生学习动力越足,对自我的约束和管理能力就越高并且学习的劲头越强,学习能力也会相应提高;研究生自我管理、约束能力及学习能力越高,学习及研究的成果也就越丰富。因此,本研究提出相关研究假设 H1—H4,其详细描述如表 6.19 所示。

表 6.19 学习力内部因子变量间的影响关系研究假设

假设	相关研究假设
H1	学习动力对学习能力具有正向显著影响
H2	学习动力对自我管理能力具有正向显著影响
H3	自我管理能力对学习能力具有正向显著影响
H4	学习能力对学习成果转换与创造力具有正向显著影响

根据研究假设,绘制出研究生学习力内部因子变量间影响关系的初步模型描述,学习动力为前因变量,自我管理能力和学习能力为中介变量,学习成果转化与创造力为结果变量,如图 6.13 所示。

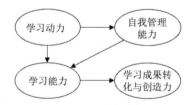

图 6.13 研究生学习力内部因子影响关系的初步模型

6.2.7 研究生学习力评价调查问卷的设计

(1)调查问卷的设计思路

依据前期确定的研究生学习力评价指标体系来设计研究生学习力评价调查问卷,为保证调查问卷能有效测量出学习力的四个不同方面,即保证问卷量表工具的有效性。因此,本研究一共开展了两轮调研工作,第一次问卷调查为预调查,以重庆某大学的硕士研究生为调研对象,小范围地发放 200 份问卷,并对问卷数据做探索性因子分析(EFA)、验证性因子分析(CFA)、信度检验、效度检验,以此来校正、修订、确定问卷;第二次问卷调查为正式调查,以西南地区三所高校的硕士研究生为对象大规模地发放问卷,并对问卷数据做描述性统计、差异检验来评估研究生学习力的现状,进而构建结构方程模型验证学习力内部因子间关系的相关研究假设。

(2)调查问卷的内容设计

根据研究的目的,设计研究生学习力评价调查问卷,该调查问卷主要由三部分组成:

第一部分:导语。该部分主要简要介绍研究生学习力内涵及说明该调查问卷的用途仅为内部研究资料所用,让被调查者可以安心填写出最真实客观的数据。第二部分:样本基本特征分布情况。样本基本特征就是所调查到的研究生们所在的学校、性别、专业培养类型、年级、本科毕业院校、研究生入学成绩等级、读研动机、毕业计划。对这部分所得的信息主要做描述性统计,以此来了解样本基本特征及这些不同的特征分布情况是否会对其学习力的水平存在影响。第三部分:学习力评价量表。学习力评价量表正是该问卷的主体部分,是对研究生学习力水平的调查,主要从学习动力、学习能力、自我管理能力、学习成果转化与创造力四个一级指标展开,共 33 个题项,采用李克特 5 点量表测量这四个变量指标(学习成果转化与创造力采用具体的可见的成果来测量,也将此部分量化为五个测量点),并根据描述问题的符合程度,数据处理从"完全不符合"到"非常符合"分别用数字 1 ~ 5进行赋值,即"完全不符合"记 1 分、"不太符合"记 2 分、"一般"记 3 分、"较符合"记 4 分、"非常符合"记 5 分,不同的等级代表研究生学习力水平和相关的态度倾向。

(3)调查问卷的实施及数据分析

本研究选取西南地区三所高校为地域范围,以硕士研究生为调研对象,开展随机抽样调查。为方便回收到足够的样本量,采用网络问卷调查的形式发放回收问卷。共发放问卷 600 份,回收问卷 600 份,删除答题时间短,态度不明显的 5 份问卷后,有效问卷为 595 份,问卷有效回收率为 99.2%。

(4)样本基本特征分布

该问卷的个人基本信息包括所在学校、性别、专业培养类型、年级、本科毕业院校、研究生入学成绩等级、毕业计划等。调查问卷所选取的样本特征如表 6.20 所示。在调查的样本中,女生占大部分,有 435 人,占比 73.1%,男生仅有 160 人,占比 26.9%,原因是所选取的高校均为师范高校,在这个群体中女同学的人数较多;

研一的新生较多、占比较大,有 296 人,占比 49.7%,表示研一年级的研究生较配合,参与此次调研的积极性较高;绝大部分的研究生本科毕业于普通院校,有 563 人,占比 94.6%,本科为"985/211"院校、高职高专院校毕业的人数很少,表示所选取的调查样本的综合能力大部分为中等水平;绝大部分的研究生入学成绩为中等水平及以上,有 566 人,占比 95.1%。

表 6.20　样本特征分布情况

	特征	次数	百分比/%	有效百分比/%
所在学校	1 A 大学	150	21.6	25.2
	2 B 大学	325	46.8	54.6
	3 C 大学	120	7.9	20.2
性别	1 男	160	26.9	26.9
	2 女	435	73.1	73.1
专业培养类型	1 学硕	237	39.8	39.8
	2 专硕	358	60.2	60.2
年级	1 研一	296	49.7	49.7
	2 研二	143	24.0	24.0
	3 研三	80	13.4	13.4
	4 已毕业	76	12.8	12.8
本科毕业学校	1 高职高专	6	1.0	1.0
	2 普通本科院校	563	94.6	94.6
	3 "985/211"院校	26	4.4	4.4
入学成绩等级	1 非常好	39	6.6	6.6
	2 较好	197	33.1	39.7
	3 一般	330	55.5	55.5
	4 较差	21	3.5	3.5
	5 非常差	8	1.3	1.3
毕业计划	1 考博	159	26.7	26.7
	2 就业	436	73.3	73.3

(5)调查问卷的信效度分析

①信度检验

对量表的整体及各个维度做信度检验分析,数据分析结果如表 6.21 所示。量表整体的信度 Alpha 值为 0.922,大于 0.9,学习力各个维度的信度 Alpha 值分别为 0.907、0.916、0.897、0.703,均大于 0.7,表明问卷具备较好的信度,问卷的可信度较强。

表 6.21　量表的信度分析结果

变量	克隆巴赫 Alpha 值	总体的克隆巴赫 Alpha 值	题项
学习动力	0.907		
学习能力	0.916	0.937	30
自我管理能力	0.897		
学习成果转化与创造力	0.703		

②效度检验

对量表的整体及各维度做效度检验分析,数据分析结果如表 6.22 所示。量表整体的效度 KMO 值为 0.914,大于 0.9,学习力各个维度的效度 KMO 值分别为 0.891、0.895、0.874、0.677,需要关注的是学习成果转化与创造力维度的 KMO 值稍微偏小,其他三个维度的 KMO 值均大于 0.8,因此,在总体上也能表明量表的设置能反映客观事实,具备较好的效度。

(6)核心变量的描述性统计分析

①学习动机来源

对研究生读研动机进行统计分析,计算结果如表 6.23 所示,少数(19.7%)研究生是出于对知识与真理的热爱与追求而选择读研,对学术和研究的兴趣与热爱占 20.6%,内部动机并不高,大部分(32.1%)研究生是受外界压力影响,对读研最直接具体的期望就是通过提升学历,找到一份满意的工作,同时学习环境、生活环境对是否会选择读研也存在一定影响,一些(8.3%)研究生就是受周围同学朋友的影响而选择读研。

表 6.22　量表的效度分析结果

变量	KMO 值	总体 KMO 值
学习动力	0.891	
学习能力	0.895	0.914
自我管理能力	0.874	
学习成果转化与创造力	0.677	

表 6.23 读研动机来源分析

维度		响应		个案百分比%
		个案数	百分比%	
读研动机来源	热爱追求真理	323	19.7	54.3
	对学术的兴趣爱好	338	20.6	56.8
	找到满意工作	528	32.1	88.7
	缓解压力	158	9.6	26.6
	父母师长期待	160	9.7	26.9
	同伴影响	136	8.3	22.9
总计		1643	100.0	276.2

②学习力量表的得分情况

对研究生学习力四个变量的量表得分均值进行描述性统计分析,计算结果如表 6.24 所示,学习动力、学习能力、自我管理能力、学习成果转化与创造力平均值分别为 4.03、3.69、3.65、1.59,以选项为基本符合得 3 分为比较标准,均值得分高于 3 表示得分达到中上水平,较理想;低于 3 表示得分为中下水平,较不理想。因此,可得学习动力量化均值最高,为 4.03,较理想,表明大部分研究生学习动力较强,学习目标明确;学习成果转换与创造力量化均值最低,为 1.59,表明大部分研究生学习成果不理想,学习、科研成果较薄弱。

表 6.24 学习力量表得分统计结果

量表	平均值	标准差
学习动力	4.03	0.65810
学习能力	3.69	0.63080
自我管理能力	3.65	0.64657
学习成果转化与创造力	1.59	0.82970

(7)差异检验

为分析不同性别、专业培养类型、毕业计划的研究生在学习力各个维度上是否存在显著差异,本研究对样本数据进行独立样本 T 检验。

①性别

计算结果如表 6.25 所示。显示不同性别在学习动力维度上,显著性双尾概率为 0.779,大于 0.05,表明不同性别在学习动力方面不存在显著性差异;不同性别在学习能力维度上,显著性双尾概率为 0.015,小于 0.05,表明男生女生在学习能力方面存在显著性差异,且男生(3.81)的得分均值高于女生(3.65);不同性别在自我管理力维度上,显著性双尾概率为 0.001,小于 0.05,表明男生女生在自我管理能力方面存在显著性差异,且男生(3.80)得分均值高于女生(3.60);不同性别在学习成果转化与创造力维度上,显著性双尾概率为 0.000,小于 0.05,表明男生女生在学习成果转化与创造力方面存在显著差异,且男生(1.83)得分均值高于女生(1.51)。因此,表明在某种程度上,男生在学习和科研上都会比女生更倾向于专注,成果也会越丰富。

表 6.25 不同性别下学习力各个维度的差异检验结果

变量	性别	平均值	标准差	t 值	P 值
学习动力	男	4.04	0.75	0.280	0.779
	女	4.02	0.62		
学习能力	男	3.81	0.75	2.456	**0.015
	女	3.65	0.57		
自我管理能力	男	3.80	0.73	3.292	**0.001
	女	3.60	0.61		
学习成果转化与创造力	男	1.83	0.94	3.681	**0.000
	女	1.51	0.77		

②专业培养类型

计算结果如表 6.26 所示。学术硕士和专硕硕士在学习动力维度上,显著性双尾概率为 0.000,小于 0.05,表明学术硕士和专硕硕士在学习动力方面存在显著差异,且学术硕士的得分均值(4.02)低于专硕硕士的得分均值(4.23);不同的专业培养类型在学习能力维度上,显著性双尾概率为 0.148,大于 0.05,表明不同的专业培养类型在学习能力方面不存在显著性差异;不同的专业培养类型在自我管理力维度上,显著性双尾概率为 0.989,大于 0.05,表明不同的专业培养类型在自我管理力方面不存在显著性差异;不同的专业培养类型在学习成果转换与创造力维度上,显著性双尾概率为 0.000,小于 0.05,表明学术硕士和专业硕士在学习成果转换与创造力方面存在显著性差异,且学术硕士得分均值(1.82)高于专业硕士得分均值(1.49)。专业硕士学习的动力更多来源于外界就业压力,学制为两年,学习时间周期紧凑,学习的目标更清晰,学习的动力高于学术硕士,而学术硕士的学习是积淀知识并逐步走向学术研究的过程,在某种程度上,可以说在学习成果转换与创造力上要比专业硕士占优势。

表 6.26　不同专业培养类型下学习力各个维度的差异检验结果

变量	类型	平均值	标准差	t 值	P 值
学习动力	学硕	4.02	0.66	-5.828	* * 0.000
	专硕	4.23	0.56		
学习能力	学硕	3.45	0.67	-1.447	0.148
	专硕	3.52	0.55		
自我管理能力	学硕	3.62	0.82	0.014	0.989
	专硕	3.62	0.73		
学习成果转化与创造力	学硕	1.82	0.72	10.439	* * 0.000
	专硕	1.49	0.53		

③毕业计划

计算结果如表 6.27 所示。研究生毕业计划(读博、就业)在学习动力维度上,显著性双尾概率为 0.000,小于 0.05,表明有不同的毕业计划的研究生在学习动力方面存在显著性差异,且计划读博的研究生得分均值(4.21)高于选择就业的研究生(3.85);研究生毕业计划在学习能力维度上,显著性双尾概率为 0.000,小于0.05,表明有不同的毕业计划的研究生在学习能力方面存在显著性差异,且计划读博的研究生得分均值(3.77)高于选择就业的研究生(3.43);研究生毕业计划在自我管理力维度上,显著性双尾概率为 0.002,小于 0.05,表明有不同的毕业计划的研究生在自我管理力方面存在显著性差异,且计划读博的研究生得分均值(3.81)高于选择就业的研究生(3.57);研究生毕业计划在学习成果转换与创造力维度上,显著性双尾概率为 0.024,小于 0.05,表明有不同的毕业计划的研究生在学习成果转换与创造力方面存在显著性差异,且计划读博的研究生得分均值(1.85)高于选择就业的研究生(1.48)。研究生的毕业计划在学习力各个维度上均存在显著差异,在某种程度上,有读博意向的研究生自身已了解到博士入学和毕业的不易,因而会更加端正学习态度,坚定信念,持续学习,逐步走向科研之路,顺利完成硕士学业为读博计划做准备。

表 6.27　不同的毕业计划下学习力各个维度的差异检验结果

变量	类别	平均值	标准差	t 值	P 值
学习动力	考博	4.21	0.46	5.816	* * 0.000
	就业	3.85	0.65		

续表

变量	类别	平均值	标准差	t 值	P 值
学习能力	考博	3.77	0.52	6.285	**0.000
	就业	3.43	0.61		
自我管理能力	考博	3.81	0.72	3.143	**0.002
	就业	3.57	0.78		
学习成果转化与创造力	考博	1.85	0.76	2.283	**0.024
	就业	1.48	0.64		

6.2.8 研究生学习力结构方程模型的构建与验证

1)"学习习力"测量模型的构建与验证

首先,在 AMOS24.0 软件中,构建学习力测量模型并验证,检测观察数据与学习动力、学习能力、自我管理能力、学习成果转化与创造力这四个潜在变量的拟合程度,确保模型的效度。其次,建立学习力内部因子影响关系的结构模型,并验证相关研究假设。

在 AMOS24.0 软件中构建学习力的四个因子变量学习动力、学习能力、自我管理能力、学习成果转化与创造力的测量模型,如图 6.14 所示,主要分析检测观察变量与潜在变量之间的相关性,以此检测模型的效度。

对学习力测量模型修正后的拟合度指标如表 6.28 所示。其中 CMIN/DF 值为 0.874,小于 3;RMSEA 值为 0.056,小于 0.08;NFI 值大于 0.9、CFI 大于 0.9 均满足拟合标准,GFI 值从原来的 0.783 优化到 0.889,虽然还没有达到要大于 0.9 的标准,但已接近 0.9。表明学习力的测量模型拟合度良好。由此得出学习力的测量模型有着较好的测量准确度,进而能有效地开展后续的学习力结构模型的验证性因子分析。此外,对路径系数,标准差、P 值进行衡量,其数据检测结果显示各题项与潜在变量间的因素负荷量均大于 0.5,相关系数路径的显著性 P 值显著,即小于 0.01,临界比 C. R. 值均大于 1.96,说明各题项指标均到达测量标准。由此表明模型具备较强的效度。

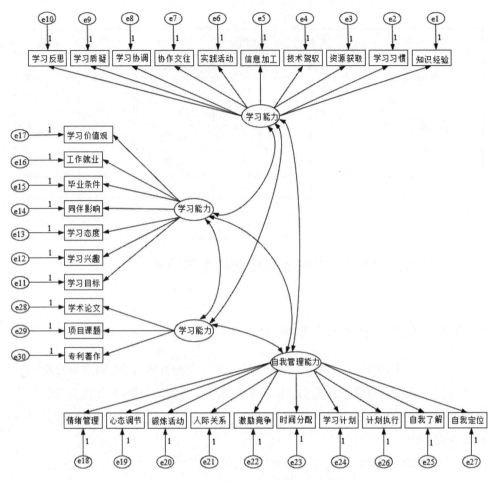

图 6.14　学习力的测量模型图

表 6.28　修正后的学习力测量模型的拟合度报告

指标	绝对拟合度			简约拟合度		增值拟合度	
	CMIN/DF	GFI	RMSEA	PNFI	PGFI	NFI	CFI
理想标准	<3	>0.9	<0.08	>0.5	>0.5	>0.9	>0.9
初始模型指标值	2.989	0.889	0.058	0.777	0.710	0.911	0.939
模型拟合度判断	是	否	是	是	是	是	是

2)学习力结构模型的构建

(1)学习力结构模型假设检验

通过前面对学习力测量模型做的验证,表明问卷题项能有效测量学习动力、自我管理能力、学习能力、学习成果转化与创造力这四个潜在变量,接着,才得以构建学习力结构模型,用来验证潜在变量间的影响关系。因此,基于前期研究假设,建立学习力内部因子变量间影响关系的结构模型,并验证学习力四个因子变量间的影响关系假设。如图 6.15 所示,构建的学习力的结构方程模型中,共有 67 个变量,其中,观察变量 30 个、非观察变量 37 个。其中学习动力为前因变量;学习能力、自我管理能力为中间影响变量,学习成果转化与创造力为结果变量。

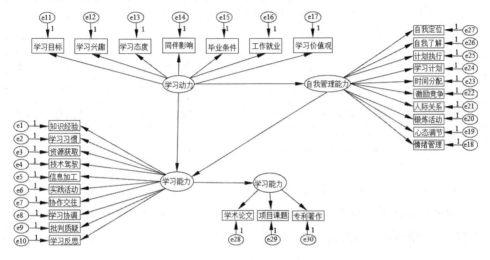

图 6.15　学习力内部因子变量间影响关系的结构模型

将匹配后的 595 条调查数据导入 AMOS24.0 软件,计算估计值,得到初始结构方程模型标准化路径系数,以此来开展学习力内部因子变量间影响关系的结构模型的验证性因子分析,如图 6.16 所示。

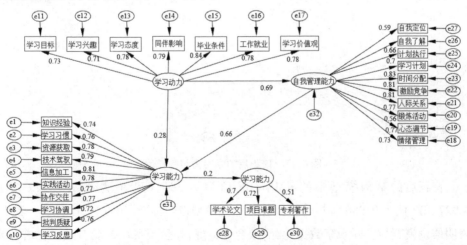

图 6.16　学习力结构模型参数估计结果

假设模型中变量的估计值均为正数且显著,表明变量没有违反估计值,进而才能继续检验模型拟合度的各指标值,在模型适配度的检验值中,卡方值为 1964.640,显著性概率 P 值等于 0.000,小于 0.05,达到显著水平,拒绝虚无假设。此外,对初始模型的拟合度指标进行考察,如表 6.29 所示。CMIN/DF 值为 4.899,大于 3、GFI 值为 0.783、NFI 值为 0.828、CFI 值为 0.860 值均未达到标准,仅有 RMR 值 (0.040)、PNFI 值(0.777)、PGFI 值(0.678)达到标准,由此表示假设模型有待做进一步的修正和完善。

表 6.29 初始结构模型拟合度报告

指标	绝对拟合度				简约拟合度		增值拟合度	
	CMIN/DF	GFI	RMSEA	RMR	PNFI	PGFI	NFI	CFI
理想标准	<3	>0.9	<0.08	<0.05	>0.5	>0.5	>0.9	>0.9
初始模型指标值	4.899	0.786	0.081	0.040	0.777	0.678	0.843	0.870
模型拟合度判断	否	否	否	是	是	是	否	否

(2)学习力结构模型的修正

根据模型修正指标提示,依次增列 e28—29、e18—e19、e13—14、e8—e9、e5—e6 等误差向的共变关系,如图 6.17 所示。

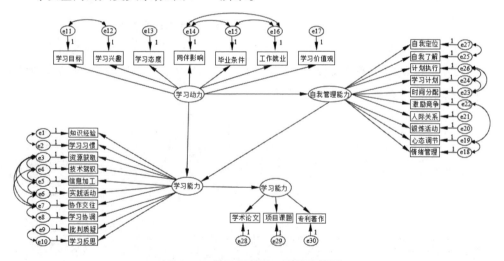

图 6.17 修正后的学习力结构模型

修正后的结构模型中的 CMIN/DF 值为 2.384、GFI 值为 0.903、NFI 值为 0.927、CFI 值为 0.956 等拟合度指标均达到模型拟合标准,如表 6.30 所示。因此,表明假设模型与实际观察数据适配,拟合度良好,并且观察数据能有效说明潜在变量间的影响关系。

表 6.30　修正后的模型拟合度报告

指标	绝对拟合度				简约拟合度		增值拟合度	
	CMIN/DF	GFI	RMSEA	RMR	PNFI	PGFI	NFI	CFI
理想标准	<3	>0.9	<0.08	<0.05	>0.5	>0.5	>0.9	>0.9
结构模型指标值	2.384	0.903	0.048	0.029	0.810	0.738	0.927	0.956
模型拟合度判断	是	是	是	是	是	是	是	是

修正后的学习力内部因子变量间的路径系数、显著性水平以及临界比值如表 6.31 所示。经过多轮修正后的学习力内部因子影响关系的结构模型,拟合度指标均达到了模型拟合的理想标准,并且路径系数的 C. R. 值均大于 1.96,满足要求,显著性水平均达到显著水平用＊＊＊表示。因此,将该模型作为最终的学习力内部因子间影响关系的结构方程模型,并以此展开后续研究假设的检定。

表 6.31　修正后的学习力内部因子变量间的影响路径系数

变量	路径	变量	Estimate	S. E.	C. R.	P	标准化
自我管理能力	←	学习动力	0.708	0.049	14.388	＊＊＊	0.753
学习能力	←	学习动力	0.314	0.045	7.041	＊＊＊	0.322
学习能力	←	自我管理能力	0.671	0.058	11.593	＊＊＊	0.648
学习成果转化与创造力	←	学习能力	0.134	0.037	3.591	＊＊＊	0.191

3)学习力结构方程模型的假设检定

(1)中介效应分析与检验方法

对学习力内部因子影响关系的假设检验,主要采用中介效应分析与路径分析两种方法。中间变量是自变量影响因变量的中介。为验证模型中学习能力对学习成果转化与创造力的中介效应、自我管理能力对学习能力的中介效应,本研究采用温忠麟[①]提出的中介效应检验方法,该方法由于严谨、科学的理念及操作程序,成为众多学者的首要选择。

(2)学习能力的中介效应检验

严格遵循中介效应的检验程序,分别构建了学习动力对学习成果转化与创造力(检验 c)的结构模型、学习动力对学习能力(检验 a)的结构模型、学习能力对学

---

① 温忠麟,叶宝娟.中介效应分析:方法和模型发展[J].心理科学进展,2014,22(5):731-745.

习成果转化与创造力(检验 b)的结构模型、学习动力对学习成果转化与创造力(检验 c′)的结构模型,验证学习能力在学习动力对学习成果转化与创造力间的中介作用,其输出的路径影响结果如表 6.32 所示。

表 6.32　学习动力对学习成果转化与创造力的结构模型变量的影响关系

（学习能力中介效应检验 c′）

	影响关系			Estimate	P
c	学习成果转化与创造力	←	学习动力	0.075	0.036
a	学习能力	←	学习动力	0.314	＊＊＊
b	学习成果转化与创造力	←	学习能力	0.135	＊＊＊
c′	学习成果转化与创造力	←	学习动力	−0.135	0.063

由表 6.32 可以发现学习动力对学习成果转化与创造力存在正向显著影响关系(P 值为 0.036,小于 0.05),即 c 呈现显著,进行第二步检验。学习动力对学习能力存在正向显著影响关系(P 小于 0.01 时用 ＊＊＊ 表示)。即 a 呈现显著;同时学习能力对学习成果转化与创造力存在正向显著影响关系,即 b 呈显著,进行第三步检验,学习动力对学习成果转化与创造力不存在正向显著影响关系(P 值为 0.063,大于 0.05),即 c′ 不显著。根据中介效应检验程序,检验终止。因此,得出学习能力在学习动力与学习成果转化与创造力之间发挥完全中介的作用,即学习动力通过学习能力来影响学习成果转化与创造力。

(3)自我管理能力的中介效应检验

严格遵循中介效应的检验程序,分别构建了学习动力对学习能力(检验 c2)的结构模型、学习动力对自我管理能力(检验 a2)的结构模型、自我管理能力对学习能力(检验 b2)的结构模型、学习动力对学习能力(检验 c′2)的结构模型,验证自我管理能力在学习动力对学习能力间的中介作用,其输出的路径影响结果如表 6.33 所示。

表 6.33　学习动力对学习能力的结构模型变量的影响关系

（自我管理能力中介效应检验 c′2）

	影响关系			Estimate	P
c2	学习能力	←	学习动力	0.793	＊＊＊
a2	自我管理能力	←	学习动力	0.721	＊＊＊
b2	学习能力	←	自我管理能力	0.929	＊＊＊
c′2	学习能力	←	学习动力	0.314	＊＊＊

由表 6.33 可以发现学习动力对学习能力存在正向显著影响关系(P 值小于 0.01),即 c2 呈现显著,进行第二步检验。学习动力对自我管理能力存在正向显著影响关系(P 值小于 0.01),即 a2 呈现显著;同时自我管理能力对学习能力存在正向显著影响关系(P 值小于 0.01),即 b2 呈显著,进行第三步检验;学习动力对学习能力存在正向显著影响关系(P 值小于 0.01),即 c'2 显著。根据中介效应检验程序,检验终止。因此,得出自我管理能力在学习动力与学习能力之间发挥部分中介的作用,即学习动力对学习能力的影响部分通过自我管理能力来实现。

(4)模型总效应分析

根据最终确定的学习力内部因子变量间影响关系结构模型的路径系数的检验与分析,对前面提出的相关研究假设做检定,如表 6.34 所示。

表 6.34　修正后的学习力内部因子变量间影响关系的结构模型路径

路径	路径系数	P 值	假设编号	是否成立
学习能力←学习动力	0.314	＊＊＊	H1	是
自我管理能力←学习动力	0.708	＊＊＊	H2	是
学习能力←自我管理能力	0.671	＊＊＊	H3	是
学习成果转化与创造力←学习能力	0.134	＊＊＊	H4	是

在结构方程模型中,能通过潜变量间的路径系数反映出各潜在变量之间的影响关系的强弱,并且运用直接效应(路径系数)、间接效应(各段路径系数乘积之和)、总体效应(直接效应与间接效应之和)三种方式即三个指标来表示学习力内部因子间的影响效应,如表 6.35 所示。

表 6.35　学习力内部因子间的影响效应

影响作用	直接效应	间接效应		总效应
		计算	结果	
学习成果转化与创造力←学习动力	0	H1H4	0.042	0.042
学习成果转化与创造力←自我管理能力	0	H3H4	0.090	0.090
学习能力←学习动力	0.314	H2H3	0.475	0.789
自我管理能力←学习动力	0.708	---	0	0.708
学习能力←自我管理能力	0.671	---	0	0.671
学习成果转化与创造力←学习能力	0.134	---	0	0.134

6.2.9 研究结论

(1)学习动力对其他变量的影响关系

学习动力的得分均值为 4.03,达到中上水平,较理想。说明大部分的研究生学习目标很明确,学习的动力不仅有来自对学习本身及专业学科的兴趣,也有来自身边同学伙伴的影响、学校毕业条件的要求及当下的就业压力。

经研究验证学习动力对学习能力具有正向显著影响与本研究提出的假设 H1 相一致,学习动力对自我管理能力具有正向显著影响与研究假设 H2 相一致,如表 6.36 所示。经路径系数分析可知,学习动力对学习能力的路径系数为 0.314,学习动力对自我管理能力的路径系数为 0.708,并且路径系数均达到了显著水平。另外,学习动力通过学习能力间接影响学习成果转化与创造力,并且学习能力在学习动力与学习成果转化与创造力之间发挥完全中介的作用,学习动力对学习成果转化与创造力的影响完全通过学习能力来实现,总效应值为 0.042。学习动力通过自我管理能力间接影响学习能力,并且自我管理能力在学习动力与学习能力之间发挥部分中介的作用,学习动力对学习能力的影响部分通过自我管理能力来实现,直接效应值为 0.314、间接效应指为 0.475、总体效应指为 0.789。

表 6.36　研究假设 H1、H2 的检定结果

假设编号	路径	路径系数	P 值	是否成立
H1	学习能力←学习动力	0.314	＊＊＊	是
H2	自我管理能力←学习动力	0.708	＊＊＊	是

学习动力是研究生开展有效学习活动的一个关键点,学习动力体现在研究生学习的目标、对学科专业的兴趣及对待学习的态度及周围同学伙伴的影响、社会就业压力都能影响到研究生的自我约束、自我管理的能力,在学习劲头的驱动下逐步开展学习活动,锻炼了学习的习惯及不断沉淀、积累知识,在与他人合作交流学习中能有效发展及构建新的知识,学习的能力由此也逐步在提升,进而学习的成果及科研的成果也会越丰富,这是一个良性循环发展的生态系统。因此,研究生的学习动力能有效影响到研究生的自我管理能力、学习能力,其中学习动力通过对学习能力产生的影响,进一步地再有效影响到学习成果转化与创造力,学习动力一部分通过自我管理能力来有效影响到学习能力。

(2)自我管理能力对学习能力的影响关系

自我管理能力得分均值为 3.65,达到中上水平。表明研究生作为较成熟的学

习群体,有较强的自我管理能力,体现在对学位论文有清晰的时间和内容规划安排、有适合自己的娱乐减压方式、能很好地面对与同伴间的竞争关系等。

经研究验证,自我管理能力对学习能力具有正向显著影响与本研究提出的假设 H3 相一致,如表 6.37 所示。经过路径系数分析可知,自我管理能力对学习能力的路径系数为 0.671,达到了显著水平。

表 6.37　研究假设 H3 的检定结果

假设编号	路径	路径系数	P 值	是否成立
H3	学习能力←自我管理能力	0.671	＊＊＊	是

研究生在既能管理好自身生活,又能管理好自身学习的基础上,能为有效开展学习活动助力,在有效学习活动中能逐步建构新知识、完善自身的知识体系及不断习得解决问题的方法。因此,研究生的自我管理能力能有效影响到研究生的学习能力。

(3)学习能力对学习成果转化与创造力的影响关系

研究生学习能力得分均值为 3.69,达到中等水平。表明研究生在经过本科阶段的学习后,学习能力得到锻炼,在某种程度上能有效开展相应的学习活动。但是需要关注的是研究生学习成果转化与创造力得分仅为 1.59,处于中下水平。表明研究生学术论文的发表、科研项目的参与等情况很不乐观,即研究生学习成果薄弱。出现学习能力理想学习成果却不太乐观的这种情况的原因很多,其中最具有说服力的原因是调研的对象中低年级的研究生较多,占的比例较大,而研一研二年级段正是为学习成果即科研成果打基础的关键阶段。此外,经研究验证学习能力对学习成果转化与创造力具有正向显著影响与本研究提出的假设 H4 相一致,如表 6.38 所示。经过路径系数分析可知,学习能力对学习成果转化与创造力的路径系数为 0.119,达到了显著水平。

表 6.38　研究假设 H4 的检定结果

假设编号	路径	路径系数	P 值	是否成立
H4	学习成果转化与创造力←学习能力	0.134	＊＊＊	是

研究生拥有良好的学习习惯,专业学科知识在不断积累下,能逐步地提高资源获取、信息加工的技能,进而带着批判性的思维去学习,开展科研活动,在时间的沉淀下,会影响到学习及科研成果。因此,研究生的学习能力能有效影响研究生的学习成果转化与创造力。

6.3 研究生数据素养对科研创新能力影响的实证研究

6.3.1 研究背景

在大数据时代,公民的素养格局正在被改变,熟练掌握数据操作技能和应用数据进行论证的能力是研究生开展学术研究的关键。美国政府在 2012 年就强调各类研究工作者需要利用数据去辅助决策。数据素养对科研创新能力的提升起着关键的作用,是研究生需要具备的核心素养之一。研究生的数据素养对于科研数据能否得到最大化利用起着至关重要的作用。所以研究生的当务之急是提升对数据收集、管理、分析、应用及创新等能力。

研究生作为高层次人才,其科研创新能力是衡量研究生教育质量的一个重要标准,并且是国家创新体系得以完善的关键。研究生的创新能力直接体现在科学研究的创新上,所以研究生应该注重提高自身的创新能力,在创新思维和创新意识的驱动下,充分利用自身储备的知识去发现创新点,并且创造性地解决问题。

6.3.2 研究相关概述

1)数据素养的内涵

目前国内外尚未形成统一的定义,不同学者对数据素养的定义不同。Calzada[1]认为数据素养是一个较为新颖的概念,是在信息素养的基础上,通过延伸和提炼出来的专注于科研工作者活动的一种素养。通过查阅文献可以看出不同学者对数据素养的定义有所不同,但概括起来分为两大部分:第一是在思想意识层面上,主要包括对数据的敏感度,了解数据的相关法律;第二是实践应用层面上,包含数据获取、处理、分析利用等方面的能力。总结国内外学者对这一概念的理解,本研究主张研究生的数据素养是指研究生在科研过程中具备数据意识,能够选择合

---

[1] Calzada Prado J, Marzal M. Incorporating Data Literacy into Information Literacy Programs: Core Competencies and Contents[J]. Libri, 2013, 63(2): 123-134.

适的方法对数据进行获取、处理、分析,同时能够对数据进行评估、解释并将其用于科研及实践中的一种稳定的内在品质。

2)研究生的科研创新能力

顾名思义,科研创新能力,即在科学研究中的创新能力,通过梳理文献发现,目前对科研创新能力还没有一个清晰的界定。王俊淇[①]认为,科研创新能力是需要研究者在不同广度和视角的基础上,秉承理论支持实践的理念,创造性地完成科研创新活动,并能从中取得创新性成果的能力。科研创新能力指能够从不同的角度、切入点去提出问题,通过创新性的方法去完成科学研究任务,并取得创新成果。在某些研究中,直接将研究生的创新能力等价于科研创新能力,因为某种程度上来说研究生的创新能力也主要体现在科研过程中的创新能力。本研究所主张的研究生科研创新能力更倾向于研究生在科研实践活动中,善于提出问题并且能够应用新的理念、科学的研究方法解决问题,并将其形成创新性成果的能力。

6.3.3 研究设计

本研究旨在已有相关研究的基础上:第一,运用文献研究法,结合可视化分析软件梳理出数据素养的发展脉络,并以此制订访谈提纲对教师、专家进行访谈,总结归纳出研究生数据素养的内涵、特点、构成要素来构建数据素养评价指标雏形框架。第二,采用专家咨询法,收集专家建议和意见,确定最终的评价指标。第三,通过梳理已有研究生科研创新能力的研究,以成熟的评价体系为蓝本,结合研究生自身特点确定研究生科研创新能力的评价指标。第四,将评价指标转化为可操作性定义并编制问卷,开展预调查,根据预调查的数据结果,修订及确定本研究的调查问卷。第五,开展正式的问卷调研,构建研究生数据素养对科研创新能力影响的结构方程模型并开展实证分析。最后根据研究结果,提出提高研究生数据素养的相关对策。主要的研究内容及流程如图 6.18 所示。

1)评价指标选择的原则

由于数据素养的评价指标体系目前尚未成熟,所以在构建的时候需要找到较

---

① 王俊淇.高等教育学研究生科研创新能力培养的探讨——基于我国高等教育学学科发展背景[J].高等函授学报(哲学社会科学版),2013,28(2):85-87,121.

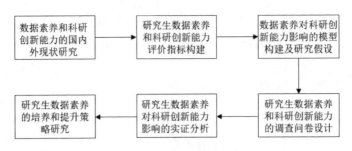

图 6.18 主要研究内容

为科学、权威的评价指标选取原则。研究生数据素养是一个较综合复杂的概念,如何从科学的视角,较全面地分析出其构成要素,并对其进行评价存在一定的困难。通过研读相关评价原则的文献和书籍,发现有关于评价指标体系构建的原则非常多,没有较为全面、成体系的指标设计原则为研究提供参考和借鉴。本研究采用彭张林(2017)提出的综合评价指标体系设计的 O—C—W—I—S—D 六个原则来构建研究生数据素养评价体系,如图 6.19 所示。

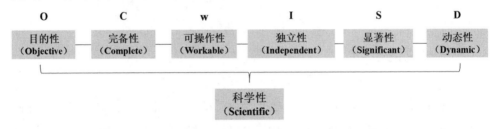

图 6.19 评价指标体系设计的"O—C—W—I—S—D"原则

2)研究生数据素养评价指标选择的依据

(1)文献分析

通过梳理数据素养的相关文献发现,数据素养的构成不尽相同,主要体现在由于评价对象、方法、视角的不同,所以数据素养的构成要素也各有侧重点。Carlson[1]认为数据素养包括数据的发现与获取、数据操作、数据处理、数据分析、数据保存、数据可视化以及能否合理引用数据。黄如花[2]认为数据素养包含意识层面上的数据意识、技能层面上的数据能力和理论层面上的数据道德三个方面。钟若恬[3]从数据意识、数据能力、数据伦理三个方面来评价研究生的数据素养。总结发现数据

---

① Carlson J, Nelson M S, Johnston L R, et al. Developing data literacy programs: Working with faculty, graduate students and undergraduates[J]. Bulletin of the Association for Information Science and Technology, 2015, 41(6): 14-17.

② 黄如花,李白杨. 数据素养教育:大数据时代信息素养教育的拓展[J]. 图书情报知识,2016(1):21-29.

③ 钟若恬. 研究生数据素养评价研究[D]. 哈尔滨:黑龙江大学,2019.

素养大致包含数据意识、数据获取、数据分析应用、数据理论等要素。对研究生数据素养的评价较为复杂,目前针对研究生专门的评价指标尚未成熟,所以前人构建的评价指标起到借鉴作用,还需要进一步探索研究生数据素养的评价指标。

（2）专家访谈

①专家基本情况

为了更好地把握研究生数据素养内涵、特点、要素,使所构建的数据素养评价指标更加合理、科学。在综合文献资料的基础上,开展专家访谈,共选取 4 位专家,均为博士学位,均为研究生导师,其中有 2 位是博士生导师,职位均为教授且工作年限最高为 36 年,最低 23 年,具体情况如表 6.39 所示。选取 8 位高校一线教师,其中 3 位是博士学位,5 位是硕士学位,基本情况如表 6.40 所示。

②指标体系的遴选与框架雏形

综合文献研究、专家、一线教师访谈的结果,并在科研团队内反复讨论之后,形成了研究生数据素养评价体系的雏形框架,如表 6.41 所示。

表 6.39　专家基本情况

序号	学位/导师	职称	工作年限/年
1	博士/博士生导师	教授	36
2	博士/博士生导师	教授	32
3	博士/硕士生导师	教授	25
4	博士/硕士生导师	教授	23

表 6.40　高校教师基本情况

序号	学位	职称	工作年限/年
1	博士	高级	17
2	博士	副高级	12
3	博士	中级	10
4	硕士	中级	13
5	硕士	副高级	15
6	硕士	中级	12
7	硕士	中级	10
8	硕士	初级	6

表 6.41 研究生数据素养评价指标体系雏形框架

一级指标	二级指标	操作性定义
数据意识	数据获取意识	了解大数据的相关知识,认识到数据对科研学习的重要性,清楚自己的数据需求,会主动寻找数据获取的渠道、方法
	数据敏感	在科学研究的整个过程中始终对数据保持高度敏感
	数据批判意识	关注所获取数据的权威性、真实性及科学性等
	数据生命周期	清楚数据有生命周期,需要及时对数据进行处理,不同阶段采用不同的管理方式
	数据需求	在开展科研活动时,能清楚地意识到自己的数据需求
	数据交流	愿意将自己的科研数据与他人分享,比如在科研团队、学术论坛、讲座中与他人共享交流
数据获取能力	熟悉数据来源	熟悉学科领域内的多种数据来源渠道
	数据检索能力	能够熟练使用基础性数据测量和提取工具
	数据获取方法	根据科研需求,有效选择恰当的数据获取方法(如实验、走访、问卷调查、python 爬虫等)
数据处理能力	数据处理软件	能熟练使用专业相关的某种数据处理工具
	数据保存管理	养成数据保存的习惯,并且会借助工具进行辅助管理
	数据整理与编码	能及时对获取的数据进行编码和整理
	数据可视化	掌握将数据转化为可视化的图表或其他类型的方式,用于呈现自己的分析结果
数据分析应用能力	数据分析	具备一定的统计学知识,会对数据进行基本的描述统计、回归分析等
	数据理解	能够解读数据分析结果,并揭示背后的本质和现象
	数据创新	创新性地应用自己的数据结果提出问题、分析问题并找到问题的解决方法
	数据评估	能及时判断数据的价值,删除无用数据
	数据论证	能利用数据分析结果,论证科研学习中提出的观点
	数据分享交流	能够利用数据参与学习社区讨论(如科研小组、团队内交流)

续表

一级指标	二级指标	操作性定义
数据伦理	数据引用规范	在数据使用过程中,能正确规范地引用他人的数据,不篡改别人的原始数据
	数据安全	认为科研过程中的数据不应该随意发布于网络上
	数据法律	了解数据在使用和共享过程中涉及的个人知识产权和隐私
	数据政策	了解科研数据管理政策

3)研究生数据素养评价指标内容的筛选与确定

为了验证评价指标雏形框架是否科学合理,是否能够真实反映出研究生的数据素养,本研究运用德尔菲法确定评价指标,根据前期初步构建的框架雏形,编制专家咨询问卷开展第一轮咨询,收集并分析专家意见对评价指标进行修订,接着进行第二轮专家咨询,若专家意见一致则确定评价指标,若不一致则再进行下一轮的咨询。

专家咨询意见分析:

通过对回收的专家建议进行综合整理,对指标内容进行适当调整,有利于最终构建的指标更加科学合理。大部分专家对指标雏形框架内容做出了肯定,但部分专家也给出了不少合理的建议,具体有:

①增加的指标

有 12 名咨询专家建议在一级指标数据伦理下的二级指标上增加"数据道德"认为研究生必须具备对科学研究过程中数据真实有效性负责的意识。11 名专家认为应该在数据分析应用能力一级指标下增加"数据应用(具备合理有效地应用数据分析结果去解决科研中的实际问题的能力)"的二级指标。

②删减的指标

有 8 名咨询专家建议删除一级指标数据伦理下的二级指标"数据政策",认为此指标与其他指标有融合并且不能有效测量出来。有 15 名专家指出一级指标数据意识下的"数据敏感"与"数据获取意识"重复,都是评价研究生对数据重要性的认识,故删除。同时有 10 名专家指出一级指标数据意识下的"数据交流"应该归属于数据分析利用能力指标下,并且和后面的"数据分享交流"重复,故删除。

③修改合并指标

有 9 名咨询专家认为一级指标数据分析应用能力下的"数据理解"和"数据创

新"都表明研究生对数据的深层理解,含义相似,故合并为"数据解读"。

第二轮专家咨询共发放 15 份,回收 14 份,只有一名专家的意见没有收回,回收率较高。专家们的意见都趋于一致,都一致赞同一级指标和二级指标的确立。其中少部分专家建议需要对指标的操作性定义再细化,有专家指出将"数据分析"二级指标的操作性定义改为"能熟练掌握数据分析方法(如:具备一定的统计学知识,会对数据进行基本的描述统计、回归分析等)"。两轮专家咨询意见后,最终确定了研究生数据素养的评价指标体系。

4)研究生科研创新能力评价指标

通过比较不同学者对研究生科研创新能力的评价发现,目前有两种观点:第一种主张研究生科研创新能力体现在研究生的科研成果上,也就是成果导向论,如吴成将研究生发表的论文数、发明数、专利数、主持完成的项目数、科研项目及级别作为评价指标。第二种主张科研创新能力不能单一用科研成果来衡量,需要考虑研究生在科研过程中思维、方法等方面的能力体现,如曾琼琼主张从知识获得、科研创新成果、科研创新特质、创新实践能力四个方面来评价。

本研究结合研究生的科研特点,参考国内与此相关较为权威的量表《核心能力测评大纲——创新能力》。结合本研究的对象,以《核心能力测评大纲——创新能力》为蓝本,该大纲的创新能力总评包括三个方面,分别是思维创新、方法创新、应用创新。对于研究生的科研学习来说,在科研活动中的创新能力最终也将体现在科研成果上,所以将研究生的科研创新成果作为其评价指标之一。由于目前没有统一对创新成果的评价标准,通过查阅大量的相关文献,总结发现大致都从发表学术论文、科研项目、发明专利、科研获奖四个方面去评价研究生的科研成果。故本研究将思维创新、方法创新、应用创新、科研成果四个维度作为研究生科研创新能力的评价指标,如表 6.42 所示。

表 6.42 研究生科研创新能力评价指标

一级指标	二级指标	操作性定义
思维创新	突破思维障碍	对待同一个问题能够从不同方向、不同角度去思考,能够创新性地提出突破思维障碍的新思路(F1)
	发现创新点	能够发现创新点,并通过思考提出较为新颖的观点(F2)
	提出创新思路	能够从辩证的角度去思考问题,比较、理解、分析不同事物的相同点和不同点,并预判事物的发展趋势(F3)

续表

一级指标	二级指标	操作性定义
方法创新	进行个体创新	在科研过程中,会灵活运用个体创新方法(对比法、设问法)对科研问题提出创新性的设想(G1)
	参与群体创新	会积极地参加学术团队内的成果论证活动,并能够提出优化创新成果的方案(G2)
应用创新	提出方案	在科研学习中,能够通过各种渠道收集所需的信息,使科研方案更加完善,更具独创性、创造性和实用性(H1)
	实施方案	对于科研过程中出现的问题具有较高的洞察力,能够及时找出问题的原因,并对其进行解决(H2)
应用创新	展示和评估	能够对科研创新成果进行展示,并对其准确评价,包括技术的先进性、可行性、实用性等(H3)
科研成果	论文	读研期间发表的学术论文数及级别(I1)
	项目	读研期间主持或者参与导师项目数及级别(I2)
	发明专利	读研期间,获得发明专利数、实用新型专利数、外观设计专利数(I3)
	科研获奖	读研期间获得的科研奖励(I4)

5)理论模型建构与研究假设

(1)理论模型构建

研究生学习阶段需要接触大量的数据。在科学研究的过程中会接触海量、冗余的数据,研究者需要从中提取出高价值、为研究所需的数据,这就要求研究生具备对数据的高度敏感和获取并处理利用数据的能力。通过总结归纳关于数据素养的文献,发现很多学者都试图将其与科研创新联系起来,有学者专门调研了不同学科研究生开展科研活动对数据的需求程度,大部分学者都认为当前的科研环境,科研工作者的科研创新能力会受到数据素养的影响。国内有研究专门探讨信息素养对科研创新能力的影响,为本研究的理论假设提供了一定的参考。基于此,本研究构建了如图6.20所示的理论模型。该模型中五个潜在变量指向结果变量科研创新能力,也就是数据素养的五个维度均会对科研创新能力产生影响。

(2)数据素养与科研创新能力的关系假设

①数据意识与科研创新能力的关系探讨

研究生的数据意识是指能够充分意识到数据在学习、科研中的重要作用,以及对数据有敏锐的判断力和洞察力。研究生学习阶段,无论什么学科都需要接触到

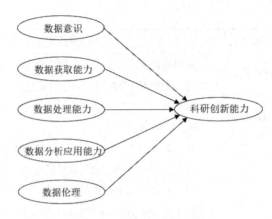

图 6.20 研究理论模型图

各种各样的数据,如果数据意识薄弱则会导致自身的科学数据价值被隐藏。首先是研究生在科研过程中需要清楚自己所需的数据,其次需要有数据的获取意识,愿意花大量的时间、精力以及经费去获取数据,最后是知道数据是有生命周期的,特别是在大数据时代,数据更新特别快,需要时时把握数据的新颖性,及时更新数据。这些因素都会影响到研究生科研创新能力的培养,基于此提出研究假设:

假设一(H1):研究生数据意识会对科研创新能力产生正向积极影响

②数据获取能力与科研创新能力的关系探讨

研究生的数据获取能力是指能够通过各种渠道,利用数据获取工具准确有效地获取所需数据的能力。它是科研数据处理过程的基础,数据获取的质量、数量、权威性都会影响科研的质量。在科研过程中获取到的数据往往有原始数据和二手数据,原始数据可以通过访谈、田野调查、实地考察、实验等多种方式获取,而二手数据则可以通过各数据平台获取,这就要求研究生能够熟悉相关学科领域内的多种数据来源渠道,并且会判断获取数据来源渠道的权威性、真实性等。基于此提出研究假设:

假设二(H2):研究生数据获取能力会对科研创新能力产生正向积极影响

③数据处理能力与科研创新能力的关系探讨

对数据的处理能力是决定数据资源能否得到最大化利用的关键。第一,获取到的数据中无效、冗余和高价值的数据并存,一般不能直接利用,需要对收集到的数据进行筛选、寻找出对研究有价值的数据。第二,获取到的数据存在各种形式、不同结构,需要研究生具备对数据的转化能力。第三,获取到的原始数据需要及时编码和整理,并且选择恰当的数据呈现方式,这些都是科研创新的关键。所以掌握数据处理软件和数据可视化方法也是研究生必备的技能。基于此提出研究假设:

假设三(H3):研究生数据处理能力会对科研创新能力产生正向积极影响

④数据分析应用能力与科研创新能力的关系探讨

研究生的数据分析应用能力是指在学术研究中通过对数据的处理分析,将其用于论证自己的研究观点,得出研究结论,它是数据素养的核心要素,同时也是直接影响其科研创新能力的关键因素。首先能够熟练掌握分析方法,其目的是将本身没有价值的数据通过某种分析方法,从数据分析结果中总结数据变化规律及其原因,通过数据揭示背后隐藏的科学真理和规律,并且提出具有创新性的观点,这对培养科研创新能力极为重要。最后研究生的学习往往以科研团队展开,数据的交流分享就显得尤为重要,所以培养研究生数据分享交流能力也是数据素养重要的组成部分。基于此提出研究假设:

假设四(H4):研究生数据分析应用能力会对科研创新能力产生正向积极影响

⑤数据伦理与科研创新能力的关系探讨

数据伦理是道德层面上自我约束的一种品质,研究生的数据伦理是指在科研学习过程中掌握规范使用、传播数据的方法。在科研过程中存在着学校毕业、评奖学金、自身升学要求等各方面的压力,学术界存在着不同程度的学术造假,其中就包括数据的剽窃、造假等现象,比如随意篡改别人的数据、不规范引用、侵犯别人的隐私等。本研究从数据引用规范、数据安全、数据法律作为衡量数量伦理的指标,其中数据安全是不随意在网络上发布数据,能否保证数据的真实性、权威性,遵守数据使用规则也是研究生必备的一个素质。遵守数据理论道德在一定程度上可以提高科研成果的质量。基于此提出研究假设:

假设五(H5):研究生数据伦理素养会对科研创新能力产生正向积极影响

6.3.4　研究生数据素养与科研创新能力问卷的设计与实施

1)调查问卷的设计

(1)调查问卷的设计思路

问卷设计的科学性、合理性是影响后期数据分析和研究结果的重要因素,所以在设计过程中严格遵循问卷设计的原理和程序。本研究将分三步进行:第一步,依据第 3 章确定的研究生数据素养和科研创新能力的评价指标体系来设计初始问卷,为了避免题项的表述存在偏颇,请多位教师阅览,找出细节上存在的问题,并及时修正,以确保问卷题项设置的准确性。第二步,开展问卷的预测,选取重庆某大学的研究生为调研对象,小范围发放问卷,并对回收数据作探索性因子分析(EFA)、信度检验、效度检验,以此来校正、修订、确定调查问卷。第三步,正式调查,以西南地区高校的研究生为对象采取线上的方式大规模发放问卷。

(2)调查问卷的内容设计

根据前期确定的评价指标,设计研究生数据素养和科研创新能力的调查问卷,该问卷主要由三部分组成:第一部分:导语。该部分简要介绍数据素养和科研创新能力的内涵以及该问卷的目的,并对调查对象做出承诺,问卷不涉及个人隐私、不记名,仅为科研内部使用,以便收集到最真实有效的数据。第二部分:样本的基本特征,包括性别、年级、学科类别、专业培养类型,这部分主要是为后面对样本做描述性统计。第三部分:研究生数据素养的测评,设置了五个维度的 21 个题项;研究生科研创新能力的测评,主要从思维创新、方法创新、应用创新、科研成果四个一级指标展开,共设置了 12 个题项。采用李克特 5 点量表测评方式呈现,并根据描述问题的符合程度,数据处理从"完全不符合"到"非常符合"分别用数字 1~5 进行赋值,即"完全不符合"记 1 分,"不太符合"记 2 分,"一般"记 3 分,"较符合"记 4分,"非常符合"记 5 分,不同的等级代表调查对象相关的态度倾向。

2)调查问卷的实施及数据分析

以前测数据的分析为基础,不断修正、完善问卷并正式展开调研。本研究选取西南地区高校为调研范围,以硕士研究生为调研对象,借助问卷星平台将调查问卷链接采用网络的形式随机发放给西南地区各高校的研究生,为了保证收集到的数据完整,设置了全部答完才能提交的条件限制。本次调查共回收 567 份问卷,删除答题时间短、态度不明确的问卷后,有效问卷为 552 份,问卷有效回收率为97.3%。

(1)基本信息的统计分析

对回收的有效问卷数据进行样本基本信息的统计,如表 6.43 所示。

表 6.43 样本特征分布情况

基本特征	分类	频数	百分比/%	有效百分比/%
性别	男	229	41.5	41.5
	女	323	58.5	58.5
硕士类别	学术型硕士	296	53.6	53.6
	专业型硕士	256	46.4	46.4
年级	研一	215	49.7	49.7
	研二	158	24.0	24.0
	研三	112	13.4	13.4
	已毕业	67	12.8	12.8

续表

基本特征	分类	频数	百分比/%	有效百分比/%
专业类型	人文社科类	177	32.0	32.0
	理工类	252	45.7	45.7
	体育艺术类	87	15.8	15.8
	其他学科	36	6.5	6.5

（2）调查问卷的信效度分析

在进行数据分析之前,首先检验回收数据的信度,以确保数据的科学性。将 552 份有效问卷数据导入 SPSS24.0 软件中,进行效度检验结果如表 6.44 所示。数据素养和科研创新能力的问卷总体的信度值均在 0.8 以上,各维度的信度值均在 0.7 以上,说明测量结果的可信度较强。

表 6.44　样本数据的信度检验

维度	Cronbach's α系数	整体 Cronbach's α系数
数据意识	0.826	0.947
数据获取能力	0.847	
数据处理能力	0.879	
数据分析应用能力	0.908	
数据伦理	0.827	
思维创新	0.902	0.874
方法创新	0.821	
应用创新	0.895	
科研成果	0.745	

对回收的样本数据进行效度检验,得出结果如表 6.45 所示。数据素养和科研创新能力问卷的 KMO 值均大于 0.9,并且显著性均为 ＊＊＊,小于 0.05,需要关注的是科研成果这一维度的效度值偏小,其他各维度的 KMO 均符合标准。因此,总体上表明量表的设置能反映客观事实,并且适合做因子分析。

表 6.45   问卷的 KMO 和 Bartlett 检验

维度	KMO 系数	整体 KMO 系数	显著性 P
数据意识	0.826		
数据获取能力	0.847		
数据处理能力	0.879	0.947	＊＊＊
数据分析应用能力	0.908		
数据伦理	0.827		
思维创新	0.902		
方法创新	0.821		
应用创新	0.895	0.874	＊＊＊
科研成果	0.745		

注:当 P<0.001 时,P 值用"＊＊＊"表示。

(3)核心变量的描述性统计分析

利用 SPSS 软件中的 P-P 图来检验数据是否符合正态分布。检验结果如图 6.21 和图 6.22 所示,数据点位于直线上或紧靠直线两边,说明数据呈正态分布,可以做下一步的统计分析。

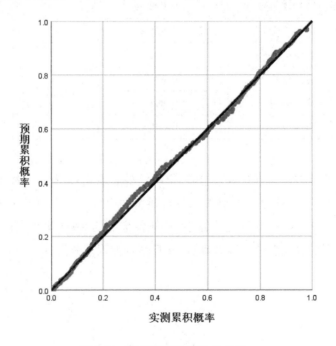

图 6.21   数据素养的正态 P-P 图

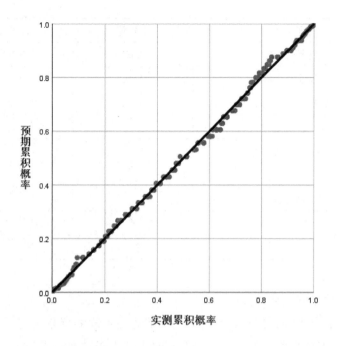

图 6.22　科研创新能力的正态 P-P 图

①研究生数据素养和科研创新能力得分统计

对样本各个变量做描述性统计分析,主要包括平均值、标准差,结果如表 6.46 所示。由表 6.46 可知,研究生数据素养平均得分为 3.79,处于中等偏上水平;科研创新能力平均得分为 3.24,处于中等水平。分析各维度的均值发现:第一,研究生的数据意识和数据伦理平均得分均大于 4,说明调研地区的研究生对数据的意识较强,在科研过程中明确自己的数据需求,并且在数据伦理方面表现较好,能够遵守数据的引用标准,不随意篡改他人的数据,能够对自己数据的真实性和有效性负责。第二,研究生在数据获取能力、数据处理能力和数据分析应用能力方面的得分分别为 3.67、3.56、3.62,可以看出在对数据的获取、处理、分析、应用等方面还有待加强。第三,研究生在思维创新、方法创新、应用创新、科研成果方面得分分别为 3.68、3.65、3.25、2.15,可以看出在思维和方法创新方面差距不大,而在应用创新方面较为欠缺,得分最低的是科研成果,也反映出目前研究生的科研产出并不理想。

表 6.46　研究生数据素养和科研创新能力得分统计表

研究变量	平均值	标准差
数据素养	3.79	0.65
数据意识	4.08	0.73

续表

研究变量	平均值	标准差
数据获取能力	3.67	0.83
数据处理能力	3.56	0.84
数据分析应用能力	3.62	0.75
数据伦理	4.02	0.72
科研创新能力	3.24	0.65
思维创新	3.68	0.76
方法创新	3.65	0.80
应用创新	3.25	0.75
科研成果	2.15	0.93

②不同背景的差异性分析

为了解研究生的数据素养和科研创新能力在不同的背景下有无显著差异,主要包括性别、专业培养类型、学科类别、年级等。由于前面结果显示的数据呈正态分布,所以采用独立样本 T 检验的方法对样本数据进行检验。

a.性别

计算结果如表 6.47 所示。由表 6.47 可知不同性别的研究生在数据素养和科研创新能力上,显著性双尾概率均小于 0.05,表明存在显著性差异,并且数据素养的平均得分男生(3.89)大于女生(3.75),科研创新能力的平均得分男生(3.46)大于女生(3.14)。通过分析发现,在数据素养的各个维度和科研创新能力的各个维度均值得分上男生均略高于女生,所以应该多关注女生的数据素养和科研创新能力的培养。

表 6.47　不同性别下数据素养和科研创新能力各维度的差异检验结果

变量	性别	平均值	P 值
数据素养	男	3.89	0.026
	女	3.75	
数据意识	男	4.19	0.034
	女	4.03	
数据获取能力	男	3.75	0.116
	女	3.62	

续表

变量	性别	平均值	P 值
数据处理能力	男	3.71	0.011
	女	3.50	
数据分析应用能力	男	3.74	0.028
	女	3.57	
数据伦理	男	4.06	0.469
	女	4.01	
科研创新能力	男	3.46	* * *
	女	3.14	
思维创新	男	3.90	* * *
	女	3.58	
方法创新	男	3.88	* * *
	女	3.56	
应用创新	男	3.84	0.001
	女	3.59	
科研成果	男	2.23	* * *
	女	1.82	

b. 专业培养类型

计算结果如表 6.48 所示。学术硕士和专业硕士在数据素养和科研创新能力上,显著性双尾概率均为 0.004,小于 0.05,表明存在显著性差异。并且学术型研究生(3.87)在数据素养的得分上高于专业型研究生(3.69),同样学术型研究生在科研创新能力上也高于专业型研究生,分析可能存在的原因是在对学术型研究生的培养上,学校较注重培养他们的学术创新能力,所以在培养计划和课程设置上都侧重于深度的理论启发和发散思维的引导。此外,受培养计划的影响,学术型研究生会花更多的时间在学术研究上,所以数据素养较好,科研创新能力也较高。科研创新能力方面,不同硕士培养类型除了在思维创新($P = 0.376$,大于 0.05)方面不存在显著性差异,其余各个方面均存在显著性差异。

表6.48　不同专业培养类型下数据素养和科研创新能力各维度的差异检验结果

变量	培养类型	平均值	P值
数据素养	学术型硕士	3.87	0.004
	专业型硕士	3.69	
数据意识	学术型硕士	4.12	0.20
	专业型硕士	4.03	
数据获取能力	学术型硕士	3.76	0.005
	专业型硕士	3.54	
数据处理能力	学术型硕士	3.68	0.001
	专业型硕士	3.41	
数据分析应用能力	学术型硕士	3.69	0.032
	专业型硕士	3.54	
数据伦理	学术型硕士	4.09	0.028
	专业型硕士	3.94	
科研创新能力	学术型硕士	3.32	0.004
	专业型硕士	3.14	
思维创新	学术型硕士	3.71	0.376
	专业型硕士	3.65	
方法创新	学术型硕士	3.71	0.122
	专业型硕士	3.60	
应用创新	学术型硕士	3.71	0.190
	专业型硕士	3.62	
科研成果	学术型硕士	2.14	0.000
	专业型硕士	1.72	

c.学科类别

计算结果如表6.49所示,不同学科的研究生在数据素养($P = 0.012$,小于0.05)上存在显著性差异,在科研创新能力($Pp = 0.485$,大于0.05)上不存在显著性差异。结果表明,理工类研究生的数据素养和科研创新能力均大于人文社科和体育艺术类的研究生。在科研学习过程中,逐渐培养起数据处理、数据分析利用等方面的能力。而人文社科类和艺术类学科的研究生接触数据的机会较少。不同学科类型的研究生在数据意识($P = 0.565$,大于0.05)方面不存在显著性差异,说明无论文理科的研究生数据的意识都较为强烈,但是由于学科性质的差异,导致研究生在数据获取、处理、分析应用方面存在差异。科研创新能力方面,不同学科类型的研究生在方法创新($P = 0.043$,小于 0.05)上存在显著性差异,而其他方面不存在显著性差异。

表 6.49 不同学科类别下数据素养和科研创新能力各维度的差异检验结果

变量	专业类别	平均值	P 值
数据素养	人文社科类	3.56	0.012
	理工类	3.85	
	体育艺术类	3.44	
数据意识	人文社科类	4.08	0.565
	理工类	4.12	
	体育艺术类	4.04	
数据获取能力	人文社科类	3.61	0.000
	理工类	3.89	
	体育艺术类	3.20	
数据处理能力	人文社科类	3.46	0.010
	理工类	3.70	
	体育艺术类	3.55	
数据分析应用能力	人文社科类	3.63	0.164
	理工类	3.68	
	体育艺术类	3.56	
数据伦理	人文社科类	4.00	0.072
	理工类	4.25	
	体育艺术类	3.99	
科研创新能力	人文社科类	3.22	0.485
	理工类	3.28	
	体育艺术类	3.23	
思维创新	人文社科类	3.63	0.581
	理工类	3.72	
	体育艺术类	3.74	

续表

变量	专业类别	平均值	P 值
方法创新	人文社科类	3.55	0.043
	理工类	3.74	
	体育艺术类	3.80	
应用创新	人文社科类	3.66	0.393
	理工类	3.70	
	体育艺术类	3.73	
科研成果	人文社科类	1.98	0.103
	理工类	2.03	
	体育艺术类	1.65	

d. 年级

计算结果如表 6.50 所示。不同年级的研究生在数据素养和科研创新能力上的显著性双尾均为 0.000,小于 0.05,表明研一、研二、研三、已毕业的研究生在数据素养和科研创新能力方面均存在显著性差异,并且不同年级在数据素养的各个维度上均存在显著性差异,从表中数据可看出已毕业研究生在数据意识(4.33)、数据获取能力(4.00)、数据处理能力(3.84)、数据分析应用能力(3.94)、数据伦理(4.17)五个方面的得分均大于在校研究生。这说明需加强在校研究生的数据素养。分析科研创新能力也发现已毕业的研究生相比在校生得分较高,并且在校生二年级的总体得分高于其他年级,对于研究生来说,研二是科研学习、各方面能力提高的关键期,所以表现较好。

表 6.50 不同年级下数据素养和科研创新能力各维度的差异检验结果

变量	年级	平均值	P 值
数据素养	研一	3.65	* * *
	研二	3.82	
	研三	3.78	
	已毕业	4.05	
数据意识	研一	4.03	0.009
	研二	4.06	
	研三	3.98	
	已毕业	4.33	

续表

变量	年级	平均值	P 值
数据获取能力	研一	3.45	* * *
	研二	3.67	
	研三	3.77	
	已毕业	4.00	
数据处理能力	研一	3.35	* * *
	研二	3.66	
	研三	3.57	
	已毕业	3.84	
数据分析应用能力	研一	3.44	* * *
	研二	3.68	
	研三	3.70	
	已毕业	3.94	
数据伦理	研一	3.95	0.125
	研二	4.05	
	研三	3.98	
	已毕业	4.17	
科研创新能力	研一	3.01	* * *
	研二	3.23	
	研三	3.32	
	已毕业	3.67	
思维创新	研一	3.51	* * *
	研二	3.70	
	研三	3.69	
	已毕业	4.00	
方法创新	研一	3.55	* * *
	研二	3.67	
	研三	3.60	
	已毕业	3.93	

续表

变量	年级	平均值	P 值
应用创新	研一	3.53	* * *
	研二	3.66	
	研三	3.65	
	已毕业	3.99	
科研成果	研一	1.44	* * *
	研二	1.89	
	研三	2.33	
	已毕业	2.78	

注:当 P<0.001 时,P 值用"＊＊＊"表示。

6.3.5 研究生数据素养对科研创新能力影响模型的验证与分析

1)数据素养的验证性因子分析

验证性因子分析的目的在于检验收集的数据与构建的理论模型是否能够匹配。首先,在 AMOS24.0 软件中,构建研究生数据素养测量模型并验证,检测观察变量与五个潜在变量的拟合程度。

在 AMOS24.0 软件中构建数据素养的五个因子变量的测量模型(A1—E4 代表测量指标),如图 6.23 所示,主要分析检测观察变量与潜在变量之间的相关性,以此检测模型的效度。

通过对测量模型的验证,在非标准化报表中显示相关路径的显著性 P 值均小于 0.05(＊＊＊),说明每一个观测变量都能够很好地测出潜变量。标准化报表如表 6.51 所示,标准化后的 Estimate 值称为因素负荷量,并且每一个值均大于 0.6,说明问卷能够较好地测量数据素养的五个构面。

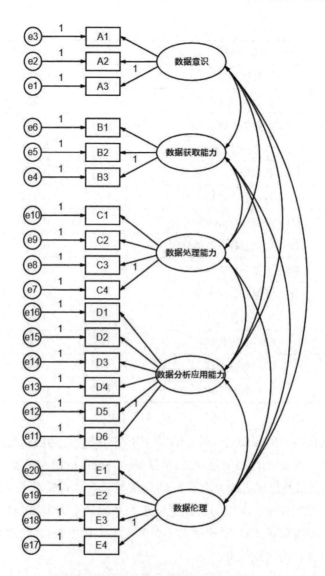

图 6.23 数据素养的测量模型

表 6.51 数据素养验证模型路径系数

影响路径	Estimate
A1←数据意识	0.665
A2←数据意识	0.756
A3←数据意识	0.748
B1←数据获取能力	0.786
B2←数据获取能力	0.838
B3←数据获取能力	0.795

续表

影响路径	Estimate
C1←数据处理能力	0.771
C2←数据处理能力	0.827
C3←数据处理能力	0.804
C4<--数据处理能力	0.815
D1←数据分析应用能力	0.815
D2←数据分析应用能力	0.870
D3←数据分析应用能力	0.829
D4←数据分析应用能力	0.827
D5←数据分析应用能力	0.834
D6←数据分析应用能力	0.657
D1←数据伦理	0.778
D2←数据伦理	0.624
D3←数据伦理	0.744
D4←数据伦理	0.819

模型内在的质量需要通过组合信度(CR)来判断,若是潜在变量的组合信度在 0.6 以上,表明模型的内在质量理想,结果显示各维度的组合信度均大于 0.7,如表 6.52 所示,表明各指标之间具有良好的一致性。为了检验变量之间的区别效度,采用平均方差变异量(AVE)与潜在变量相关系数的平方值比较判断,表中每个构面的平均方差萃取量 AVE 开根值大于大多数皮尔森相关系数,说明量表的五个变量之间具有良好的区别效度。

表 6.52　数据素养组合信度和区别效度

量表维度	CR	AVE	数据获取能力	数据意识	数据处理能力	数据分析应用能力	数据伦理
数据获取能力	0.848	0.651	0.807				
数据意识	0.767	0.524	0.750	0.724			
数据处理能力	0.880	0.647	0.882 * * *	0.642 * * *	0.805		
数据分析应用能力	0.911	0.633	0.848 * * *	0.670 * * *	0.928 * * *	0.795	
数据伦理	0.821	0.536	0.628	0.681	0.646	0.714	0.723

注:对角线粗体字为 AVE 之根号值,下三角为构面之皮尔森相关。

数据素养测量模型的拟合度指标如表 6.53 所示。其中 CMIN/DF 值为 1.439，小于 3；RMSEA 值为 0.031，小于 0.08；NFI、CFI、GFI 值均大于 0.9，所有指标均满足拟合标准。这表明数据素养的测量模型拟合度良好，由此得出数据素养的测量模型有较好的测量准确度。

表 6.53　数据素养测量模型的拟合度报告

指标	绝对拟合度			简约拟合度		增值拟合度	
	CMIN/DF	GFI	RMSEA	PNFI	PGFI	NFI	CFI
理想标准	<3	>0.9	<0.08	>0.5	>0.5	>0.9	>0.9
初始模型指标值	1.439	0.964	0.031	0.771	0.677	0.911	0.989
模型拟合度判断	是	是	是	是	是	是	是

2）科研创新能力的验证性因子分析

在本研究中，科研创新能力这一外潜变量由思维创新、方法创新、应用创新、科研成果四个内衍潜变量组成，所以在模型构建过程中，为了简化结构模型，四个内衍变量为一阶变量，科研创新能力为二阶变量。首先对"科研创新能力"的一阶因子模型进行验证分析。若一阶测量模型的验证符合拟合指标，则加入二阶变量继续验证二阶测量模型。

（1）科研创新能力的一阶验证模型

在 AMOS24.0 软件中构建科研创新能力的四个一阶因子测量模型，如图 6.24 所示，主要分析观察变量与潜在变量之间的相关性，以此检测模型的效度。

通过对测量模型的验证，结果显示非标准化报表中，相关路径的显著性 P 值均小于 0.05（＊＊＊），说明每一个观测变量都能够很好地测出潜变量。标准化报表如表 6.54 所示，因素负荷量均大于 0.6，说明问卷能够较好地测量科研创新能力的四个不同的构面。

表 6.54　科研创新能力一阶测量模型路径系数

影响路径	Estimate
F1←思维创新	0.852
F2←思维创新	0.882
F3←思维创新	0.872
G1←方法创新	0.852
G2←方法创新	0.817

续表

影响路径	Estimate
H1←应用创新	0.888
H2←应用创新	0.869
H3←应用创新	0.820
I1←科研成果	0.686
I2←科研成果	0.706
I3←科研成果	0.661

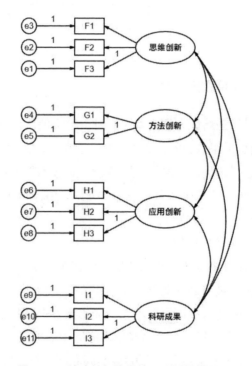

图 6.24 科研创新能力的一阶测量模型

计算出科研创新能力各维度的组合效度和区分效度如表 6.55 所示,其中组合信度均大于 0.7,说明指标之间具有良好的一致性,AVE 开根值大于大多数的皮尔森相关系数说明测量模型有良好的区别效度。

科研创新能力测量模型的拟合度指标如表 6.56 所示。其中 CMIN/DF 值为 2.327,小于 3;RMSEA 值为 0.053,小于 0.08;NFI、CFI 、GFI 值均大于 0.9,均满足拟合标准,不需要修正。表明科研创新能力的测量模型拟合度良好。

表 6.55　科研创新能力组合信度和区别效度

量表维度	CR	AVE	思维创新	方法创新	应用创新	科研成果
方法创新	0.821	0.697	0.835			
思维意识	0.902	0.754	0.960	0.869		
应用创新	0.895	0.739	0.969＊＊＊	0.908＊＊＊	0.860	
科研成果	0.686	0.425	0.304	0.328＊＊＊	0.324	0.652

表 6.56　科研创新能力一阶测量模型拟合度报告

指标	绝对拟合度			简约拟合度		增值拟合度	
	CMIN/DF	GFI	RMSEA	PNFI	PGFI	NFI	CFI
理想标准	<3	>0.9	<0.08	>0.5	>0.5	>0.9	>0.9
初始模型指标值	2.327	0.967	0.053	0.674	0.556	0.975	0.986
模型拟合度判断	是	是	是	是	是	是	是

（2）科研创新能力的二阶验证模型

在一阶模型的基础上引入"科研创新能力"变量,建立二阶模型,如图 6.25 所示。在科研创新能力的二阶模型中,思维创新、方法创新、应用创新、科研成果四个变量被视为内变量,其路径系数、显著性以及临界比等数据都显示这四个构面能够较好地测量"科研创新能力",如表 6.57 所示。

表 6.57　科研创新能力二阶测量模型路径系数

	Estimate	S.E.	C.R.	P
思维创新←科研创新能力	1.000			
方法创新←科研创新能力	0.998	0.048	20.854	＊＊＊
应用创新←科研创新能力	0.902	0.046	19.799	＊＊＊
科研成果←科研创新能力	0.765	0.053	5.198	＊＊＊

注:当 P<0.001 时,P 值用"＊＊＊"表示。

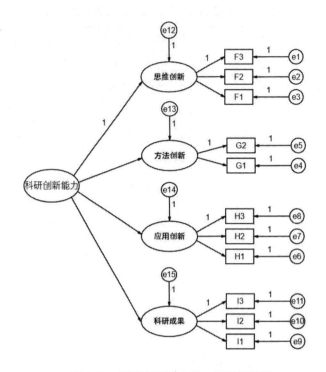

图 6.25 科研创新能力的二阶测量模型

根据科研创新能力二阶模型的拟合度报告,如表 6.58 所示,各项指标都达到适配标准,不需要对二阶测量模型进行修正。这表明在该二阶测量模型中,四个测量变量能够较好地测出"科研创新能力"。

表 6.58 科研创新能力二阶测量模型拟合度报告

指标	绝对拟合度			简约拟合度		增值拟合度	
	CMIN/DF	GFI	RMSEA	PNFI	PGFI	NFI	CFI
理想标准	<3	>0.9	<0.08	>0.5	>0.5	>0.9	>0.9
初始模型指标值	2.262	0.966	0.052	0.709	0.585	0.975	0.986
模型拟合度判断	是	是	是	是	是	是	是

3)研究生数据素养对科研创新能力影响的模型检验与修正

通过前面对数据素养测量模型、科研创新能力一阶模型、二阶模型进行验证,在此基础上才得以构建研究生数据素养对科研创新能力影响的结构模型,用来验证潜在变量间的影响关系。因此,基于前期研究假设构建数据素养对科研创新能力影响的结构模型,并验证提出的假设。

（1）研究生数据素养对科研创新能力影响的模型检验

在 AMOS24.0 软件中构建数据素养的五个因子对科研创新能力影响的结构模型，在模型中共有 77 个变量，其中观测变量为 31 个、非观测变量为 46 个，如图 6.26 所示。将 552 条有效数据导入 AMOS24.0 软件，计算估计值，得到初始结构方程模型标准化路径系数，以此来开展数据素养对科研创新能力影响关系的结构模型的验证性因子分析。

初始模型中变量的估计值没有出现负值，并且是显著的，说明变量没有违反估计值，所以接着检验模型的拟合程度，在模型拟合度报表中，卡方值为 977.641，显著性概率 P 值等于 0.000，小于 0.05，达到显著水平，拒绝虚无假设。此外，对初始模型的拟合度指标进行考察，如表 6.59 所示。CMIN/DF 值为 2.356，小于 3，NFI（0.910）、CFI（0.946）、PNFI（0.812）、PGFI（0.734）均达到标准，但 GFI 值为 0.783 未达到标准，表明部分数据与构建的理论模型匹配度不高，由此表示假设模型有待做进一步的优化。

表 6.59　数据素养对科研创新能力影响的结构模型拟合度报告

指标	绝对拟合度			简约拟合度		增值拟合度	
	CMIN/DF	GFI	RMSEA	PNFI	PGFI	NFI	CFI
理想标准	<3	>0.9	<0.08	>0.5	>0.5	>0.9	>0.9
初始模型指标值	2.356	0.877	0.054	0.812	0.734	0.910	0.946
模型拟合度判断	是	否	是	是	是	是	是

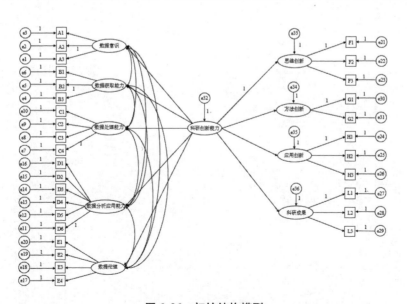

图 6.26　初始结构模型

（2）研究生数据素养对科研创新能力影响的模型修正

结构模型卡方值因数据违反多元正态而膨胀，导致结构拟合指数变差。因此，需要修正模型卡方值后，重新计算模型拟合指数。本研究参照 Bollen-Stine 法来修正结构模型拟合度，如图 6.27 所示。采用 AMOS 软件自带的方法，根据数据的需求随机对 2000 个样本进行参数估计验证，结果显示模型全部有解。模型得到了进一步的优化，提高了实证研究的质量。

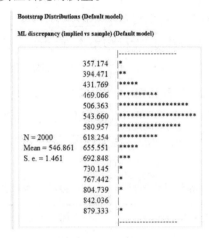

图 6.27 模型修正依据

通过对模型修正后，数据素养对科研创新能力影响的结构方程标准化路径图如图 6.28 所示，其拟合度适配表如表 6.60 所示，拟合度指标均达到了模型拟合的理想标准。

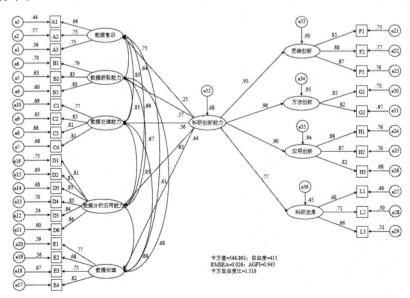

图 6.28 修正后的数据素养对科研创新能力影响的结构模型

表 6.60　修正后的模型拟合度报告

指标	绝对拟合度			简约拟合度		增值拟合度	
	CMIN/DF	GFI	RMSEA	PNFI	PGFI	NFI	CFI
理想标准	<3	>0.9	<0.08	>0.5	>0.5	>0.9	>0.9
初始模型指标值	1.318	0.949	0.026	0.812	0.734	0.910	0.987
模型拟合度判断	是	是	是	是	是	是	是

（3）模型解读及假设验证

通过模型拟合报表,研究生数据素养对科研创新能力影响的结构模型假设路径分析结果如表 6.61 所示。

表 6.61　数据素养对科研创新能力影响的路径系数

影响作用	Estimate	S. E.	C. R.	P	标准化
科研创新能力←数据意识	0.248	0.157	3.090	0.029	0.253
科研创新能力←数据获取能力	0.565	0.113	6.596	＊＊＊	0.572
科研创新能力←数据处理能力	0.353	0.150	3.048	＊＊＊	0.361
科研创新能力←数据分析应用能力	0.672	0.187	8.766	0.002	0.631
科研创新能力←数据伦理	0.426	0.123	7.261	＊＊＊	0.443

注:当 $P<0.001$ 时,P 值用"＊＊＊"表示。

表中给出了模型潜在变量间的未标准化系数(Estimate)、C. R. (临界值)和 P 值。根据 $P<0.05$,C. R. >1.96 的原则来检验各变量影响路径假设关系,结果显示路径系数的 C. R. 值均大于 1.96,满足要求,P 均小于 0.05 均达到显著水平,说明研究假设得到样本数据的支持。

在结构方程模型图一个潜在变量对另一个变量的影响是用箭头来表示的,即箭头指向的变量就表明受到直接的影响,图 6.28 的模型图及标准化系数结果显示,箭头上的数字表示标准化系数,数字越大影响就越大。结果显示,假设 H1—H5 均得到验证。即数据素养的五个要素都对科研创新能力产生了正向显著的影响。

表 6.62　假设验证

假设提出	检验结果
H1:研究生数据意识对科研创新能力有正向显著影响	成立
H2:研究生数据获取能力对科研创新能力有正向显著影响	成立
H3:研究生数据处理能力对科研创新能力有正向显著影响	成立

续表

假设提出	检验结果
H4:研究生数据分析利用能力对科研创新能力有正向显著影响	成立
H5:研究生数据伦理对科研创新能力有正向显著影响	成立

6.3.6　研究结论

1)研究生数据素养和科研创新能力的现状

从调查问卷的描述性统计分析结果来看,西南地区研究生自身的数据素养水平以及科研创新能力处于中等水平,不同背景下的研究生的数据素养水平参差不齐,总结归纳研究得出的结果如下。

(1)研究生数据素养情况

西南地区研究生数据素养总体平均得分为 3.79,处于中等偏上水平。第一,研究生数据意识(4.08)和数据伦理(4.02)得分较高,说明研究生对数据有较强的意识,调查中有 78% 的研究生认为数据在科研学习过程中很重要,清楚地知道自己的数据需求,并且愿意花大量的时间、精力去获取数据。第二,在数据伦理方面表现较好,有 77% 的研究生能够遵守数据的引用规范,不随意篡改别人的数据,并且对自己在科研过程中产生数据的真实性和有效性负责。第三,研究生在数据获取能力(3.67)、数据处理能力(3.56)以及数据分析应用能力(3.62)方面还有待加强。在数据获取能力方面,调查中仅有 57% 的研究生熟悉自己学科领域数据的获取来源及方法;在数据处理方面,仅有 46% 的研究生会熟练使用自己专业相关的数据处理工具,占一半比例的学生不会对科研过程中产生的数据进行保存管理,仅有 64% 的学生能够使用恰当的可视化工具展现数据分析结果;在数据分析应用方面,大部分(81%)学生能够解读数据分析结果,62% 的学生能够将数据分析结果应用于学习决策,解决科研过程中产生的问题,占较大比例(83%)的学生愿意将自己的数据与他人分享,但仅 57% 的学生能够对自己数据的价值进行评估,所以对数据的评估方面还有待提高。总体而言,目前研究生的数据素养在意识层面表现较好,在实际应用层面还有待加强。

(2)研究生科研创新能力情况

研究表明,西南地区研究生科研创新能力平均得分为 3.24,处于中等水平。

第一,在思维创新方面还有所欠缺,在平时的学习和科研过程中缺乏从多个角度、多个方向去思考问题的习惯,仅有 58% 的学生能够积极寻找创新对象,对其进行分析并提出创新点。第二,在方法创新方面,不能够灵活运用个体创新方法,如对比法、设问法、类比法针对问题提出创新性的想法。有 78% 的学生能够积极参与科研小组、科研团队的学习和讨论中,并且能够形成相对优化的解决方案。第三,在应用创新方面的得分为 3.25,较低,大部分的学生在学术研究中,缺乏广泛收集信息、修改完善方案的能力,不能对科研成果的可靠性和实用性做出评价。第四,在科研成果方面的得分最低为 2.15,51% 的学生没有公开发表过学术论文,仅有12.4% 的学生在核心期刊上发表过学术论文,12.2% 的学生自己主持过科研项目,50.7% 的学生从来没有参与过项目。

（3）不同样本特征下数据素养和科研创新能力的差异情况

通过对不同背景硕士研究生的样本数据进行差异性分析,结果表明:第一,男女生在数据素养以及科研创新能力方面均存在显著性差异,并且男生得分均明显高于女生。第二,在专业培养类型上数据素养和科研创新能力上均存在显著性差异,并且学术型研究生（3.87）在数据素养的得分上高于专业型研究生（3.69）,学术型研究生（3.32）在科研创新能力的得分上高于专业型研究生（3.14）。第三,由于每一个学科的知识构成、科研需求、科研环境都有所差别,所以不同学科类别的研究生在数据素养上存在显著性差异,并且理工科学生的数据素养高于人文社科和艺术类的学生,可能存在的原因是理工科的研究生在科研过程中接触到更多的数据。但不同学科背景的硕士研究生在科研创新能力方面无明显差异。第四,不同年级的研究生在数据素养和科研创新能力上均存在显著性差异,并且已毕业的研究生在数据素养上得分大于其他年级,说明在校研究生的数据素养还有很大提升空间。

2）研究生数据素养对科研创新能力的影响

（1）研究生的数据意识是科研创新的基础

研究中假设一的鉴定结果如表 6.63 所示,P 值为 0.029,小于 0.05,数据意识对科研创新能力的影响路径系数为 0.253,可得出数据意识对科研创新能力有正向显著的影响,与研究假设 H1 相一致。

表 6.63　研究假设 H1 的鉴定结果

假设编号	路径关系	路径系数	P	是否成立
H1	科研创新能力←数据意识	0.253	0.029	是

数据意识是指研究生能够意识到数据在学习和科学研究中的重要作用,以及对数据有敏锐的判断能力和洞察力。数据意识作为思想认知层面的维度,较为主观,但是意识是行动的基础。研究生对自己学科领域数据的敏感度和重视程度,也就是存在于人脑中对数据的感知以及对数据的迫切需求,是求知的动机。首先是意识到数据对科研的重要性,认识到数据是科研创新思维的素材,其次面对浩如烟海的数据,需要清楚地知道自己的数据需求,才能在数据密集型的科研环境中找到方向。数据意识决定科研活动中的视野与高度,在科研过程中从创新思维的角度出发,能够从海量、参差不齐、错综复杂的数据中找到对自己有价值的数据,培养起对数据高度的意识和敏感性,才能够敏锐地提出不一样的观点,在这个过程中逐步形成自己独有的思维模式,从而进行创新。总之意识是促使一个人行动的原动力,所以数据意识是科研创新的基础。

(2)研究生的数据获取能力是科研创新的主体

研究假设二的鉴定结果如表 6.64 所示,P 小于 0.05,数据获取能力对科研创新能力的影响路径系数为 0.572,可得出数据获取能力对科研创新能力有正向显著的影响,与研究假设 H2 相一致。

表 6.64　研究假设 H2 的鉴定结果

假设编号	路径关系	路径系数	P	是否成立
H2	科研创新能力←数据获取能力	0.572	＊＊＊	是

相比数据意识对科研创新能力的影响,数据获取能力对其科研创新能力的影响较大,研究生的数据获取能力是指研究生在科研过程中能够熟练运用自己专业领域相关的数据获取工具,熟悉丰富的获取方法和途径。对于不同学科的学生,获取数据的方法不相同,获取到的数据分为一手数据也就是原始的数据,这一类数据一般通过实验、实地考察、访谈等方式获取,另一种数据是二手数据,包括通过数据库、网站等数据检索的方式获取的。研究生能否掌握数据获取的方法和途径,是后续科研工作的关键,同时会影响研究生的科研创新。第一,数据的获取过程也是不断思考创新的一个过程,数据获取的类型、获取的形式、获取的策略都会影响研究生创新能力的形成。在数据获取过程中,研究者会思考哪些数据是重要的,如何运用到自己的科研中,这些都有利于自身发散思维的培养。第二,获取到的数据是科研创新的原材料,所以获取数据的精确性是非常重要的,如果对数据获取的途径、方法不熟悉,将会花费大量的时间和精力。

(3)研究生的数据处理能力是科研创新的关键

研究假设三的鉴定结果如表 6.65 所示,P 小于 0.05,数据处理能力对科研创

新能力的影响路径系数为 0.361,可得出数据处理能力对科研创新能力有正向显著
的影响,与研究假设 H3 相一致。

表 6.65　研究假设 H3 的鉴定结果

假设编号	路径关系	路径系数	P	是否成立
H3	科研创新能力←数据处理能力	0.361	＊＊＊	是

　　从模型图的影响路径系数可以发现,数据处理能力对科研创新的影响系数较
低,但是在科研过程中,往往会产生大量数据,这些数据一般是杂乱、冗余的,甚至
是不完整的,这就需要科研人员对数据进行预处理,才能更好地应用于科研论证
中。研究生熟练掌握专业相关的数据处理工具,将数据整理、分类得当,可提高后
续数据分析的效率。而从数据分析结果来看,只有 51.8% 的研究生会及时对数据
进行编码、整理,并且理工科学生对数据编码整理的能力比文科生强,说明文科和
艺术类学生的数据处理能力有所欠缺,需要在平时的科研学习中逐渐提高。其次
对数据进行可视化也是衡量数据处理的重要指标,在这个过程中思考以什么样的
形式、采取什么样的手段将数据可视化,展示出数据的结果,可以培养研究生的思
维和方法的创新。从数据结果可得知,有 79.6% 的研究生能够选择恰当的方式将
数据分析结果可视化,说明在这方面表现良好。最后是对科研过程中产生的数据
的保存、管理,这些数据可能对后续的研究有用,当遇到问题时可以反复查证,而只
有 54% 的研究生会使用数据管理平台和工具去保存数据,说明研究生还没有养成
对数据保存管理的习惯。

　　(4)研究生的数据分析应用能力是科研创新的核心

　　研究假设四的鉴定结果如表 6.66 所示,P 小于 0.05,数据分析应用能力对科
研创新能力的影响路径系数为 0.631,由此可得出数据分析应用能力对科研创新能
力有正向显著的影响,与研究假设 H4 相一致。

表 6.66　研究假设 H4 的鉴定结果

假设编号	路径关系	路径系数	P	是否成立
H4	科研创新能力←数据分析应用能力	0.631	0.002	是

　　从模型路径分析报表可以发现,在五个变量对科研创新能力影响的路径系数
中,数据分析应用能力是最高的。研究生对数据的分析应用能力主要体现在熟练
掌握专业相关的数据分析方法,并且能够准确地解读数据呈现的结果,判别结果的
真实性、有效性和价值体现,最重要的是能够将结果创新性地用于论证自己提出的
观点。可以说在科研过程中对数据分析的能力,并且运用其解决科研问题的能力

直接决定着数据的价值能否得到体现。其次数据处理的恰当性、分析的深度、准确性都会影响科研的质量。特别是在第三次的信息化浪潮中,大数据、深度学习、人工智能技术快速发展,使学生的学习方式和知识储备方式发生了改变,同时潜移默化地改变着人们的思维方式,对于研究生来说在科研活动中更重要的是具备对数据的批判思维,并从浅层思考上升到深层思考,将数据用于科研实践中。根据数据分析结果可知,研三和已毕业的研究生在这一维度上的得分分别为 3.70、3.94,均高于其他年级,并且科研创新能力分别为 3.32、3.67,也高于其他年级,尤其是在科研成果方面。这说明低年级的学生处于打基础的阶段,对数据的应用较为欠缺,而随着知识的不断积累,思维的不断拓宽,对数据的驾驭能力有所提升,对数据的解读分析能力就随之提升,研究生可以透过数据本身,看到其背后隐藏的价值,并且去佐证自己的观点,从而形成自己的科研创新。同时在分析过程中少不了对数据结果进行评估论证,需要考虑结果的可靠性、有效性、创新性。最后研究生通过在数据的分享与交流中不仅能够拓宽思维,还能增强自己的学术影响力,从而激发科研兴趣,所以数据分析应用能力是科研创新的核心。

(5)研究生的数据伦理是科研创新的保障

研究假设五的鉴定结果如表 6.67 所示,P 小于 0.05,数据伦理对科研创新能力的影响路径系数为 0.443,可得出数据伦理对科研创新能力有正向显著的影响,与本文研究假设 H5 相一致。

表 6.67　研究假设 H5 的鉴定结果

假设编号	路径关系	路径系数	P	是否成立
H5	科研创新能力←数据伦理	0.443	* * *	是

数据伦理也可以说是数据安全与道德,是一种行为上的约束,在研究生的科研创新过程中是不可忽视的一部分,研究生的数据伦理主要是指能够通过合法的数据获取渠道,对数据的应用遵守法律安全和规范,并且自觉规范自己对数据的使用行为。用数据去论证科学研究观点,反映事物的本质,提升科研价值的同时,也存在着诸多的问题,比如在数据生产、存储和传播过程中引发的理论道德问题。所以在进行科研创新过程中,合理规范地引用他人的数据并且不随意对其进行篡改,不将数据随意发布到网络上,对科研过程中产生数据的真实性负责,只有这样才能达到真正的创新,所以数据伦理对自身的科研创新能力有所影响。

(6)理工科研究生科研创新对数据素养依赖较强

在实际的学习科研过程中受到不同学科性质的影响,文理科研究生对数据素养要求不一样,进而会影响其对科研创新能力的影响产生差异,本研究对回收的样本按照文理科进行整理,分别对文科和理工科研究生数据素养对科研创新能力的影响构建模型,通过检验得出文科和理工科研究生结构模型假设路径分析结果分别如表6.68与表6.69所示。从整体上可以得出理科研究生数据素养对科研创新能力的影响比文科研究生数据素养对科研创新能力的影响大,在数据获取能力和数据处理能力方面尤为突出。这一结论与文理科的学科性质有密切的联系,文科研究生在科研学习过程中大多以理论研究、定性研究、实地调查偏多,对数据的敏感度不高,而理工科研究生的科研学习多以实验、模拟计算等方式进行,在长期的实践学习过程中培养起了自身的数据素养,所以结果显示存在学科性的差异。

表6.68　数据素养对科研创新能力影响的路径系数(文科研究生)

路径关系	P	标准化路径系数
科研创新能力←数据意识	0.045	0.185
科研创新能力←数据获取能力	＊＊＊	0.306
科研创新能力←数据处理能力	0.036	0.125
科研创新能力←数据分析应用能力	＊＊＊	0.475
科研创新能力←数据伦理	＊＊＊	0.468

表6.69　数据素养对科研创新能力影响的路径系数(理工科研究生)

路径关系	P	标准化路径系数
科研创新能力←数据意识	0.030	0.216
科研创新能力←数据获取能力	＊＊＊	0.567
科研创新能力←数据处理能力	＊＊＊	0.468
科研创新能力←数据分析应用能力	＊＊＊	0.523
科研创新能力←数据伦理	＊＊＊	0.323

根据研究结果得出以下五个结论。

第一,数据意识对文理科研究生科研创新能力的影响差异不大,文科的影响系数为0.185、理科为0.216,数据意识是存在于人大脑里的驱动人们做出行动的一种动力,对科研创新的影响需要通过具体的实践行动来体现。第二,数据获取能力对文理科研究生科研创新能力的影响有较大差异,文科的影响系数为0.306、理科为0.567,由于理科的科研大多以数据为分析基础,所以表现出其科研创新能力对数据获取能力的依赖性强。第三,数据处理能力对文理科研究生科研创新的影响差异较大,文科的影响系数为0.125、理科为0.468,可以看出理科的影响较文科的影响更明显，有22%的文科研究生不熟悉自己专业相关的数据处理工具，17%的文科研究生从来不会对自己的科研数据进行整理与保存。在理科研究生中，仅有8%的人不熟悉自己专业相关的数据处理软件，6%的人不会及时对数据进行编码整理，并且89%的人会对自己的数据进行可视化处理。第四，数据分析应用能力对文理科研究生科研创新的影响差异不大，文科的影响系数为 0.475、理科为 0.523，理科的稍大于文科，说明无论是文科研究生还是理工科研究生的科研创新能力都会受到数据分析应用能力的影响，只是这种影响体现较理工科研究生上较为明显。第五，研究生数据伦理对文理科研究生科研创新的影响有差异，并且表现为文科的影响大于理工科的。

参考文献

[1] 丁强.科研方法与学术论文写作[M].昆明:云南科学技术出版社,2008:3-10.

[2] JanetM. Ruane.研究方法概论[M].王修晓,译,台北:五南出版社,2009:6-7

[3] 刘明亮.高等教育管理与大学生创新能力培养研究[M].北京:科学技术文献出版社,2017:16.

[4] 王星拱.科学方法论 科学概论[M].北京:商务印书馆,2011:108-120.

[5] 周洪宇,李艳莉.郭秉文与现代中国实用主义教育学术范式的建立——基于《中国教育制度沿革史》及相关论著的研究[J].教育学报,2014,10(5):54-66.

[6] 龚苗.斯特雷耶对陶行知的影响及近代中国教育实证研究传统[D].武汉:华中师范大学,2018.

[7] 曾荣光,罗云,叶菊艳.寻找实证研究的意义:比较—历史视域中的实证主义之争[J].北京大学教育评论,2018,16(3):104-131,190.

[8] 程建坤,陈婧.教育实证研究:历程、现状和走向[J].华东师范大学学报(教育科学版),2017,35(3):150-158,174.

[9] 阙祥才.实证主义研究方法的历史演变[J].求索,2016(4):71-76.

[10] 钟柏昌.论现代系统科学对科学主义教育思潮的超越[J].电化教育研究,2010(7):12-17.

[11] 叶晓玲,李艺.现象学作为质性研究的哲学基础:本体论与认识论分析[J].教育研究与实验,2020(1):11-19.

[12] 严辰松.谈语言学和应用语言学中的定量型研究方法[J].解放军外国语学院学报,2001(5):4-6.

[13] Fornell C, Larcker D F. Evaluating structural equation models with unobservable variables and measurement error[J]. Journal of marketing research, 1981, 18

(1):39-50.

[14] 刘良华. 教育研究方法 [M]. 2 版. 上海:华东师范大学出版社,2014:90-91.

[15] Howe K R. Against the quantitative-qualitative incompatibility thesis or dogmas die hard[J]. Educational researcher,1988,17(8):10-16.

[16] 张翔升. 科研方法与论文写作[M]. 北京:新华出版社,2013:13.

[17] 齐梅. 教育研究方法[M]. 北京:北京师范大学出版社,2017:1-10.

[18] 袁振国. 实证研究是教育学走向科学的必要途径[J]. 华东师范大学学报(教育科学版),2017,35(3):4-17,168.

[19] 风笑天. 社会研究方法[M]. 北京:中国人民大学出版社,2013:13.

[20] 刘选. 实证研究怎么做:让研究者困惑的地方——来自华东师大第二届全国教育实证研究论坛的启示[J]. 现代远程教育研究,2017(3):18-25.

[21] 侯怀银. 教育研究方法[M]. 北京:高等教育出版社,2018:21-25.

[22] 《诸子集成》(四)[M]. 北京:中华书局,1986:129.

[23] 刘铁芳,位涛. 教育研究的意蕴与教育研究方法的多样性[J]. 吉首大学学报(社会科学版),2018,39(1):7-14,2.

[24] 裴娣娜. 教育研究方法导论[M]. 合肥:安徽教育出版社,1995:6-11.

[25] 叶澜. 教育研究方法论初探[M]. 上海:上海教育出版社,2014:24-27.

[26] 谭鑫田,龚兴,李武林. 西方哲学词典[M]. 济南:山东人民出版社,1992:25-26

[27] 王坤庆. 论西方教育学的发展及其方法论启示[J]. 教育研究,1994(7):42-49.

[28] B. F. 斯金纳. 科学与人类行为[M]. 谭力海,王翠翔,王工斌,译. 北京:华夏出版社,1989:32-35.

[29] 冯建军. 西方教育研究范式的变革与发展趋向[J]. 教育研究,1998(1):26-30,77.

[30] 瞿葆奎. 教育研究方法[M]. 北京:人民教育出版社,1988:56-59.

[31] Campbell D T, Fiske D W. Convergent and discriminant validation by themultitrait-multimethod matrix[J]. Psychological bulletin,1959,56(2):81.

[32] Johnson R B, Onwuegbuzie A J, Turner L A. Toward a definition of mixed methods research[J]. Journal of mixed methods research, 2007, 1(2):112-133.

[33] 蒋逸民. 作为"第三次方法论运动"的混合方法研究[J]. 浙江社会科学,2009(10):27-37,125-126.

[34] 布列钦卡. 教育知识的哲学[M]. 杨明全,宋时春,译. 上海:华东师范大学出版社,2006.

[35] 刘良华. 教育研究方法[M]. 上海:华东师范大学出版社,2014:9-12.

[36] 斯宾塞.斯宾赛教育论著选[M].胡毅,王承绪,译.北京:人民教育出版社,1997:91-92.

[37] Amrhein V, Greenland S, McShane B. Scientists rise up against statistical significance[J]. Nature, 2019, 567(7748): 305-307.

[38] 杨贤江.新教育大纲[M].北京:人民教育出版社,1961:6.

[39] 李会炎.高校科研团队知识共享氛围对成员科研绩效影响的研究[D].哈尔滨:哈尔滨工业大学,2018.

[40] 涂萍萍."双一流"高校学术型硕士研究生科研绩效及其影响因素研究[D].上海:华东师范大学,2020.

[41] 张敏,刘盈,严炜炜.科研工作者引文行为的影响因素及认知过程——基于情感结果预期和绩效结果预期的双路径分析视角[J].图书馆杂志,2018,37(6):74-84.

[42] 何宇,杨小丽.基于德尔菲法的精神卫生服务可及性评价指标体系研究[J].中国全科医学,2018,21(3):322-329.

[43] 李文艳.近十年我国教育本质研究的历程、进展和反思[J].教育探索,2021(4):13-17.

[44] 侯怀银,时益之.我国教育学元研究的探索:历程、进展和趋势[J].中国教育学刊,2019(12):50-56.

[45] 姚计海.教育实证研究方法的范式问题与反思[J].华东师范大学学报(教育科学版),2017,35(3):64-71,169-170.

[46] 李琳璐.教育研究范式的祛魅:思辨与实证的融合共生[J].大学教育科学,2021(3):31-38.

[47] 陈向明.质的研究方法与社会科学研究[M].北京:教育科学出版社,2000:121-122.

[48] Johnson R B, Onwuegbuzie A J. Mixed methods research: A research paradigm whose time has come[J]. Educational researcher,2004,33(7): 14-26.

[49] 约翰·W.克雷斯威尔.研究设计与写作指导:定性、定量与混合方法研究的路径[M].崔延强,译.重庆:重庆大学出版社,2007:168-171.

[50] 沃尔夫冈·布列钦卡.教育科学的基本概念:分析、批判和建议[M].胡劲松,译.上海:华东师范大学,2001:7-9.

[51] 刘良华.《教育研究方法》[M].上海:华东师范大学出版社,,2014:54-56.

[52] 郑永和,王杨春晓,王一岩.智能时代的教育科学研究:内涵、逻辑框架与实践进路[J].中国远程教育,2021(6):1-10,17,76.

[53] 阎光才.关于教育中的实证与经验研究[J].中国高教研究,2016(1):74-76,82.

[54] 卞玉梅.结构方程模型研究及其应用[D].大连:大连海事大学,2017.

[55] 邱皓政,林碧芳.结构方程模型的原理与应用[M].北京:中国轻工业出版社, 2009:25-27.

[56] 吴明隆.结构方程模型——AMOS 的操作与应用[M].2 版.重庆:重庆大学出版社,2010:2-36

[57] 荣泰生.AMOS 与研究方法[M].2 版.重庆:重庆大学出版社,2009:2-20

[58] 刘源.结构方程模型应用[M].北京:北京师范大学出版社,2020:105-107

[59] 许宏晨.第二语言研究中的结构方程模型案例分析[M].北京:外语教学与研究出版社,2019:79-83.

[60] 易丹辉,李静萍.结构方程模型及其应用[M].北京:北京大学出版社,2019: 90-96.

[61] 吴明隆.结构方程模型——AMOS 实务进阶[M].2 版.重庆:重庆大学出版社,.2013:25-27

[62] Bacon D R, Sauer P L, Young M. Composite reliability in structural equations modeling [J]. Educational and psychological measurement, 1995, 55 (3): 394-406.

[63] Torkzadeh G, Koufteros X, Pflughoeft K. Confirmatory analysis of computer self-efficacy[J]. Structural Equation Modeling,2003, 10(2): 263-275.

[64] Goo J. Structure of service level agreements (SLA) in IT outsourcing: The construct and its measurement[J]. Information Systems Frontiers, 2010, 12(2): 185-205.

[65] Fornell C, Larcker D F. Evaluating structural equation models with unobservable variables and measurement error[J]. Journal of marketing research,1981,18(1): 39-50.

[66] Cliff N. Some cautions concerning the application of causal modeling methods[J]. Multivariate behavioral research,1983,18(1): 115-126.

[67] Maruyama G. Basics of structural equation modeling[M]. Sage Publications, 1997:45-49.

[68] Kaplan D. Structural equation modeling: Foundations and extensions[M]. Sage Publications,2008:154-159.

[69] Preacher K J, Selig J P. Advantages of Monte Carlo confidence intervals for indirect effects[J]. Communication Methods and Measures,2012,6(2): 77-98.

[70] 马燕,陈星,胡慧丽.教育硕士职业胜任能力影响因素的实证研究[J].重庆师范大学学报(社会科学版),2019(4):67-75.

[71] 刘菊.基于 BEI 的胜任力模型及培训体系的构建[D].北京:首都经济贸易大

学,2016.

[72] Van Dam K, Schipper M, Runhaar P. Developing a Competency-Based Framework for Teachers' Entrepreneurial Behaviour[J]. Teaching and Teacher Education,2010,26(4):965-971.

[73] Srinivasan M, Li S T T, Meyers F J, et al. "Teaching as A Competency":Competencies for Medical Educators [J]. Academic Medicine, 2011, 86 (10): 1211-1220.

[74] Anthony Milanowski. Strategic Measures of Teacher Performance[J]. Phi Delta Kappan,2011,92(7): 19-25.

[75] Rodolfa E,Greenberg S,Hunsley J,et al. A Competency Model for the Practice of Psychology [J]. Training and Education in Professional Psychology, 2013, 7 (2): 71.

[76] Ove Edvard Hatlevik,Knut-Andreas Christophersen. Digital competence at the beginning of upper secondary school: Identifying factors explaining digital inclusion [J]. Computers & Education,2013:63.

[77] Brigita Janiunaite, Vitalija Jakstiene, Gintautas Cibulskas et al. Preconditions of the Manifestation of Teacher's ICT Competence in the Study Programmes[C]. International Conference on Advanced ICT and education,2013:373-377.

[78] 张炜. 教师教育职前培养质量评价的指标因子探析[J]. 中国高教研究,2012 (9):67-71.

[79] 周文叶,周淑琪. 教师评价素养:教师专业标准比较的视角[J]. 比较教育研究,2013,35(9):62-66.

[80] 兰利琼,张红伟. 弘扬教学文化,构建激励性评价机制——提升人才培养质量之内驱力的理论与实践[J]. 高等工程教育研究,2013(5):155-159.

[81] 汤舒俊. 高校教师胜任力的结构探索与问卷编制[J]. 高教探索,2014(6): 162-166.

[82] 朱新卓,严芮,刘寒月. 基于过程的教育质量及其评价[J]. 高等教育研究,2015,36(5):78-85.

[83] 何阅雄,李茂森,高鸾. 教师发展视域下的教师评价机制的思考与实践[J]. 高等工程教育研究,2016(1):107-112.

[84] 林立杰. 高校教师胜任力研究与应用[M]. 北京:中国物资出版社,2010.

[85] 黄艳. 中国"80后"大学教师胜任力评价研究[M]. 北京:中国社会科学出版社,2013.

[86] 周榕. 高校教师远程教学胜任力模型构建的实证研究[J]. 电化教育研究,2012,33(11):86-92.

［87］王强.我国 K-12 教师胜任力深层结构实证研究［J］.教育研究,2012,33(10)：136-140.

［88］高夯,魏民,李广平,等.在职业环境中培养教育硕士生——东北师范大学全日制教育硕士生培养综合改革的实践与思考［J］.学位与研究生教育,2018(1)：7-12.

［89］黄正夫.基于协同创新的全日制教育硕士培养模式研究［D］.重庆:西南大学,2014.

［90］陈渝果.基于胜任力模型的职业院校文化事业管理专业人才培养模式研究［D］.重庆:重庆理工大学,2015.

［91］卢曼萍,许璟.全日制专业学位研究生职业能力构成及培养路径研究［J］.学位与研究生教育,2016(11)：37-41.

［92］丁洁.基于胜任力的心理学研究生培养思考［D］.武汉:华中师范大学,2014.

［93］谢慧敏.以职业能力培养为导向的全日制专业学位研究生课程建设研究［D］.湘潭:湘潭大学,2018.

［94］周平红,杨宗凯,张屹,等.基于结构方程模型的我国高等教育信息化水平综合评价研究——来自"中国高校信息化建设与应用水平"的调研［J］.电化教育研究,2011(11)：5-10.

［95］吴明隆.结构方程模型——AMOS 的操作与应用［M］.2 版.重庆:重庆大学出版社, 2010.

［96］Bollen K A, Long J S . Testing structural equation models［M］. Newbury Park,1993.

［97］刘兴凤.基于胜任力的高校工科教师绩效评价研究［D］.武汉:武汉理工大学,2016.

［98］张琼.教育学硕士研究生胜任力存在的问题及对策［D］.广西:广西师范大学,2018.

［99］王妍妍.全日制教育硕士的职业准备研究［D］.扬州:扬州大学,2015.

［100］许安国,叶龙,郭名.研究型大学教师胜任素质模型构建研究［J］.中国高教研究,2012(12)：65-68.

［101］胡丽园.教师胜任力评价的影响因素与指标体系构建［J］.中国成人教育,2017(9)：36-39.

［102］陈志霞,郭金元.研究生胜任力结构模型构建及其预测作用［J］.学位与研究生教育,2018(7)：55-60.

［103］朱贺玲,袁本涛.新公共管理及其对大学治理的影响——德、英、美三国的经验［J］.中国高教研究,2018(3)：24-30.

［104］蔡红桃."双一流"建设背景下硕士研究生学习状态影响因素研究［D］.昆

明:云南大学,2019.

[105] 何秀超.努力创建研究生教育评估体系 全面提升研究生人才培养质量[J].学位与研究生教育,2018(11):35-38.

[106] 尹霞雨,吕芳卓,刘梦蓉,等.人工智能2.0与教育信息化2.0背景下的职业教育——来自第三届中美智慧教育大会的观点[J].中国远程教育,2019(1):18-22.

[107] 周艳平.智慧时代中职生学习力提升研究[D].徐州:江苏师范大学,2018.

[108] 王宁宁.培育大学生绿色发展理念路径研究[D].贵阳:贵州财经大学,2019.

[109] McGettrick, B. J. Emerging conceptions of scholar ship, service and teaching [Z]. Toronto: Canadian Society for the Study of Education,2002.

[110] Claxton, G. Expanding the capacity to learn: A new end For education [R]. British Educationa l Research Association Annual Con- ference: Warwick University. ,2006.

[111] Deakin Crick R. Learning Power in Practice: a guide for teachers[M]. London: Paul Chapman,2006:4-5.

[112] 沈书生,杨欢.构建学习力:教育技术实践新视角[J].电化教育研究,2009(6):13-16.

[113] 陈维维,杨欢.教育领域学习力研究的现状和发展趋势[J].开放教育研究,2010,16(2):40-46.

[114] 彭张林,张爱萍,王素凤,等.综合评价指标体系的设计原则与构建流程[J].科研管理,2017,38(S1):209-215.

[115] W. C. Kirby.学习力[M].金粒,编译.海口:南方出版社,2005:1.

[116] 钟志贤,林安琪.赛伯人际管理:提升远程学习者的学习力[J].远程教育杂志,2008(5):44-50.

[117] 应方淦.论研究生学习力的培养[J].学位与研究生教育,2008(2):12-14.

[118] 赵蒙成,朱苏.研究生学习力的特点与养成策略[J].学位与研究生教育,2010(8):39-44.

[119] 李海燕,仲彦鹏,孙玉丽.核心素养视角下学生学习力的培养[J].教学与管理,2019(3):17-19.

[120] 管珏琪,祝智庭.技术丰富环境下学习力构成要素:一项探究设计研究[J].中国电化教育,2018(5):1-7.

[121] 郭磊.数字化学习情境下的学习力构成要素研究[D].南昌:江西师范大学,2012.

[122] 沈书生.面向常态课堂的现代教育理念推进路径[J].电化教育研究,2013,

34(10):85-89.

[123] 郑菲.农业院校非农专业硕士研究生学习行为的影响因素研究[D].南昌:江西农业大学,2015.

[124] 吴明隆.结构方程模型——AMOS 的操作应用[M].重庆:重庆大学出版社,2010:1-2.

[125] 陈巧云.基于结构方程模型的高校教育信息化学生评价研究[J].电化教育研究,2016,37(8):78-85.

[126] 荣泰生.AMOS 与研究方法[M].重庆:重庆大学出版社,2010:6-8.

[127] 吴明隆.结构方程模型——AMOS 实务进阶[M].重庆:重庆大学出版社,2018:30-120.

[128] 季明明.中国特色的终身学习理论探索与创新——重读郝克明的《跨进学习型社会》[J].北京大学教育评论,2014,12(1):172-182.

[129] 李芒,金林,郭俊杰.教育技术学导论[M].2 版.北京:北京大学出版社,2015:120-150.

[130] 刘茜.教育技术学专业硕士研究生学习投入度影响因素研究[D].武汉:华中师范大学,2019.

[131] W. C. Kirby.学习力[M].金粒,译.海口:南方出版社,2005:1.

[132] 聂佳琦.基于 AHP 的教师教育学科群评价指标体系的设计与应用[D].重庆师范大学,2018.

[133] 钟柏昌,黄峰.问卷设计的基本原则与问题分析——以某校 2011 年教育学硕士学位论文为例[J].学位与研究生教育,2012(3):67-72.

[134] 张屹,周平红.教育技术学研究方法[M].2 版.北京:北京大学出版社,2013:300-301.

[135] 张屹,周平红.教育研究中定量数据的统计与分析:基于 SPSS 的应用案例解析[M].北京:北京大学出版社,2015:264-279.

[136] 伯顿·克拉克.研究生教育的科学研究基础[M]王承绪,译.杭州:浙江教育出版社,2001.

[137] 尹晓东.博士研究生培养质量主要影响因素研究[D].重庆:西南大学,2014.

[138] 陶金国,张妍,廖莉莉.大学生科研创新能力影响因素的实证研究[J].高校教育管理,2020,14(3):104-112.

[139] 王彩霞.博士研究生科研能力评价指标体系及评价方法研究[D].成都:西南交通大学,2006.

[140] 刘佳.基于 BP 神经网络的大学生科研能力评价[D].大连:大连海事大学,2017.

[141] 温忠麟,叶宝娟.中介效应分析:方法和模型发展[J].心理科学进展,2014,22(5):731-745.

[142] Calzada Prado J,Marzal M. Incorporating Data Literacy into Information Literacy Programs:Core Competencies and Contents[J]. Libri,2013,63(2):123-134.

[143] 王俊淇.高等教育学研究生科研创新能力培养的探讨——基于我国高等教育学学科发展背景[J].高等函授学报(哲学社会科学版),2013,28(2):85-87,121.

[144] Carlson J, Nelson M S, Johnston L R, et al. Developing data literacy programs: Working with faculty, graduate students and undergraduates[J]. Bulletin of the Association for Information Science and Technology, 2015, 41(6): 14-17.

[145] Mandinach E B,Gummer E S. A systemic view of implementing data literacy in educator preparation[J]. Educational Research,2013,42(1):30-37.

[146] 李楣.研究生数据素养评价量表构建及应用研究[D].镇江:江苏大学,2017.

[147] 吴成.数据素养对研究生科研创新能力的影响研究[D].南昌:南昌大学,2017.

[148] American Library Association. American Library Asso-ciation presidential committeeon information literacy:Final report[M]. Chicago:American Library Association,1989.

[149] Gardner, H., Frames of Mind:The Theory of Multiple Intelligences[M]. New York:Basic Books,2013.

[150] 欧阳秀.教育硕士研究生科研能力评价指标体系研究[D].武汉:华中师范大学,2013.

[151] 赵瑞瑞.普通高校文科全日制研究生科研能力的研究——基于对苏州大学研究生的调查[D].苏州:苏州大学,2010.

[152] 王柏杨.大学生创新能力培养研究[D].锦州:渤海大学,2017.

[153] 罗依平,甘纪平,范娜.公共管理学科研究生科研创新能力培养机制与路径选择[J].高教论坛,2011(12):91-94.

[154] 霍学浩,高鹏,杨坤.构建"双创"背景下的研究生科研创新能力培养体系[J].教育教学论坛,2017(39):51-52.

[155] 吴明隆.结构方程模型——AMOS的操作应用[M].重庆:重庆大学出版社,2010:1-2.

[156] 赵可云,亓建芸,黄雪娇,等.基于结构方程模型的农村留守儿童学习社会化影响因素研究[J].中国电化教育,2018(8):9-17,34.

[157] 陈巧云.基于结构方程模型的高校教育信息化学生评价研究[J].电化教育

研究,2016,37(8):78-85.

[158] 蔡建东,段春雨.高校教师网络教学的影响因素与提升策略——基于结构方程模型的实证研究[J].电化教育研究,2016,37(2):46-53.

[159] 荣泰生.AMOS 与研究方法[M].重庆:重庆大学出版社,2010:6-8.

[160] 黄如花,李白杨.数据素养教育:大数据时代信息素养教育的拓展[J].图书情报知识,2016(1):21-29.

[161] 钟若恬.研究生数据素养评价研究[D].哈尔滨:黑龙江大学,2019.

[162] 吴成.数据素养对研究生科研创新能力的影响研究[D].南昌:南昌大学,2017.

[163] 曾琼琼.90 后在校生科研创新能力评价研究[D].合肥:安徽大学,2016.

[164] 吴明隆.结构方程模型——AMOS 的操作与应用[M].重庆.重庆大学出版社,2010:227.

[165] Enders, C. K. An SAS Macro for Implementing the Modified Bollen-Stine Bootstrap for Missing Data:Implementing the Bootstrap Using Existing Structural Equation Modeling Software [J]. Structural Equation Modeling: A Multidisciplinary Journal,2005,12(4):620-641.

[166] Abbott B P, Abbott R, Abbott T D, et al. Observation of gravitational waves from a binary black hole merger [J]. Physical review letters, 2016, 116 (6): 061102.

[167] Gargon E, Crew R, Burnside G, et al. Higher number of items associated with significantly lower response rates in COS Delphi surveys[J]. Journal of clinical epidemiology, 2019, 108: 110-120.

[168] Jamshed S. Qualitative research method-interviewing and observation[J]. Journal of basic and clinical pharmacy, 2014, 5(4): 87.

[169] Fairclough N. Analysing discourse: Textual analysis for social research[M]. Psychology Press, 2003. 112-119

[170] Falk A, Heckman J J. Lab experiments are a major source of knowledge in the social sciences[J]. science, 2009, 326(5952): 535-538.

[171] Handbook on the Toxicology of Metals[M]. Academic press, 2014. 45-49

[172] Doll R, Peto R, Boreham J, et al. Mortality in relation to smoking: 50 years' observations on male British doctors[J]. Bmj, 2004, 328(7455): 1519.

[173] Curtis K M, Tepper N K, Jatlaoui T C, et al. US medical eligibility criteria for contraceptive use, 2016[J]. Morbidity and Mortality Weekly Report: Recommendations and Reports, 2016, 65(3): 1-103.